Ж … ТР

… ОТА

ИЗДАТЕЛЬСТВО АСТ
МОСКВА

УДК 821.133.1-31
ББК 84 (4Фра)-44
С20

Серия «Эксклюзивная классика»

Jean-Paul Sartre
LA NAUSEE

Перевод с французского Ю. Яхниной

Серийное оформление А. Фереза, Е. Ферез

Печатается с разрешения издательства
Editions Gallimard.

Сартр, Жан Поль.

С20 Тошнота : [роман] / Жан Поль Сартр; [пер. с фр. Ю.Я. Яхниной]. — Москва : Издательство АСТ, 2022. — 317, [3] с. — (Эксклюзивная классика).

ISBN 978-5-17-082803-6

Тошнота — это суть бытия людей, застрявших «в сутолоке дня». Людей — брошенных на милость чуждой, безжалостной, безотрадной реальности.

Тошнота — это невозможность любви и доверия, это — попросту неумение мужчины и женщины понять друг друга.

Тошнота — это та самая «другая сторона отчаяния», по которую лежит Свобода. Но — что делать с этой проклятой свободой человеку, осатаневшему от одиночества?..

УДК 821.133.1-31
ББК 84 (4Фра)-44

Это человек, не имеющий никакой значимости в коллективе, это всего-навсего индивид.

Л.-Ф. Селин. Церковь

*Посвящается Бобру**

* Бобр — дружеское прозвище Симоны де Бовуар.

От издателей

Эти тетради были обнаружены в бумагах Антуана Рокантена. Мы публикуем их, ничего в них не меняя.

Первая страница не датирована, но у нас есть веские основания полагать, что запись сделана за несколько недель до того, как начат сам дневник. Стало быть, она, вероятно, относится самое позднее к первым числам января 1932 года.

В эту пору Антуан Рокантен, объездивший Центральную Европу, Северную Африку и Дальний Восток, уже три года как обосновался в Бувиле, чтобы завершить свои исторические разыскания, посвященные маркизу де Рольбону.

Листок без даты

Пожалуй, лучше всего делать записи изо дня в день. Вести дневник, чтобы докопаться до сути. Не упускать оттенков, мелких фактов, даже если кажется, что они несущественны, и, главное, привести их в систему. Описывать, как я вижу этот стол, улицу, людей, мой кисет, потому что ЭТО-ТО и изменилось. Надо точно определить масштаб и характер этой перемены.

Взять хотя бы вот этот картонный футляр, в котором я держу пузырек с чернилами. Надо попытаться определить, как я видел его до и как теперь ...*. Ну так вот, это прямоугольный параллелепипед, который выделяется на фоне... Чепуха, тут не о чем говорить. Вот этого как раз и надо остерегаться — изображать странным то, в чем ни малейшей странности нет. Дневник, по-моему, тем и опасен: ты все время начеку, все преувеличиваешь и непрерывно насилуешь правду. С другой стороны, совершенно очевидно, что у меня в любую минуту — по отношению хотя бы к этому футляру или к любому другому предмету — может снова возникнуть позавчерашнее ощущение. Я должен всегда быть к нему готовым, иначе оно снова ускользнет у меня между пальцев. Не надо ничего ...**, а просто тщательно и в мельчайших подробностях записывать все, что происходит.

Само собой, теперь я уже не могу точно описать все то, что случилось в субботу и позавчера, с тех пор прошло слишком много времени. Могу сказать только, что ни в том, ни в другом случае не было того, что обыкновенно называют «событием». В субботу мальчишки бросали в море гальку —

* Одно слово пропущено. — *Примеч. издателей.*

** Одно слово зачеркнуто (не то «искажать», не то «измышлять»), другое, надписанное сверху, совершенно неразборчиво. — *Примеч. издателей.*

«пекли блины», — мне захотелось тоже по их примеру бросить гальку в море. И вдруг я замер, выронил камень и ушел. Вид у меня, наверно, был странный, потому что мальчишки смеялись мне вслед.

Такова сторона внешняя. То, что произошло во мне самом, четких следов не оставило. Я увидел нечто, от чего мне стало противно, но теперь я уже не знаю, смотрел ли я на море или на камень. Камень был гладкий, с одной стороны сухой, с другой — влажный и грязный. Я держал его за края, растопырив пальцы, чтобы не испачкаться.

Позавчерашнее было много сложнее. И к нему еще добавилась цепочка совпадений и недоразумений, для меня необъяснимых. Но не стану развлекаться их описанием. В общем-то ясно: я почувствовал страх или что-то в этом роде. Если я пойму хотя бы, чего я испугался, это уже будет шаг вперед.

Занятно, что мне и в голову не приходит, что я сошел с ума, наоборот, я отчетливо сознаю, что я в полном рассудке: перемены касаются окружающего мира. Но мне хотелось бы в этом убедиться.

*10 часов 30 минут**

В конце концов, может, это и впрямь был легкий приступ безумия. От него не осталось и следа. Сегодня странные ощущения прошлой недели кажутся мне просто смешными, я не в состоянии их

* Речь несомненно идет о вечере. Абзац, который за этим следует, написан гораздо позже предыдущих. Мы полагаем, что запись сделана не раньше чем на другой день. — *Примеч. издателей.*

понять. Нынче вечером я прекрасно вписываюсь в окружающий мир, не хуже любого добропорядочного буржуа. Вот мой номер в отеле, окнами на северо-восток. Внизу — улица Инвалидов Войны и стройплощадка нового вокзала. Из окна мне видны красные и белые рекламные огни кафе «Приют путейцев» на углу бульвара Виктора Нуара. Только что прибыл парижский поезд. Из старого здания вокзала выходят и разбредаются по улицам пассажиры. Я слышу шаги и голоса. Многие ждут последнего трамвая. Должно быть, они сбились унылой кучкой у газового фонаря под самым моим окном. Придется им постоять еще несколько минут — трамвай придет не раньше чем в десять сорок пять. Лишь бы только этой ночью не приехали коммивояжеры: мне так хочется спать, я уже так давно недосыпаю. Одну бы спокойную ночь, одну-единственную, и все снимет как рукой.

Одиннадцать сорок пять, бояться больше нечего — коммивояжеры были бы уже здесь. Разве что появится господин из Руана. Он является каждую неделю, ему оставляют второй номер на втором этаже — тот, в котором биде. Он еще может притащиться, он частенько перед сном пропускает стаканчик в «Приюте путейцев». Впрочем, он не из шумных. Маленький, опрятный, с черными нафабренными усами и в парике. А вот и он.

Когда я услышал, как он поднимается по лестнице, меня даже что-то кольнуло в сердце — так успокоительно звучали его шаги: чего бояться в мире, где все идет заведенным порядком? По-моему, я выздоровел.

А вот и трамвай, семерка. Маршрут: Бойня — Большие доки. Он возвещает о своем прибытии громким лязгом железа. Потом отходит. До отказа набитый чемоданами и спящими детьми, он удаляется в сторону доков, к заводам, во мрак восточной части города. Это предпоследний трамвай, последний пройдет через час.

Сейчас я лягу. Я выздоровел, не стану, как маленькая девочка, изо дня в день записывать свои впечатления в красивую новенькую тетрадь.

Вести дневник стоит только в одном случае — если...*

Дневник

Понедельник, 29 января 1932 года

Со мной что-то случилось, сомнений больше нет. Эта штука выявилась как болезнь, а не так, как выявляется нечто бесспорное, очевидное. Она проникла в меня исподтишка, капля по капле: мне было как-то не по себе, как-то неуютно — вот и все. А угнездившись во мне, она затаилась, присмирела, и мне удалось убедить себя, что ничего у меня нет, что тревога ложная. И вот теперь это расцвело пышным цветом.

Не думаю, что ремесло историка располагает к психологическому анализу. В нашей сфере мы имеем дело только с нерасчлененными чувствами, им

---

* На этом недатированный текст обрывается. — *Примеч. издателей.*

даются родовые наименования — например, Честолюбие или Корысть. Между тем, если бы я хоть немного знал самого себя, воспользоваться этим знанием мне следовало бы именно теперь.

Например, что-то новое появилось в моих руках — в том, как я, скажем, беру трубку или держу вилку. А может, кто его знает, сама вилка теперь как-то иначе дается в руки. Вот недавно я собирался войти в свой номер и вдруг замер — я почувствовал в руке холодный предмет, он приковал мое внимание какой-то своей необычностью, что ли. Я разжал руку, посмотрел — я держал всего-навсего дверную ручку. Или утром в библиотеке ко мне подошел поздороваться Самоучка*, а я не сразу его узнал. Передо мной было незнакомое лицо, и даже не в полном смысле слова лицо. И потом, кисть его руки, словно белый червяк в моей ладони. Я тотчас разжал пальцы, и его рука вяло повисла вдоль тела.

То же самое на улицах — там множество непрестанных подозрительных звуков.

Стало быть, за последние недели произошла перемена. Но в чем? Это некая абстрактная перемена, ни с чем конкретным не связанная. Может, это изменился я? А если не я, то, стало быть, эта комната, этот город, природа; надо выбирать.

Думаю, что изменился я, — это самое простое решение. И самое неприятное. Но все же я должен

* Ожье П..., о котором часто упоминается в дневнике. Он был канцелярским служащим. Рокантен познакомился с ним в 1930 году в бувильской библиотеке. — *Примеч. издателей.*

признать, что мне свойственны такого рода внезапные превращения. Дело в том, что размышляю я редко и во мне накапливается множество мелких изменений, которых я не замечаю, а потом в один прекрасный день совершается настоящая революция. Вот почему людям представляется, что я веду себя в жизни непоследовательно и противоречиво. К примеру, когда я уехал из Франции, многие считали мой поступок блажью. С таким же успехом они могли бы толковать о блажи, когда после шестилетних скитаний я внезапно вернулся во Францию. Я, как сейчас, вижу себя вместе с Мерсье в кабинете этого французского чиновника, который в прошлом году вышел в отставку в связи с делом Петру. А тогда Мерсье собирался в Бенгалию с какими-то археологическими планами. Мне всегда хотелось побывать в Бенгалии, и он стал уговаривать меня поехать с ним. С какой целью, я теперь и сам не пойму. Может, он не доверял Порталю и надеялся, что я буду за ним присматривать. У меня не было причин для отказа. Даже если бы в ту пору я догадался об этой маленькой хитрости насчет Порталя, тем больше оснований у меня было с восторгом принять предложение. А меня точно разбил паралич, я не мог вымолвить ни слова. Я впился взглядом в маленькую кхмерскую статуэтку на зеленом коврике рядом с телефонным аппаратом. И мне казалось, что я весь до краев налился то ли лимфой, то ли теплым молоком. Мерсье с ангельским терпением, маскировавшим некоторое раздражение, втолковывал мне:

— Вы же понимаете, мне надо все официально оформить. Я уверен, что в конце концов вы скажете «да», так лучше уж соглашайтесь сразу.

У него была черная, с рыжеватым отливом, сильно надушенная борода. При каждом движении его головы меня обдавало волной духов. И я вдруг очнулся от шестилетней спячки.

Статуэтка показалась мне противной и глупой, я почувствовал страшную скуку. Я никак не мог взять в толк, зачем меня занесло в Индонезию. Что я тут делаю? Зачем говорю с этими людьми? Почему я одет в этот дурацкий костюм? Страсть моя умерла. Она заполняла и морочила меня много лет подряд — теперь я был опустошен. Но это еще не самое худшее: передо мной, раскинувшись с этакой небрежностью, маячила некая мысль — обширная и тусклая. Трудно сказать, в чем она заключалась, но я не мог на нее глядеть: так она была мне омерзительна. И все это слилось для меня с запахом, который шел от бороды Мерсье.

Я встряхнулся, преисполненный злобы на Мерсье, и сухо ответил:

— Спасибо, но я уже слишком давно разъезжаю, пора возвращаться во Францию.

И через два дня сел на пароход, идущий в Марсель.

Если я не ошибаюсь, если все накапливающиеся симптомы предвещают новый переворот в моей жизни, скажу прямо — я боюсь. И не потому, что жизнь моя так уж богата, насыщена, драгоценна. Я боюсь того, что готово народиться, что завладеет мной и увлечет меня — куда? Неужели мне опять придется уехать, бросить, не закончив, все, что я начал — исследования, книгу? И потом через несколько месяцев, через несколько лет вновь очнуться изнуренным, разочарованным среди новых руин? Я должен разобраться в себе, пока не поздно.

Вторник, 30 января

Ничего нового.

С девяти до часу работал в библиотеке. Привел в порядок XII главу и все, что касается пребывания Рольбона в России до смерти Павла I. Эта часть работы закончена — к ней нужно будет вернуться только при переписке набело.

Сейчас половина второго. Сижу в кафе «Мабли», ем сандвич, все почти в порядке. Впрочем, в любом кафе все всегда в порядке, и в особенности в кафе «Мабли» благодаря хозяину мсье Фаскелю, на лице которого с успокоительной определенностью написано: «прохвост». Близится час, когда он уходит поспать, глаза у него уже покраснели, но повадка все такая же живая и решительная. Он прохаживается между столиками, доверительно наклоняясь к клиентам:

— Все хорошо, мсье?

Я с улыбкой наблюдаю его оживление — в часы, когда его заведение пусто, пустеет и его голова. С двух до четырех в кафе никого не остается, тогда мсье Фаскель сонно делает несколько шагов, официанты гасят свет, и сознание его выключается — наедине с собой этот человек всегда спит.

Но пока в кафе еще остается десятка два клиентов — это холостяки, невысокого ранга инженеры, служащие. Обычно они наспех обедают в семейных пансионах, которые зовут своей столовкой, и поскольку всем им хочется позволить себе шикнуть, они, пообедав, приходят сюда выпить по чашечке кофе и поиграть в кости. Они шумят, негромко и нестройно, — такой шум мне не мешает. Им тоже, чтобы существовать, надо держаться кучно.

А я живу один, совершенно один. Не разговариваю ни с кем и никогда; ничего не беру, ничего не даю. Самоучка не в счет. Есть, конечно, Франсуаза, хозяйка «Приюта путейцев». Но разве я с ней разговариваю? Иногда после ужина, когда она подает мне кружку пива, я спрашиваю:

— У вас сегодня вечером найдется минутка?

Она никогда не говорит «нет», и я иду за ней следом в одну из больших комнат на втором этаже, которые она сдает за почасовую или поденную плату. Я ей не плачу — мы занимаемся любовью на равных. Она получает от этого удовольствие (мужчина ей нужен каждый день, и кроме меня у нее есть еще много других), а я освобождаюсь от приступов меланхолии, причины которой мне слишком хорошо известны. Но мы почти не разговариваем. Да и к чему? Каждый занят собой, впрочем, для нее я прежде всего клиент ее кафе.

— Скажите, — говорит она, стягивая с себя платье, — вы пробовали аперитив «Брико»? На этой неделе его заказали двое клиентов. Официантка не знала, пришла и спрашивает у меня. А это коммивояжеры, они, наверно, пили его в Париже. Но я, когда чего не знаю, покупать не люблю. Если вы не против, я останусь в чулках.

В прежнее время, бывало, она уйдет, а я еще долго думаю об Анни. Теперь я не думаю ни о ком; я даже не ищу слов. Это перетекает во мне то быстрее, то медленнее, я не стараюсь ничего закреплять, течет, ну и пусть себе. Оттого что мысли мои не облекаются в слова, чаще всего они остаются хлопьями тумана. Они принимают смутные, причудливые формы, набегают одна на другую, и я тотчас их забываю.

Эти парни меня восхищают: прихлебывая свой кофе, они рассказывают друг другу истории, четкие и правдоподобные. Спросите их, что они делали вчера, — они ничуть не смутятся, в двух словах они вам все объяснят. Я бы на их месте начал мямлить. Правда и то, что уже давным-давно ни одна душа не интересуется, как я провожу время. Когда живешь один, вообще забываешь, что значит рассказывать: правдоподобные истории исчезают вместе с друзьями. События тоже текут мимо: откуда ни возьмись появляются люди, что-то говорят, потом уходят, и ты барахтаешься в историях без начала и конца — свидетель из тебя был бы никудышный. Зато все неправдоподобное, все то, во что не поверят ни в одном кафе, — этого хоть пруд пруди. Вот, к примеру, в субботу, часа в четыре пополудни, по краю деревянного настила возле площадки, где строят новый вокзал, бежала, пятясь, маленькая женщина в голубом и смеялась, махая платком. В это же самое время за угол этой улицы, насвистывая, сворачивал негр в плаще кремового цвета и зеленой шляпе. Женщина, все так же пятясь, налетела на него под фонарем, который подвешен к дощатому забору и который зажигают по вечерам. Таким образом здесь оказались сразу: резко пахнущий сырым деревом забор, фонарь, славная белокурая малютка в голубом в объятьях негра под пламенеющим небом. Будь нас четверо или пятеро, мы, наверно, отметили бы это столкновение, эти нежные краски, красивое голубое пальто, похожее на пуховую перинку, светлый плащ, красные стекла фонаря, мы посмеялись бы над растерянным выражением двух детских лиц.

Но одинокого человека редко тянет засмеяться — группа приобрела для меня на миг острый, даже свирепый, хотя и чистый смысл. Потом она распалась, остались только фонарь, забор и небо — это тоже было все еще довольно красиво. Час спустя зажгли фонарь, поднялся ветер, небо почернело — и все исчезло.

Все это не ново; я никогда не чурался этих безобидных ощущений — наоборот. Чтобы к ним приобщиться, довольно почувствовать себя хоть капельку одиноким — ровно настолько, чтобы на некоторое время освободиться от правдоподобия. Но я всегда оставался среди людей, на поверхности одиночества, в твердой решимости при малейшей тревоге укрыться среди себе подобных — по сути дела, до сих пор я был просто любителем.

А теперь меня повсюду окружают вещи — к примеру, вот эта пивная кружка на столе. Когда я ее вижу, мне хочется крикнуть: «Чур, не играю». Мне совершенно ясно, что я зашел слишком далеко. Наверно, с одиночеством нельзя играть «по маленькой». Это вовсе не значит, что теперь перед сном я заглядываю под кровать или боюсь, что посреди ночи моя дверь вдруг распахнется настежь. И все-таки я встревожен: вот уже полчаса я избегаю СМОТРЕТЬ на эту пивную кружку. Я смотрю поверх нее, ниже нее, правее, левее — но ЕЕ стараюсь не видеть. И прекрасно знаю, что холостяки, которые сидят вокруг, ничем мне помочь не могут: поздно, я уже не могу укрыться среди них. Они хлопнут меня по плечу, скажут: «Ну и что, что в ней такого, в этой пивной кружке? Кружка как кружка. Граненая, с ручкой, с маленькой эмблемой — герб, в нем лопата и надпись "Шпатснброй"».

Я все это знаю, но знаю, что в ней есть и кое-что другое. Ничего особенного. Но я не могу объяснить, что я вижу. Никому не могу объяснить. В этом все и дело — я тихо погружаюсь на дно, туда, где страх.

Среди этих веселых и здравых голосов я один. Парни вокруг меня все время говорят друг с другом, с ликованьем обнаруживая, что их взгляды совпадают. Господи, как они дорожат тем, что все думают одно и то же. Стоит только посмотреть на выражение их лиц, когда среди них появляется вдруг человек с взглядом, как у вытащенной из воды рыбы, устремленным внутрь себя, человек, с которым ну никак невозможно сойтись во мнениях. Когда мне было восемь лет и я играл в Люксембургском саду, был один такой человек — он усаживался под навесом у решетки, выходящей на улицу Огюста Конта. Он не говорил ни слова, но время от времени вытягивал ногу и с испугом на нее смотрел. Эта нога была в ботинке, но другая в шлепанце. Сторож объяснил моему дяде, что этот человек — бывший классный надзиратель. Его уволили в отставку, потому что он явился в классы зачитывать отметки за четверть в зеленом фраке академика. Он внушал нам невыразимый ужас, потому что мы чувствовали, что он одинок. Однажды он улыбнулся Роберу, издали протянув к нему руки, — Робер едва не лишился чувств. Этот тип внушал нам ужас не жалким своим видом и не потому, что на шее у него был нарост, который терся о край пристежного воротничка, а потому, что мы чувствовали: в его голове шевелятся мысли краба или лангуста. И нас приводило в ужас, что мысли лангуста могут вращаться вокруг навеса, вокруг наших обручей, вокруг садовых кустов.

Неужели мне уготована такая участь? В первый раз в жизни мне тяжело быть одному. Пока еще не поздно, пока я еще не навожу страх на детей, я хотел бы с кем-нибудь поговорить о том, что со мной происходит.

* * *

Странно, я исписал десять страниц, а правды так и не сказал — во всяком случае, всей правды. Когда сразу после даты я написал: «Ничего нового», я был неискренен — в действительности маленькое происшествие, в котором нет ничего постыдного или необычного, не хотело ложиться на бумагу. «Ничего нового». Просто диву даешься, как можно лгать, прикрываясь здравым смыслом. Если угодно, и в самом деле ничего нового не произошло, когда сегодня утром, выйдя из гостиницы «Прентания», по пути в библиотеку, я захотел и не смог подобрать валявшийся на земле клочок бумаги. Только и всего, это даже нельзя назвать происшествием. Но если говорить честно, меня оно глубоко взволновало — я подумал: отныне я не свободен. В библиотеке я тщетно старался отделаться от этой мысли. Решил убежать от нее в кафе «Мабли». Надеялся, что она рассеется при свете огней. Но она осталась сидеть во мне, гнетущая, мучительная. Это она продиктовала мне предшествующие страницы.

Почему же я о ней не упомянул? Наверно, из гордости, а может, отчасти по неуменью. У меня нет привычки рассказывать самому себе о том, что со мной происходит, поэтому я не могу воспроизвести события в их последовательности, не умею выделить главное. Но теперь кончено — я перечел то, что записал в кафе «Мабли», и мне стало стыдно: довольно утаек, душевных переливов, неизъяснимого, я не девица и не священник, чтобы забавляться игрой в душевные переживания.

Рассуждать тут особенно не о чем: я не смог подобрать клочок бумаги, только и всего.

Вообще я очень люблю подбирать каштаны, старые лоскутки и в особенности бумажки. Мне приятно брать их в руки, стискивать в ладони, еще немного — и я совал бы их в рот, как дети. Анни просто из себя выходила, когда я за уголок тянул к себе роскошный, плотный лист бумаги, весьма вероятно выпачканный в дерьме. Летом и в начале осени в садах валяются обрывки выжженных солнцем газет, сухие и ломкие, как опавшие листья, и такие желтые, словно их обработали пикриновой кислотой. А зимой одни бумажки распластаны, растоптаны, испачканы, они возвращаются в землю. А другие, новенькие, даже глянцевитые, белоснежные и трепещущие, похожи на лебедей, хотя земля уже облепила их снизу. Они извиваются, вырываются из грязи, но в нескольких шагах распластываются на земле — и уже навсегда. И все это приятно подбирать. Иногда я просто ощупываю бумажку, поднося совсем близко к глазам, иногда просто рву, чтобы услышать ее долгий хруст, а если бумага совсем мокрая, поджигаю ее, что вовсе не так просто, и потом вытираю грязные ладони о какую-нибудь стену или ствол.

И вот сегодня я загляделся на рыжеватые сапоги кавалерийского офицера, который вышел из казармы. Проследив за ними глазами, я заметил на краю лужи клочок бумаги. Я подумал: сейчас офицер втопчет бумажку сапогом в грязь — ан нет, он разом перешагнул и бумажку и лужу. Я подошел ближе — это оказалась страница линованной бумаги, судя по всему, вырванная из школьной тетради. Намокшая под дождем, она вся измялась, вздулась и покрылась волдырями, как обожженная рука. Красная полоска полей слиняла розоватыми подтеками, местами чернила расплылись. Нижнюю часть страницы скрывала засохшая корка грязи. Я наклонился, уже предвкушая, как дотронусь до этого нежного сырого теста и мои пальцы скатают его в серые комочки... И не смог.

Секунду я стоял нагнувшись, прочел слова: «Диктант. Белая сова» — и распрямился с пустыми руками. Я утратил свободу, я больше не властен делать то, что хочу.

Предметы не должны нас БЕСПОКОИТЬ: ведь они не живые существа. Ими пользуются, их кладут на место, среди них живут, они полезны — вот и все. А меня они беспокоят, и это невыносимо. Я боюсь вступать с ними в контакт, как если бы они были живыми существами!

Теперь я понял — теперь мне точнее помнится то, что я почувствовал однажды на берегу моря, когда держал в руках гальку. Это было какое-то сладковатое омерзение. До чего же это было гнусно! И исходило это ощущение от камня, я уверен, это передавалось от камня моим рукам. Вот именно, совершенно точно: руки словно бы тошнило.

Четверг утром, в библиотеке

Только что, спускаясь по лестнице отеля, я слышал, как Люси в сотый раз плакалась хозяйке, продолжая вощить ступени. Хозяйка отвечала с натугой, короткими фразами — она еще не успела вставить зубной протез; она была полуголая, в розовом халате и в домашних туфлях. Люси, по своему обыкновению, ходила замарашкой; время от времени переставая натирать ступени, она выпрямлялась на коленях, чтобы взглянуть на хозяйку. Говорила она без передышки, рассудительным тоном.

— По мне, в сто раз лучше, если бы он бабником был, — говорила она. — Я бы на это рукой махнула, лишь бы ему вреда не было.

Речь шла о ее муже. Эта чернявая коротышка в сорок лет, скопив деньжат, приобрела себе восхитительного парня, слесаря-монтажника с заводов Лекуэнт. Брак оказался несчастливым. Муж не бьет Люси, не обманывает, но он пьет, каждый вечер он приходит домой пьяным. Дела его плохи — за три месяца он на моих глазах пожелтел и истаял. Люси думает, что это от пьянства. По-моему, скорее от туберкулеза.

— Надо крепиться, — говорит Люси.

Я уверен, это ее гложет, но исподволь, неторопливо: она крепится, она не в состоянии ни утешиться, ни отдаться своему горю. Она думает о своем горе понемножку, именно понемножку, капельку сегодня, капельку завтра, она извлекает из него барыш. В особенности на людях, потому что ее жалеют, да к тому же ей отчасти приятно рассуждать о своей беде благоразумным тоном, словно давая советы. Я часто слышу, как, оставшись в номерах одна, она тихонько мурлычет, чтобы не думать. Но целыми днями она ходит угрюмая, чуть что — никнет и дуется.

— Это сидит вот здесь, — говорит она, прикладывая руку к груди. — И не отпускает.

Она расходует свое горе, как скупец. Должно быть, она так же скупа и в радостях. Интересно, не хочется ли ей порой избавиться от этой однообразной муки, от этого брюзжанья, которое возобновляется, едва она перестает напевать, не хочется ли ей однажды испытать страдание полной мерой, с головой уйти в отчаяние. Впрочем, для нее это невозможно — она зажата.

Четверг, после полудня

«Маркиз де Рольбон внешне был безобразен. Королева Мария-Антуанетта часто называла его своей «милой обезьянкой». И однако, он одерживал победы над всеми придворными дамами, и не фиглярствуя, как урод Вуазенон, а посредством магнетизма, который внушал красавицам страсть, толкавшую их на совершенные безумства. Он интригует, играет довольно двусмысленную роль в деле с ожерельем и после длительных сношений с Мирабо-Тонно и Нерсиа в 1790 году исчезает со сцены. Он появляется вновь уже в России, где прилагает руку к убийству Павла I, а потом отправляется путешествовать в еще более дальние края — Индию, Китай и Туркестан. Он обделывает сомнительные коммерческие дела, составляет заговоры, шпионит. В 1813 году он возвращается в Париж и в 1816-м становится всемогущим: он — единственный наперсник герцогини Ангулемской. Эта капризная старуха, одержимая зловещими воспоминаниями детства, завидев маркиза, расплывается в умиротворенной улыбке. Покровительствуемый ею Рольбон делает погоду при дворе. В марте 1820 года он женится на восемнадцатилетней красавице мадемуазель де Роклор. Маркизу де Рольбону в эту пору исполнилось семьдесят, он на вершине почестей, жизнь его достигла апогея. Семь месяцев спустя по обвинению в измене он арестован, брошен в темницу, где умирает, пробыв в заключении пять лет и так и не дождавшись расследования своего дела».

Я с грустью перечитал эту заметку Жермена Берже*. С этих нескольких строк и началось мое знакомство с маркизом де Рольбоном. Как он меня обворожил, как я влюбился в него по прочтении этих скупых слов! Из-за него, из-за этого маленького человечка, я и оказался здесь. Возвратившись из своих странствий, я с таким же успехом мог обосноваться в Париже или в Марселе. Но большая часть документов, связанных с длительными периодами жизни маркиза во Франции, сосредоточена в муниципальной библиотеке Бувиля. Рольбон владел родовым поместьем в Маромме.

* Берже Жермен. Мирабо-Тонно и его друзья. Шампьон, 1906. С. 406. Прим. 2. — *Примеч. издателей.*

До войны в этом местечке еще жил один из его потомков, архитектор Рольбон-Кампуире, который умер в 1912 году, завещав бувильской библиотеке богатейший архив: письма маркиза, часть его дневника, разного рода документы. Я до сих пор еще не все разобрал.

Я рад, что нашел свои заметки. Я не перечитывал их десять лет. Мне кажется, мой почерк изменился: раньше он был более убористым. Как я любил в тот год маркиза де Рольбона! Помню, однажды вечером (это было во вторник) я целый день проработал в библиотеке Мазарини. По переписке маркиза 1789—1790 годов я угадал, как ловко он провел Нерсиа. Было темно, я шел по авеню Мен и на углу улицы Гэте купил себе жареных каштанов. Ох, и счастлив же я был! Я смеялся про себя, воображая, какую физиономию скорчил Нерсиа, вернувшись из Германии. Образ маркиза вроде этих чернил — с тех пор как я начал им заниматься, он заметно выцвел.

Прежде всего я не могу понять его поведения начиная с 1801 года. И дело не в том, что не хватает документов, — сохранились письма, обрывки воспоминаний, секретные донесения, архивы полиции. Документов, наоборот, едва ли не слишком много. Но этим свидетельствам недостает определенности, основательности. Они не противоречат друг другу, нет, но и не согласуются друг с другом. Словно речь в них идет не об одном и том же человеке. И однако, другие историки работают с материалами такого рода. Как же поступают в подобных случаях они? Что я, более дотошен или менее проницателен? Впрочем, такая постановка вопроса меня совершенно не волнует. Чего я, собственно говоря, ищу? Не знаю. В течение долгого времени Рольбон-человек интересовал меня куда больше, чем книга, которую я должен написать. А теперь этот человек... человек начал мне надоедать. Теперь мне важна книга, я чувствую все большую потребность ее написать — пожалуй, тем большую, чем старше становлюсь сам.

И впрямь можно допустить, что Рольбон принял деятельное участие в убийстве Павла I, что потом он согласился стать царским шпионом на Востоке, но все время предавал Александра в пользу Наполеона. Он вполне мог в эту же пору поддерживать переписку с графом д'Артуа, посылая тому не имеющие никакой ценности донесения, чтобы уверить графа в своей преданности, — все это вполне правдоподобно. Фуше в это же время играл комедию куда более сложную и опасную. Возможно также, что маркиз ради собственной выгоды продавал ружья азиатским государствам.

Да, бесспорно, все это он мог делать. Но это не доказано; я начинаю думать, что доказать вообще никогда ничего нельзя. Все это частные гипотезы, опирающиеся на факты, — но я чувствую, что исходят они от меня, это просто способ обобщить мои сведения. Однако сам Рольбон ни гугу. Вялые, ленивые, угрюмые факты группируются в том порядке, какой им придал я, но этот порядок навязан им извне. У меня такое чувство, будто в процессе работы я просто отдавался игре собственного воображения. И при этом, я уверен, пиши я роман, его персонажи были бы более правдивыми или, во всяком случае, более забавными.

Пятница

Три часа. Три часа — это всегда слишком поздно или слишком рано для всего, что ты собираешься делать. Странное время дня. А сегодня просто невыносимое.

Холодное солнце выбелило пыль на оконных стеклах. Бледное, белесоватое небо. Утром подморозило ручейки.

Я сижу у калорифера, вяло переваривая пищу. Я знаю заранее — сегодняшний день потерян. Ничего путного мне не сделать, разве когда стемнеет. И все из-за солнца: оно подернуло позолотой грязную белую мглу, висящую над стройкой, оно струится в мою комнату, желтоватое, бледное, ложась на мой стол четырьмя тусклыми, обманчивыми бликами.

На моей трубке мазок золотистого лака, вначале он привлекает взор своей иллюзорной праздничностью, но вот ты глядишь на трубку, и лак плавится, и не остается ничего, кроме куска дерева, и на нем большое блеклое пятно. И так со всем, решительно со всем, даже с моими руками. Когда бывает такое солнце, лучше всего лечь спать. Но этой ночью я спал как убитый — сна у меня ни в одном глазу.

Мне так нравилось вчерашнее небо — стиснутое, черное от дождя, которое прижималось к стеклам, словно смешное и трогательное лицо. А нынче солнце не смешное, куда там... На все, что я люблю: на ржавое железо стройки, на подгнившие доски забора — падает скупой и трезвый свет, точь-в-точь взгляд, которым после бессонной ночи оцениваешь решения, с подъемом принятые накануне, страницы, написанные на одном дыхании, без помарок. Четыре кафе на бульваре Виктора Нуара, которые ночью искрятся огнями по соседству друг с другом, — ночью они не просто кафе, это аквариумы, корабли, звезды, а не то огромные белые глазницы — утратили свое двусмысленное очарование.

Отличный день, чтобы критически оценить самого себя: холодные лучи, которые солнце бросает на все живое, словно подвергая его беспощадному суду, в меня проникают через глаза: мое нутро освещено обесценивающим светом. Я знаю, мне хватит четверти часа, чтобы дойти до крайней степени отвращения к самому себе. Дудки. Мне это ни к чему. Не стану я также перечитывать то, что написал накануне о пребывании Рольбона в Санкт-Петербурге. Я сижу, уронив руки, или пишу какие-то жалкие слова, зеваю и жду, чтобы настал вечер. Когда стемнеет, я вместе со всеми окружающими предметами вырвусь из этой мути.

Принимал Рольбон или нет участие в убийстве Павла I?

На сегодня это главный вопрос: я уперся в него и, пока его не решу, не могу двинуться дальше.

Если верить Черкову, маркиза купил граф Пален. Большая часть заговорщиков, утверждает Черков, хотела только низложить царя и заточить в тюрьму. (Кажется, Александр и в самом деле был сторонником такого решения.) Но Пален стремился покончить с Павлом раз и навсегда. Маркизу Рольбону поручено было, переговорив с каждым из заговорщиков по отдельности, склонить их всех к убийству.

«Он каждому из них нанес визит и с необыкновенной выразительностью представил в лицах сцену, которая должна разыграться. Таким образом он пробудил, а может быть усилил, в них жажду убийства».

Но Черкову я не доверяю. Это не трезвый свидетель, а полусумасшедший знахарь-садист: он всегда все сводит к демонизму. Я совершенно не представляю маркиза де Рольбона в этой мелодраматической роли. Он в лицах изобразил сцену убийства? Полноте! Маркиз — человек холодный, ему не свойственно увлекать, он не живописует, он внушает, и этот способ воздействия, бесцветный и невыразительный, может найти отклик только у людей его пошиба — рассудочных интриганов, политиков.

«Адемар де Рольбон, — писала мадам де Шарьер, — рассказывая, не рисовал картин, не жестикулировал, не разнообразил интонации. Он говорил, полузакрыв глаза так, что сквозь сомкнутые ресницы едва просвечивал ободок его серых зрачков. Всего несколько лет назад я решилась наконец признаться самой себе, что он наводит на меня невыносимую скуку. Его разговоры напоминают сочинения аббата Мабли».

И этот человек своим мимическим даром способен был... Хотя в таком случае как ему удавалось соблазнять женщин? К тому же Сегюр описывает забавный случай, который кажется мне правдоподобным:

«В 1787 году неподалеку от Мулена на постоялом дворе умирал старик, друг Дидро, воспитанный на сочинениях философов. Окрестные священники выбились из сил: старик не желал принять соборование — он был пантеистом. Проезжавший мимо маркиз де Рольбон, который не верил ни в Бога, ни в черта, побился об заклад с муленским кюре, что ему не понадобится и двух часов, чтобы вернуть больного в лоно христианской церкви. Кюре принял пари и проиграл: больной, за которого маркиз взялся в три часа ночи, в пять утра исповедался и в семь утра умер. «Неужели вы так сильны в диспуте? — спросил кюре. — Вы заткнули за пояс всех нас!» — «А я вовсе не затевал диспута, — ответил маркиз. — Я просто запугал его адом».

Так вот, верно ли, что он принимал деятельное участие в заговоре? В тот вечер, около восьми, офицер из числа друзей маркиза проводил Рольбона до дверей его дома. Если Рольбон снова вышел, как он мог пройти по улицам Санкт-Петербурга и не попасть под арест? Полубезумный Павел отдал приказ после девяти вечера задерживать всех прохожих, кроме повитух и врачей. Неужто поверить нелепой легенде, будто Рольбон, чтобы добраться до дворца, переоделся повитухой? Впрочем, маркиз был на это способен. Так или иначе, по-видимому, доказано, что в ночь убийства дома его не было. Судя по всему, Александр всерьез подозревал Рольбона, потому что после воцарения поспешил удалить маркиза под предлогом какого-то невнятного поручения на Дальний Восток.

Маркиз де Рольбон мне смертельно надоел. Я встаю. Передвигаюсь в худосочном освещении и вижу, как оно меняется на моих руках, на рукавах моей рубашки, — не могу выразить, до чего оно мне противно. Зеваю. Зажигаю настольную лампу — может, ее свет заглушит дневной. Нет, лампа образует только жалкую лужицу вокруг своей подставки. Гашу лампу, снова встаю. На стене зияет белая дыра — зеркало. Это ловушка. И я знаю, что попадусь в нее. Так и есть. В зеркале появилось нечто серое. Подхожу, гляжу и отойти уже не могу.

Это отражение моего лица. В такие гиблые дни я часто его рассматриваю. Ничего я не понимаю в этом лице. Лица других людей наделены смыслом. Мое — нет. Я даже не знаю, красивое оно или уродливое. Думаю, что уродливое — поскольку мне это говорили. Но меня это не волнует. По сути, меня возмущает, что лицу вообще можно приписывать такого рода свойства — это все равно что назвать красавцем или уродом горсть земли или кусок скалы.

Впрочем, есть одна вещь, которая радует глаз: повыше вялого пространства щек, повыше лба мой череп золотит прекрасное рыжее пламя — мои волосы. Вот на них смотреть приятно. По крайней мере, это совершенно определенный цвет, и я доволен, что я рыжий. В зеркале это особенно бросается в глаза — волосы лучатся. Все-таки мне повезло: если бы мой лоб украшала тусклая шевелюра, из тех, что никак не могут решиться, пристать им к блондинам или к шатенам, лицо мое расплылось бы мутным пятном и меня воротило бы от него.

Мой взгляд медленно и неохотно скользит вниз — на лоб, на щеки: ничего устойчивого, все зыбко. Само собой, нос, глаза и рот на месте, но все это лишено смысла, лишено даже человеческого выражения. Однако Анни и Велин находили, что у меня живая физиономия, — может, я к ней просто слишком привык. В детстве моя тетка Бижуа говорила мне: «Будешь слишком долго глядеться в зеркало, увидишь в нем обезьяну». Но, должно быть, я гляделся еще дольше — то, что я вижу в зеркале, куда ниже обезьяны, это нечто на грани растительного мира, на уровне полипов. Я не отрицаю, это нечто живое, но не об этой жизни говорила Анни; я вижу какие-то легкие подергивания, вижу, как трепещет обильная, блеклая плоть. С такого близкого расстояния в особенности отвратительны глаза. Нечто стеклянистое, податливое, слепое, обведенное красным — ну в точности рыбья чешуя.

Всей тяжестью навалившись на фаянсовую раму, я приближаю свое лицо к стеклу, пока оно не упирается в него вплотную. Глаза, нос, рот исчезают — не остается ничего человеческого. Коричневатые морщины по обе стороны горячечно вспухших губ, трещины, бугорки. Широкие покатости щек покрыты светлым шелковистым пушком, из ноздрей торчат два волоска: ну прямо рельефная карта горных пород. И несмотря ни на что, этот призрачный мир мне знаком. Я не то чтобы УЗНАЮ его подробности. Но все вместе вызывает у меня ощущение «уже виденного», от этого я тупею и меня потихоньку клонит в сон.

Мне хочется встряхнуться — живое, резкое ощущение помогло бы мне. Я прижимаю левую ладонь к щеке и оттягиваю кожу — в зеркале гримаса. Половина моего лица съехала в сторону, левая часть рта скривилась, вздулась, обнажив зуб: в расселине показалась белая выпуклость и розовая кровоточащая плоть. Не к этому я стремился — опять ничего нового, ничего твердого, все мягкое, податливое, уже виденное! Засыпаю с открытыми глазами, и вот уже мое лицо в зеркале растет, растет, это огромный, бледный, плавающий в солнечном свете ореол...

Просыпаюсь я оттого, что едва не потерял равновесия. Я сижу верхом на стуле, все еще одурелый. Неужели другие тоже так мучаются, изучая свое лицо? Мне кажется, я воспринимаю свое лицо так же, как ощущаю свое тело, — каким-то подспудным органическим чувством. Ну, а другие как? Маркиз де Рольбон, например? Неужели его тоже клонило в сон, когда он видел в зеркалах то, о чем мадам Жанлис говорит: «Его опрятное морщинистое личико, все изрытое оспинами, на котором было написано выражение какого-то особенного плутовства, бросавшееся в глаза, несмотря на все старания маркиза его скрыть. Он очень заботился о своей прическе, — добавляет мадам Жанлис. — Я ни разу не видела его без парика. Но щеки у него были сизые, едва ли не с черным отливом, потому что у маркиза была густая борода, а он желал бриться сам и делал это очень неумело. Он имел обыкновение, по примеру Гримма, мазаться свинцовыми белилами. Мсье Данжевиль говаривал, что эта смесь синего с белым придает Рольбону сходство с рокфором».

Думаю, что маркиз был занятной личностью. Однако глазам мадам Шарьер он все-таки представлялся совсем иным. Насколько я понимаю, она считала его скорее бесцветным. Может, собственное лицо понять невозможно. А может, это оттого, что я один? Люди, общающиеся с другими людьми, привыкают видеть себя в зеркале глазами своих друзей. У меня нет друзей — может быть, поэтому моя плоть так оголена? Ни дать ни взять — ну да, ни дать ни взять, природа без человека.

Нет охоты работать, все валится из рук — подожду, пока стемнеет.

Половина шестого

Дело плохо! Дело просто дрянь: гадина, Тошнота, все-таки настигла меня. На этот раз нечто новое — это случилось в кафе. До сих пор бувильские кафе были моим единственным прибежищем — там всегда людно и много света; теперь не осталось и их; а если меня прихватит в моем номере, я и вовсе не буду знать, куда скрыться.

Я пришел, чтобы переспать с хозяйкой, но не успел открыть дверь, как Мадлена, официантка, крикнула:

— А хозяйки нет, она в город ушла, за покупками.

Я ощутил резкое, неприятное чувство внизу живота — долгий зуд разочарования. И в то же время почувствовал, как рубашка трется о мои соски, и меня вдруг взяла в кольцо, подхватила медленная разноцветная карусель; закружила мгла, закружили огни в табачном дыму и в зеркале, а с ними поблескивающие в глубине зала сиденья, и я не мог понять, откуда все это и почему. Я застыл на пороге, потом что-то сместилось, по потолку скользнула тень, меня подтолкнуло вперед. Все плыло, я был оглушен этой сверкающей мглой, которая вливалась в меня сразу со всех сторон. Подплыла Мадлена, чтобы помочь мне снять пальто; она зачесала волосы назад и надела серьги — я ее не узнавал. Я уставился на ее громадные щеки, которым не было конца и которые убегали к ушам. На щеках, во впадине под выступом скул особняком розовели два пятна, и казалось, они изнывают от скуки на этой убогой плоти. А щеки все убегали и убегали к ушам, а Мадлена улыбалась.

— Что будете пить, мсье Антуан?

И вот тут меня охватила Тошнота, я рухнул на стул, я даже не понимал, где я; вокруг меня медленно кружили все цвета радуги, к горлу подступила рвота. С тех пор Тошнота меня не отпускает, я в ее власти.

Я расплатился, Мадлена унесла блюдечко. Моя кружка плющит на мраморной столешнице лужицу желтого пива, на которой вздулся пузырь. Сиденье подо мной продавлено: чтобы с него не свалиться, я плотно прижимаю к полу подошвы; холодно. Справа от меня на столике, покрытом суконной салфеткой, идет карточная игра. Войдя, я не разглядел игроков, я только почувствовал, что частью на стульях, частью на столике в глубине шевелится какая-то теплая масса, мельтешат несколько пар рук. Потом Мадлена принесла им карты, сукно и в деревянной плошке жетоны. Игроков не то трое, не то пятеро, не знаю, у меня не хватает мужества на них посмотреть. Во мне лопнула какая-то пружина — я могу двигать глазами, но не головой. Голова размякла, стала какой-то резиновой, она словно бы еле-еле удерживается на моей шее — если я ее поверну, она свалится. И все же я слышу одышливое дыхание и время от времени краем глаза вижу багрово-красный в белых волосках промельк. Это рука.

Когда хозяйка ходит за покупками, за стойкой ее заменяет кузен. Зовут его Адольф. Я начал его рассматривать, еще усаживаясь на стул, и теперь продолжаю рассматривать, потому что не могу повернуть головы. Он без пиджака, в рубашке и фиолетовых подтяжках. Рукава Адольф засучил выше локтей. Подтяжки почти не видны на голубой рубахе, они затерты голубым, утонули в нем — но это ложное самоуничижение, они не дают забыть о себе, они раздражают меня своим ослиным упрямством, кажется, будто они, вознамерившись стать фиолетовыми, застряли на полпути, но от планов своих не отказались. Так и хочется им сказать: «Ну, решайтесь же, СТАНЬТЕ наконец фиолетовыми, и покончим с этим». Так нет же, они — ни туда, ни сюда, они запнулись в своем незавершенном усилии. Иногда голубизна наплывает на них и полностью их накрывает — несколько мгновений я их не вижу. Но это лишь набежавшая волна, вскоре голубизна местами вянет и появляются робкие островки фиолетового цвета, они ширятся, сливаются и вновь образуют подтяжки. Глаз у кузена Адольфа нет, под набухшими приподнятыми веками едва виднеются белки. Адольф сонно улыбается; время от времени он фыркает, повизгивает и вяло отмахивается, как пес, которому что-то снится.

Его голубая ситцевая рубаха радостным пятном выделяется на фоне шоколадной стены. Но от этого тоже тошнит. Или, вернее, ЭТО И ЕСТЬ ТОШНОТА. Тошнота не во мне: я чувствую ее там, на этой стене, на этих подтяжках, повсюду вокруг меня. Она составляет одно целое с этим кафе, а я внутри.

Справа теплая масса зашумела, руки мельтешат сильнее.

«Вот тебе козырь». — «Какой еще козырь?» Длинный черный хребет склонился над картами: «Ха-ха-ха!» — «В чем дело? Это козырь, он с него пошел». — «Не знаю, не видел...» — «Как это не видел, я пошел с козыря». — «Ладно, стало быть, козыри черви». Напевает: «Козыри черви, козыри черви-червяки». Говорит: «Это что еще за штуки, мсье? Это что еще за штуки? Беру!»

И снова молчание — в глотке привкус сладковатого воздуха. Запахи. Подтяжки.

Кузен встает, сделал несколько шагов, заложил руки за спину, улыбается, поднял голову, откинулся назад, опираясь на пятки. И в этой позе заснул. Вот он стоит, покачивается. С лица не сходит улыбка, щеки трясутся. Сейчас он упадет. Он отклоняется назад, все круче, круче, лицо его задрано к потолку, но в ту минуту, когда он уже готов упасть, он ловко хватается за край стойки, восстанавливая равновесие. И все начинается снова. С меня хватит, я подзываю официантку.

— Мадлена, будьте добры, поставьте пластинку. Ту, которую я люблю, вы знаете: «Some of these days»*.

— Сейчас, только, может, эти господа будут против. Когда они играют, музыка им мешает. А впрочем, ладно, я их спрошу.

Сделав над собой чудовищное усилие, поворачиваю голову. Их четверо. Мадлена наклоняется к багровому старику, у которого на кончике носа пенсне с черным ободком. Прижимая карты к груди, старик смотрит на меня из-под стекол.

— Пожалуйста, мсье.

Улыбки. Зубы у него гнилые. Красная рука принадлежит не ему, а его соседу, молодчику с черны-

* «Придет день» (*англ.*).

ми усами. У этого усача громадные ноздри, таких хватило бы накачать воздуха для целой семьи, они занимают пол-лица, а дышит он ртом, при этом слегка отдуваясь. Еще с ними сидит молодой парень с песьей головой. Четвертого игрока я разглядеть не могу.

Карты падают на сукно по кругу. Руки с кольцами на пальцах подбирают их, царапая коврик ногтями. Руки ложатся на сукно белыми пятнами, на вид они одутловатые и пыльные. На столик падают все новые карты, руки снуют взад и вперед. Странное занятие — оно не похоже ни на игру, ни на ритуал, ни на нервный тик. Наверно, они это делают, просто чтобы заполнить время. Но время слишком емкое, его не заполнишь. Что в него ни опустишь, все размягчается и растягивается. Взять хотя бы движение этой красной руки, которая, спотыкаясь, подбирает карты: оно какое-то дряблое. Его бы вспороть и укрепить изнутри.

Мадлена крутит ручку патефона. Только бы она не ошиблась и не поставила, как случилось однажды, арию из «Cavalleria rusticana»*. Нет, все правильно, я узнаю мотив первых тактов. Это старый РЭГТАЙМ, с припевом для голоса. В 1917 году на улицах Ла-Рошели я слышал, как его насвистывали американские солдаты. Мелодия, должно быть, еще довоенная. Но запись сделана позже. И все же это самая старая пластинка в здешней коллекции — пластинка фирмы Пате для сапфировой иглы.

* «Сельская честь» *(ит.)*.

Сейчас зазвучит припев — он-то и нравится мне больше всего, нравится, как он круто выдается вперед, точно скала в море. Пока что играет джаз; мелодии нет, просто ноты, мириады крохотных толчков. Они не знают отдыха, неумолимая закономерность вызывает их к жизни и истребляет, не давая им времени оглянуться, пожить для себя. Они бегут, толкутся, мимоходом наносят мне короткий удар и гибнут. Мне хотелось бы их удержать, но я знаю: если мне удастся остановить одну из этих нот, у меня в руках окажется всего лишь вульгарный, немощный звук.

Я должен примириться с их смертью — более того, я должен ее ЖЕЛАТЬ: я почти не знаю других таких пронзительных и сильных ощущений.

Я начинаю согреваться, мне становится хорошо. Тут ничего особенного еще нет, просто крохотное счастье в мире Тошноты: оно угнездилось внутри вязкой лужи, внутри НАШЕГО времени — времени сиреневых подтяжек и продавленных сидений, — его составляют широкие, мягкие мгновения, которые расползаются наподобие масляного пятна. Не успев родиться, оно уже постарело, и мне кажется, я знаю его уже двадцать лет.

Есть другое счастье — где-то вовне есть эта стальная лента, узкое пространство музыки, оно пересекает наше время из конца в конец, отвергая его, прорывая его своими мелкими сухими стежками; есть другое время.

— Мсье Рандю играет червями, ходи тузом.

Голос скользнул и сник. Стальную ленту не берет ничто — ни открывшаяся дверь, ни струя холодного воздуха, обдавшего мои колени, ни приход ветеринара с маленькой дочкой: музыка, насквозь пронзив эти расплывчатые формы, струится дальше. Девочка только успела сесть, и ее сразу захватила музыка: она выпрямилась, широко открыла глаза и слушает, елозя по столу кулаком.

Еще несколько секунд — и запоет Негритянка. Это кажется неотвратимым — настолько предопределена эта музыка: ничто не может ее прервать, ничто, явившееся из времени, в которое рухнул мир; она прекратится сама, подчиняясь закономерности. За это-то я больше всего и люблю этот прекрасный голос; не за его полнозвучие, не за его печаль, а за то, что его появление так долго подготавливали многие-многие ноты, которые умерли во имя того, чтобы он родился. И все же я неспокоен: так мало нужно, чтобы пластинка остановилась, — вдруг сломается пружина, закапризничает кузен Адольф. Как странно, как трогательно, что эта твердыня так хрупка. Ничто не властно ее прервать, и все может ее разрушить.

Вот сгинул последний аккорд. В наступившей короткой тишине я всем своим существом чувствую: что-то произошло — ЧТО-ТО СЛУЧИЛОСЬ.

Тишина.

Some of these days,
You'll miss me honey!*

* Придет день, и ты затоскуешь обо мне, милая! *(англ.)*

* * *

А случилось то, что Тошнота исчезла. Когда в тишине зазвучал голос, тело мое отвердело и Тошнота прошла. В одно мгновенье; это было почти мучительно — сделаться вдруг таким твердым, таким сверкающим. А течение музыки ширилось, нарастало, как смерч. Она заполняла зал своей металлической прозрачностью, расплющивая о стены наше жалкое время. Я ВНУТРИ музыки. В зеркалах перекатываются огненные шары, их обвивают кольца дыма, которые кружат, то затуманивая, то обнажая жесткую улыбку огней. Моя кружка пива вся подобралась, она утвердилась на столе: она приобрела плотность, стала необходимой. Мне хочется взять ее, ощутить ее вес, я протягиваю руку... Боже мой! Вот в чем главная перемена — в моих движениях. Взмах моей руки развернулся величавой темой, заструился сопровождением голоса Негритянки; мне показалось, что я танцую.

Лицо Адольфа все там же, оно кажется совсем близким на шоколадной стене. В ту минуту, когда рука моя сомкнулась вокруг кружки, я увидел голову Адольфа — в ней была очевидность, неизбежность финала. Я стискиваю стеклянную кружку, я смотрю на Адольфа — я счастлив.

— А я пойду так!

Чей-то голос выделился на фоне общего гула. Это голос моего соседа, разваренного старика. Щеки его фиолетовым пятном выступают на коричневой коже стула. Он шлепает по столу картой. Бубновый туз.

Но парень с песьей головой улыбается. Красноролсий игрок, склонившись над столом, следит за ним снизу, готовый к прыжку.

— А я — вот так!

Рука парня выступает из темноты, белая, неторопливая, она мгновение парит в воздухе и вдруг коршуном устремляется вниз, прижимая карту к сукну. Краснорожий толстяк подпрыгивает:

— Черт побери! Бьет!

В скрюченных пальцах мелькает силуэт червонного короля, потом короля перевертывают лицом вниз, игра продолжается. Красавец король явился издалека, его приход подготовлен множеством комбинаций, множеством исчезнувших жестов. Но вот и он, в свою очередь, исчезает, чтобы дать жизнь новым комбинациям, новым жестам, ходам и ответам на них, поворотам судьбы, крохотным приключениям без счета.

Я взволнован, мое тело словно механизм высокой точности на отдыхе. Ведь я-то пережил настоящие приключения. Подробностей я уже не помню, но я прослеживаю неукоснительную связь событий. Я переплывал моря, я оставил позади множество городов, поднимался по течению рек и углублялся в лесные чащи и при этом все время стремился к другим городам. У меня были женщины, я дрался с мужчинами, но я никогда не мог возвратиться вспять, как не может крутиться в обратную сторону пластинка. И куда все это меня вело? Вот к этой минуте, к этому стулу, в этот гудящий музыкой пузырь света.

And when you leave me*.

Я, который в Риме так любил посидеть на берегу Тибра, в Барселоне вечером сотни раз пройтись взад и вперед по бульвару Рамблас, я, который возле Ангкора в Бассейне Священного Меча видел баньян, обвивший своими корнями храм Священных Змей, я сижу здесь, я существую в том же мгновении, что и игроки в манилью, я слушаю, как поет Негритянка, а за окном бродит хилая темнота.

Пластинка остановилась.

И темнота вошла — слащавая, нерешительная. Ее не видно, но она здесь, она отуманила лампы; в воздухе что-то сгустилось — это она. Холодно. Один из игроков пододвинул другому рассыпанные карты, тот их собирает. Одна карта осталась валяться на столе. Не видят они ее, что ли? Девятка червей.

Наконец кто-то ее подобрал, протянул парню с песьей головой.

— А! Девятка червей!

Ну что ж, мне пора. Лиловый старик, мусоля кончик карандаша, склонился над листком бумаги. Мадлена смотрит на него ясным, пустым взглядом. Парень вертит в своих руках червонную девятку. Боже мой!..

Я с трудом встаю; в зеркале над черепом ветеринара передо мной проплывает нечеловечье лицо.

Пойду в кино.

---

* И когда ты покинешь меня *(англ.)*.

* * *

На улице мне лучше — в воздухе нет сладковатого привкуса, нет хмельного запаха вермута. Но, господи, какая стужа!

Половина восьмого, есть я не хочу, а сеанс начнется только в девять, что же мне делать? Надо идти побыстрее, чтобы согреться. Я в нерешительности: бульвар за моей спиной ведет к центру города, к пышным огненным узорам главных улиц, к «Пале Парамаунт», к «Империалю», к зданию громадного универмага «Яан». Меня все это отнюдь не прельщает: сейчас время аперитива, а я по горло сыт одушевленными предметами, собаками, людьми, всеми этими самопроизвольно шевелящимися мягкими массами.

Сворачиваю налево, сейчас я нырну в ту дальнюю дыру, где кончается вереница газовых фонарей, — пойду по бульвару Нуара до проспекта Гальвани. Из дыры задувает ледяной ветер — там одни только камни и земля. Камни — штука твердая, они неподвижны.

Сначала надо миновать нудный отрезок пути: на правом тротуаре серая, дымчатая масса с прочерками огней — это старый вокзал. Его присутствие оплодотворило первые сто метров бульвара Нуара, от бульвара Ла Редут до Райской улицы, дав жизнь десятку фонарей и четырем стоящим бок о бок кафе: «Приюту путейцев» и трем другим, которые днем чахнут, но по вечерам вспыхивают огнями, отбрасывая на мостовую светлые прямоугольники. Я еще трижды окунаюсь в струи желтого света, я вижу, как из магазина «Рабаш», торгующего бакалеей и галантерейными товарами, выходит старуха, натягивает на голову платок, куда-то бежит бегом, и — конец. Я стою у последнего фонаря на Райской улице, на краю тротуара. Здесь асфальтовая лента круто обрывается. По ту сторону улицы — тьма и грязь. Перехожу Райскую улицу. Правой ногой я ступил в лужу, носок у меня промок.

Прогулка началась.

Эта часть бульвара Нуара НЕОБИТАЕМА. Климат здесь слишком суровый, а почва слишком неблагодарная, чтобы жизнь могла пустить здесь корни и развиваться дальше. Три лесопилки братьев Солей (это братья Солей были поставщиками панелей для сводов церкви Святой Цецилии Морской, обошедшихся в сто тысяч франков) всеми своими окнами и дверями выходят на запад, на уютную улицу Жанны-Берты Керуа, которую заполняют своим грохотом. Бульвару Виктора Нуара они показывают три своих зада, соединенных заборами. Здания лесопилки тянутся вдоль левого тротуара на четыреста метров — ни единого окошка, хотя бы слухового.

На сей раз я ступил в сточную канаву обеими ногами. Перехожу дорогу — на другой стороне улицы одинокий газовый фонарь, словно маяк на краю света, освещает щербатый, искалеченный забор.

На досках еще держатся обрывки афиш. Красивое лицо на фоне звездообразно изорванного зеленого клочка искажено гримасой ненависти, под носом кто-то пририсовал закрученные кверху усы.

На другом обрывке можно разобрать намалеванное белыми буквами слово «чистюля», из которого сочатся красные капли — может быть, кровь. Не исключено, что это лицо и это слово составляли части одной афиши. Теперь афиша изодрана в клочья, простые соединявшие их по изначальному замыслу связи распались, но между искривленным ртом, каплями крови, белыми буквами, окончанием «юля» само собой возникло новое единство; словно какая-то неутомимая, преступная страсть пытается выразить себя с помощью этих таинственных знаков. В просветах между досками поблескивают огоньки железной дороги. Рядом с забором тянется длинная стена. Стена без отверстий, без дверей и окон, которая через двести метров упирается в дом. Я миновал сферу влияния фонаря, я вступаю в черный провал. Моя тень тает у меня под ногами в потемках, и мне чудится, будто я погружаюсь в ледяную воду. Впереди, в глубине провала, сквозь толщи черноты смутно проглядывает розоватое пятно — это проспект Гальвани. Оборачиваюсь; позади газового фонаря, далеко-далеко крохотная частица освещенного пространства — вокзал и четыре кафе. Позади меня, впереди меня люди в пивных пьют и играют в карты. Здесь все черно. По временам откуда-то издалека ветер доносит до меня одинокий прерывистый звон. Домашние звуки, храп машин, крики, лай не отрываются от освещенных улиц, они остаются в тепле. Но этот звон пронзает потемки и долетает сюда — он тверже, в нем меньше человеческого, чем в других звуках.

Я остановился, чтобы его послушать. Мне холодно, болят уши, наверно, они побагровели. Но я себя больше не ощущаю, я поглощен чистотой того, что меня окружает; ничего живого, свистит ветер, четкие линии убегают во мрак. Бульвар Нуара лишен непристойного выражения буржуазных улиц, которые жеманничают с прохожими. Никому не пришло в голову его украшать — самая настоящая изнанка. Изнанка улиц Жанны-Берты Керуа, проспекта Гальвани. В районе вокзала бувильцы еще кое-как приглядывают за бульваром — время от времени наводят чистоту ради приезжих. Но чуть поодаль они бросают его на произвол судьбы, и он слепо рвется вперед, упираясь с разбега в проспект Гальвани. Город забыл о бульваре. Иногда на громадной скорости по нему с грохотом пронесется вдруг грузовик землистого цвета. Но здесь даже никого не убивают — за отсутствием и убийц, и жертв. Бульвар Нуара неодушевлен. Как минерал. Как треугольник. Какое счастье, что в Бувиле есть такой бульвар. Обычно такие встречаются только в столицах — в Берлине в районе Нойкёльна или Фридрихсхайна, в Лондоне позади Гринвича. Это длинные, грязные, продуваемые ветром коридоры, с широкими, без единого дерева тротуарами. Почти всегда они расположены на окраинах, в тех странных районах, в которых зачинается город, — вблизи товарных станций, трамвайных депо, боен, газгольдеров. Два дня спустя после дождя, когда промокший город струится теплой испариной под лучами солнца, эти улицы все еще остаются холодными, сохраняя всю свою грязь и лужи. Есть на них и такие лужи, которые не просыхают никогда или, может быть, раз в году — в августе.

Тошнота осталась там, в желтом свете. Я счастлив: этот холод так чист, так чиста эта ночь, разве и сам я — не волна ледяного воздуха? Не иметь ни крови, ни лимфы, ни плоти. И течь по этому длинному каналу к бледному пятну вдали. Быть — просто холодом.

Но вот люди. Две тени. Что им здесь понадобилось?

Низенькая женщина тянет за рукав мужчину. И говорит дробной скороговоркой. Из-за ветра я не могу разобрать слов.

— Да заткнешься ты наконец? — бросает мужчина.

Она продолжает говорить. И вдруг он ее отталкивает. Они в нерешительности смотрят друг на друга, потом мужчина сует руки в карманы и, не оглядываясь, уходит прочь.

Мужчина исчез. Теперь меня отделяют от женщины каких-нибудь три метра. И вдруг из нее рвутся, раздирая ее, хриплые, низкие звуки, с неслыханной мощью заполняющие улицу.

— Шарль, ну пожалуйста, ты слышишь, что я говорю? Шарль, вернись, я больше не могу, я так несчастна!

Я прохожу настолько близко от нее, что могу до нее дотронуться. Это... но как поверить, что эта распаленная плоть, это пылающее горем лицо?.. и, однако, я узнаю платок, пальто и большую бордовую родинку на правой руке. Это она, это Люси, наша уборщица. Я не смею предложить ей свою помощь, но хочу, чтобы в случае надобности она могла к ней прибегнуть, и я медленно прохожу мимо, глядя на нее. Люси уставилась на меня, но, похоже, она меня не видит; она вообще себя не помнит от горя. Я делаю несколько шагов. Оглядываюсь...

Да, это она, это Люси. Но Люси вне себя, преображенная, отдающаяся страданию с нерасчетливой щедростью. Я завидую ей. Вот она стоит, выпрямившись и раскинув руки, точно ждет, когда на них появятся стигматы; она открыла рот, она задыхается. Мне чудится, что стены по обе стороны улицы начинают расти, что они сближаются, что Люси на дне колодца. Несколько секунд я жду, я боюсь, как бы она не рухнула навзничь, она слишком тщедушна, чтобы вынести бремя такой необычной муки. Но она не шевелится, она стала каменной, как все, что ее окружает. На мгновение мне приходит в голову, что раньше я в ней ошибался и мне вдруг открылась ее подлинная натура...

Люси коротко стонет. Подносит руку к груди, широко открыв удивленные глаза. Нет, не в самой себе почерпнула женщина силу страдания. Она пришла к ней извне... с этого бульвара. Надо взять Люси за плечи и увести на свет, к людям, на уютные розовые улицы: там нельзя страдать с такой силой, и она обмякнет, к ней вернутся ее рассудительный вид и привычный уровень страданий.

Я поворачиваюсь к Люси спиной. В конце концов, ей повезло. А я — вот уже три года как я слишком спокоен. В этой трагической глуши я могу почерпнуть только немного бесплодной чистоты. И я ухожу.

Четверг, половина двенадцатого

Два часа я проработал в читальном зале. А потом спустился выкурить трубку во двор Ипотечного Банка. Маленькая площадь выложена розовой брусчаткой. Бувильцы ею гордятся — она построена в XVIII веке. Со стороны улиц Шамад и Сюспедар въезд машинам преграждают старые цепи. Дамы в черном, прогуливающие своих собачек, крадутся под аркадами, жмутся поближе к стенам. Выйти на дневной свет они отваживаются редко, но по-девичьи, тайком и ублаготворенно косятся на статую Гюстава Эмпетраза. Вряд ли им известно имя этого бронзового гиганта, но по его сюртуку и цилиндру они видят: этот человек из хорошего общества. Цилиндр он держит в левой руке, а правую положил на стопку книг in-folio — ну прямо-таки их собственный дед стоит на пьедестале, отлитый в бронзе. Им нет надобности долго его разглядывать, чтобы понять — он смотрел на все как они, в точности как они. На службу их куцым и незыблемым взглядам он поставил весь свой авторитет и громадную эрудицию, почерпнутую в фолиантах, которые плющит его тяжелая рука. Дамам в черном легче дышать, они могут со спокойной душой заниматься хозяйством и прогуливать своих собачек — бремя ответственности упало с их плеч, им не надо защищать священные взгляды, добропорядочные взгляды, унаследованные ими от отцов: бронзовый исполин взялся охранять их.

«Большая Энциклопедия» посвятила этой фигуре несколько строк, я прочел их в прошлом году. Положив том энциклопедии на подоконник, я через стекло глядел на зеленый череп Эмпетраза. Я узнал, что расцвет его деятельности пришелся на 1890 год. Он был инспектором академии. Малевал очаровательные картинки, выпустил три книги: «О популярности у древних греков» (1887), «Педагогика Роллена» (1891) и «Поэтическое завещание» в 1899 году. Умер в 1902 году, оплаканный своими подчиненными и людьми с хорошим вкусом.

Я прислонился к фасаду библиотеки. Я затягиваюсь трубкой, которая вот-вот погаснет. И вижу старую даму, которая боязливо выходит из-под аркад галереи и упорным, проницательным взглядом рассматривает Эмпетраза. Вдруг, осмелев, со всей скоростью, доступной ее лапкам, она семенит через двор и на мгновение застывает перед статуей, двигая челюстями. Потом улепетывает — черное пятно на розовой мостовой — и исчезает, юркнув в щель в стене.

Быть может, в начале прошлого столетия эта площадь, выложенная розовой брусчаткой и окруженная домами, создавала радостное впечатление. Сейчас есть в ней что-то сухое, неприятное, даже жутковатое. Виноват в этом дяденька на пьедестале. Отлив этого ученого мужа в бронзе, его превратили в колдуна.

Я смотрю Эмпетразу в лицо. Глаз у него нет, нос едва намечен, борода изъедена странными язвами, которые иногда как зараза поражают все статуи в каком-нибудь районе. Он застыл в приветствии; на его жилете, в том месте, где сердце, — большое светло-зеленое пятно. Вид у него хилый и болезненный. Это не живой человек, однако неодушевленным его тоже не назовешь. От него исходит какая-то смутная сила, словно меня в грудь толкает ветер, — это Эмпетраз хотел бы изгнать меня с площади Ипотечного Банка. Но я не уйду, пока не докурю трубку.

Вдруг за моей спиной возникает длинная тощая тень.

Я вздрагиваю.

— Извините, мсье. Я не хотел вам мешать. Я видел, что губы у вас шевелятся. Вы, наверно, повторяете фразы из вашей книги. — Он засмеялся. — Хотите изгнать александрийские стихи.

Я тупо уставился на Самоучку. Но он удивлен, что удивлен я.

— Разве в прозе не следует старательно избегать александрийских стихов?

Я несколько упал в его мнении. Я спрашиваю, что он делает здесь в этот час. Начальник дал ему отгул, объясняет Самоучка, и он отправился прямиком в библиотеку; обедать он не пойдет и до закрытия будет читать. Я перестал слушать, но, должно быть, он отклонился от первоначального сюжета, так как вдруг до меня доносится:

— ...иметь счастье, как вы, писать книгу.

Надо ему что-то ответить.

— Счастье... — говорю я с сомнением.

Превратно истолковав мой ответ, он спешит исправить оплошность.

— Мне следовало сказать: иметь талант, мсье.

Мы поднимаемся по лестнице. Работать мне неохота. Кто-то забыл на столе «Евгению Гранде», книга открыта на двадцать седьмой странице. Я машинально беру ее, читаю страницу двадцать седьмую, потом двадцать восьмую, начать сначала мне не хватает решимости. Самоучка бодрым шагом направился к книжным полкам: он приносит оттуда два тома и кладет их на стол с видом пса, нашедшего кость.

— Что вы читаете?

По-моему, ему тягостно отвечать на этот вопрос: с минуту он колеблется, растерянно вращает глазами, потом нехотя протягивает мне книги. Это «Торф и торфоразработки» Ларбалетрие и «Хитопадеша, или Полезные наставления» Латекса. Ну и что? Не понимаю, почему он смущен. Вполне благопристойная литература. Для очистки совести перелистываю «Хитопадешу» — сплошь высокая материя.

3 часа

Я отложил «Евгению Гранде». И принялся за работу, хоть и без энтузиазма. Самоучка, видя, что я пишу, смотрит на меня с почтительным вожделением. Иногда я приподнимаю голову и вижу широченный стоячий воротничок, из которого торчит его цыплячья шея. Одежда на Самоучке потертая, но белье ослепительной белизны. Он только что снял с той же полки еще один том, я прочел перевернутое вверх ногами название «Стрела Кодебека», нормандская хроника. Автор — мадемуазель Жюли Лавернь. Подбор читаемой им литературы неизменно ставит меня в тупик.

И вдруг мне на память приходят фамилии авторов тех книг, которые он брал в последнее время: Ламбер, Ланглуа, Ларбалетрие, Латекс, Латернь. Меня вдруг осенило — я разгадал метод Самоучки: он осваивает знания в алфавитном порядке.

Я смотрю на него не без восхищения. Какой же волей надо обладать, чтобы медленно, упорно осуществлять такой обширный замысел. Однажды, семь лет тому назад (он сказал мне, что занимается самообразованием семь лет), он торжественно вступил в этот зал. Обвел взглядом бесчисленные тома, которыми заставлены стены, и, должно быть, сказал себе почти как Растиньяк: «А ну, познания человеческие, поглядим, кто кого!» Потом подошел, взял первую книгу на первой полке справа и открыл первую страницу со смешанным чувством благоговения, ужаса и неколебимой решимости. Сегодня он добрался до «Л». «К» после «И». «Л» после «К». От трактата о жесткокрылых его бросает к теории квантов, от исследования, посвященного Тамерлану, к католическому памфлету против дарвинизма, но это его нимало не смущает. Он прочел все. На складе в его голове хранится половина того, что науке известно о партеногенезе, половина всех аргументов, выдвинутых против вивисекции. Позади у него, впереди у него целый мир. И близится день, когда, закрыв последний том, взятый с последней полки слева, он скажет: «Что же теперь?»

В этот час он полдничает, с простодушным видом он жует хлеб и плитку шоколада «Гала Петер». Веки его опущены, и я без помех могу любоваться его красивыми, загнутыми, как у женщины, ресницами. От него пахнет застарелым табаком, к которому, когда он дышит, примешивается сладковатый запах шоколада.

Пятница, 3 часа

Кое-что прибавилось. В ловушку зеркала я уже попадался. Зеркала я избегаю, но зато я попал в другую ловушку — ловушку окна. Праздный, вяло уронив руки, подхожу к нему. Стройплощадка, Забор, Старый вокзал — Старый вокзал, Забор, Стройплощадка. Зеваю так широко, что на глазах выступают слезы. В правой руке у меня трубка, в левой — кисет. Надо набить трубку. Но сил у меня нет. Руки висят как плети, прижимаюсь лбом к оконному стеклу. Меня раздражает эта старуха. Взгляд растерянный, но упорно семенит вперед. Иногда пугливо останавливается, словно почуяв невидимую опасность. Вот она уже под моим окном, ветер облепил ей колени юбкой. Остановилась, поправляет платок. Руки у нее дрожат. Двинулась дальше — теперь я вижу ее со спины. Старая перечница! Наверно, сейчас свернет направо на бульвар Нуара. Ей осталось пройти метров сто — с ее скоростью это займет еще минут десять. Целых десять минут мне придется глядеть на нее, прижавшись лбом к стеклу. И еще раз двадцать она остановится, засеменит дальше, остановится снова...

Я ВИЖУ будущее. Оно здесь, на этой улице, разве чуть более блеклое, чем настоящее. Какой ему прок воплощаться в жизнь? Что это ему даст? Старуха, ковыляя, уходит дальше, останавливается, заправляет седую прядь, выбившуюся из-под косынки. Она идет, она была там, теперь она здесь... Не пойму, что со мной — вижу я ее жесты или предвижу? Я уже не отличаю настоящего от будущего, и, однако, что-то длится, что-то постепенно воплощается, старуха плетется по пустынной улице, переставляя грубые мужские ботинки. Вот оно, время, в его наготе, оно осуществляется медленно, его приходится ждать, а когда оно наступает, становится тошно, потому что замечаешь, что оно давно уже здесь. Старуха дошла до угла, теперь она превратилась в узелок черного тряпья. Что ж, пожалуй, это что-то новое, только что она была не такой, когда находилась в той стороне. Но новизна эта тусклая, заезженная, не способная удивить. Сейчас старуха свернет за угол, старуха сворачивает — проходит вечность.

Я отрываюсь от окна, бреду, шатаясь, по комнате; влипаю в зеркало, смотрю на себя с омерзением — еще одна вечность. Наконец, избавился от своего изображения, валюсь на постель. Гляжу в потолок — хорошо бы заснуть.

Спокойно. Спокойно. Вот я уже не чувствую, как скользит, задевая меня, время. На потолке я вижу картинки. Сначала круги света, потом кресты. Все это порхает. А вот и новая картинка — на сей раз в глубине моих закрытых глаз. Это громадное коленопреклоненное животное. Я вижу его передние лапы и вьючное седло. Остальное скрыто туманом. И все же я его узнаю — это привязанный к камню верблюд, которого я видел в Марракеше. Он шесть раз подряд становился на колени и снова вставал, а мальчишки смеялись и криками подзадоривали его.

Два года назад это было удивительно — стоило мне закрыть глаза, и голова начинала гудеть, как улей, передо мной вставали виденные когда-то лица, деревья, дома, японка из Камаиси, которая нагишом мылась в бочке, убитый русский с огромной зияющей раной, а рядом — лужа его крови. Я ощущал во рту вкус мускуса, в ноздрях запах масла, разливающийся в полдень по улицам Бургоса, запах укропа, плывущий по улицам Тетуана, слышал пересвист греческих пастухов; все это волновало меня. Но эта радость давно уже истерлась. Неужели сегодня она возродится вновь?

Знойное солнце в моей голове деревянно плывет, как изображение в волшебном фонаре. За ним следует клочок синего неба. Дернувшись несколько раз, оно застыло, я весь позолочен им изнутри.

От какого марокканского (а может, алжирского? или сирийского?) дня оно вдруг оторвалось? Я отдаюсь потоку, уносящему меня в прошлое.

Мекнес. Как он выглядел, этот горец, напугавший нас в узенькой улочке между Берденской мечетью и прелестной площадью в тени шелковицы? Он двинулся прямо на нас, Анни шла справа от меня. Или слева?

Это солнце и синее небо — всего лишь обман. Вот уже сотый раз я на него попадаюсь. Мои воспоминания — словно золотые в кошельке, подаренном дьяволом: откроешь его, а там сухие листья.

Горца я больше не вижу — вижу только огромное молочного цвета пятно на месте вытекшего глаза. Впрочем, его ли это глаз? Врач, который в Баку излагал мне принципы устройства государственных абортариев, тоже был кривым, и когда я пытаюсь вспомнить его лицо, передо мной возникает такой же беловатый шар. У этих двоих, как у норн, один общий глаз, и они то и дело им обмениваются.

С этой площадью в Мекнесе, хотя я ходил по ней каждый день, еще проще — я вообще ее больше не вижу. У меня осталось от нее смутное чувство, что она была прелестна, да еще эти четыре слова, которые слились в одно: прелестная площадь в Мекнесе. Конечно, если я закрою глаза или мутным взглядом уставлюсь в потолок, я могу восстановить ту сцену: вдали дерево, и на меня бежит какая-то темная, коренастая тень. Впрочем, все это я выдумал по ходу дела. Марокканец был высокий, сухощавый, да и увидел-то я его, только когда он меня коснулся. Стало быть, я все еще ЗНАЮ, что он высокий и сухощавый — кое-какие краткие сведения в моей памяти сохранились. Но я ничего больше не вижу: сколько я ни роюсь в прошлом, я извлекаю из него только обрывочные картинки, и я не знаю толком, что они означают, воспоминания это или вымыслы.

А во многих случаях исчезли и сами эти обрывки — остались только слова; я еще способен рассказывать, и даже слишком хорошо рассказывать разные истории (по части анекдотов со мной не может тягаться никто, кроме морских офицеров и профессиональных рассказчиков), но теперь от моих историй остался один остов. В них идет речь о ком-то, кто проделывает то-то и то-то. Но это не я, у меня с ним нет ничего общего. Он скитается по разным странам, о которых я имею представления не больше, чем если бы никогда в них не бывал. Иногда в своих рассказах мне случается упомянуть красивые названия, которые можно вычитать в Атласе, — Аранхуэс или Кентербери. Они рождают во мне совершенно новые образы, как бывает с тем, кто никогда не путешествовал; мою фантазию будят слова — вот и все.

Однако на сотню мертвых историй сохранялись одна-две живые. Эти я вызываю в памяти с осторожностью, не часто, чтобы они не износились. Выужу одну, передо мной воскреснет обстановка, действующие люди, их позы. И вдруг стоп: я почувствовал потертость — сквозь основу чувств уже проглядывает слово. Я угадываю: это слово вскоре займет место многих дорогих мне образов. Я сразу останавливаюсь, начинаю думать о другом — не хочу перетруждать свои воспоминания. Но тщетно — в следующий раз, когда я захочу их оживить, многие из них уже омертвеют.

Я делаю вялую попытку встать, чтобы найти фотографии Мекнеса в коробке, которую я задвинул под стол. Но к чему? Эти возбуждающие средства больше не оказывают действия на мою память. Как-то я нашел под бюваром маленькую выцветшую фотографию. Улыбающаяся женщина у фонтана. Я долго смотрел на нее, не узнавая. Потом на обороте прочел: «Анни. Портсмут, 7 апреля 27 года».

Никогда еще я не испытывал с такой силой, как сегодня, ощущения, что я лишен потайных глубин, ограничен пределами моего тела, легковесными мыслями, которые пузырьками поднимаются с его поверхности. Я леплю воспоминания из своего настоящего. Я отброшен в настоящее, покинут в нем. Тщетно я пытаюсь угнаться за своим прошлым, мне не вырваться из самого себя.

Стучат. Это Самоучка: я совсем забыл о нем. Я обещал показать ему фотографии, привезенные из моих путешествий. Черт бы его побрал.

Он садится на стул. Напряженные ягодицы уперлись в спинку, негнущийся корпус подался вперед. Вспрыгнув на кровать в изножье, я зажигаю свет.

— Зачем же, мсье? И так было очень хорошо.

— Слишком темно, чтобы рассматривать фотографии...

Он не знает, куда девать свою шляпу, — я беру ее у него из рук.

— Вправду, мсье? Вы мне их покажете?

— Конечно.

Я действую с расчетом — я надеюсь, что, пока он их рассматривает, он будет молчать. Ныряю под стол, выталкиваю коробку к его лакированным ботинкам и кладу ему на колени охапку почтовых открыток и снимков — Испания и Испанское Марокко.

Но по его открытому, смеющемуся лицу вижу, что горько ошибся, надеясь заткнуть ему рот. Он бросает взгляд на вид Сан-Себастьяна, снятый с горы Игуэльдо, осторожно откладывает его на стол и несколько мгновений молчит. Потом вздыхает:

— Ах, мсье, вам повезло. Если верить тому, что говорят люди, путешествия — лучшая школа. Вы согласны, мсье?

Я делаю неопределенный жест. К счастью, он еще не договорил.

— Наверно, это переворачивает всю душу. Если бы мне довелось однажды куда-нибудь поехать, мне кажется, перед отъездом я описал бы на бумаге все мельчайшие черточки своего характера, чтобы, вернувшись, сравнить — каким я был и каким стал. Я читал, что некоторые путешественники и внешне и внутренне изменялись настолько, что по возвращении самые близкие родственники не могли их узнать.

Он рассеянно вертит в руках толстую пачку фотографий. Берет одну и, не глядя, откладывает на стол; потом напряженно всматривается в следующий снимок, на котором изображена статуя святого Иеронима с кафедры собора в Бургосе.

— А вы видели в Бургосе Христа в звериной шкуре! Есть очень любопытная книга, мсье, об этих статуях в звериных шкурах и даже в человечьей коже. А черную Мадонну? Но она, кажется, не в Бургосе, а в Сарагосе? А может, такая есть и в Бургосе? И паломники целуют, правда ведь — я говорю о сарагосской? И на плите, кажется, сохранился след ее ноги? А плита в каком-то провале? И матери толкают туда своих детей?

Не разгибаясь, он двумя руками толкает воображаемого ребенка. Ни дать ни взять — отвергает дары Артаксеркса.

— Ах, мсье, обычаи — это... это такая занятная штука.

Задохнувшись, он выдвинул в мою сторону свою огромную ослиную челюсть. От него несет табаком и стоячей водой. Его прекрасные блуждающие глаза блестят, как огненные шары, а редкие волосы обвели череп запотевшим венчиком. В его черепной коробке самоеды, люди племени ньям-ньям, мальгаши и жители Огненной Земли справляют самые диковинные обряды, поедают своих престарелых отцов и детей, до потери сознания кружат на месте под звуки тамтама, предаются исступлению амока, сжигают своих мертвецов, выставляют их на крышах, пускают по течению в лодках с горящим факелом, совокупляются с кем попало — мать с сыном, отец с дочерью, сестра с братом, увечат, оскопляют себя, растягивают губы с помощью плошек, облепляют чресла фигурами чудовищных животных.

— Как по-вашему, можно вслед за Паскалем повторить, что обычаи — это вторая натура?

Он впился своими черными глазами в мои, он вымаливает ответ.

— Как когда, — отвечаю я.

Он переводит дух.

— Вот и я так думаю, мсье. Но я себе не доверяю — для этого надо прочитать все.

Однако следующая фотография приводит его в экстаз.

— Сеговия! Сеговия! — радостно вопит он. — Я читал книгу о Сеговии. — И не без достоинства добавляет: — Забыл фамилию автора, мсье. У меня бывают такие провалы. На... Не... Нод...

— Этого не может быть, — живо возражаю я. — Вы дошли только до Латернь...

Я тут же пожалел о своих словах: ведь он никогда не рассказывал мне, по какому методу он читает книги, это, наверно, тайная мания. И в самом деле, он смутился, плаксиво выпятил толстые губы. Потом наклонил голову и с десяток открыток перебрал в полном молчании.

Но через полминуты я вижу, что его распирает неудержимый восторг — он лопнет, если не выскажется.

— Когда я закончу свое образование (я кладу на это еще шесть лет), если мне разрешат, я присоединюсь к студентам и преподавателям университета, которые ежегодно совершают поездку на Дальний Восток. Мне надо бы уточнить кое-какие сведения, — произносит он елейно, — и еще мне хотелось бы пережить что-то неожиданное, новое, словом, прямо говоря, какие-нибудь приключения.

Он понизил голос с плутовским видом.

— Приключения какого рода? — удивился я.

— Да какие угодно, мсье. Например, ты случайно сел не в тот поезд. Сошел в незнакомом городе. Потерял бумажник, по ошибке тебя арестовали, и ночь ты провел в тюрьме. По-моему, понятие «приключение» можно определить так: событие, которое выходит за рамки привычного, хотя не обязательно должно быть необычным. Говорят о магии приключений. Как вы считаете, это выражение справедливо? Я хотел бы задать вам один вопрос, мсье.

— Какой?

Он покраснел и улыбнулся.

— Может, это нескромно...

— Ну а все-таки?

Он наклоняется ко мне и спрашивает, полузакрыв глаза:

— У вас было много приключений, мсье?

— Кое-какие были, — машинально отвечаю я, резко отстранившись, чтобы уклониться от его гнилостного дыхания. Я ответил ему машинально, не подумав. В самом деле, обычно я, пожалуй, даже горжусь тем, что пережил так много приключений. Но сегодня, не успев произнести эти слова, я разозлился на самого себя: мне кажется, я солгал, не было у меня в жизни ни единого приключения, или, вернее, я просто не знаю, что это слово означает. И в то же время на меня наваливается та самая тоска, которая охватила меня четыре года назад в Ханое, когда Мерсье уговаривал меня поехать с ним, а я молча уставился на кхмерскую статуэтку. И рядом снова оказалась МЫСЛЬ, та самая огромная белая масса, от которой мне сделалось тогда так мерзко — четыре года она мне не являлась.

— Могу ли я вас просить... — начинает Самоучка.

Черт побери! Конечно, чтобы я рассказал ему одно из этих пресловутых приключений. Но я больше ни слова не вымолвлю на эту тему.

— А вот это, — говорю я, перегнувшись через его узкие плечи и тыча пальцем в один из снимков, — это Сантильяна, самая хорошенькая деревушка в Испании.

— Сантильяна Жиль Блаза? А я и не знал, что она в самом деле существует. Ах, мсье, в разговоре с вами узнаешь столько полезного! Сразу видно, что вы поездили по свету.

Я выставил Самоучку за дверь, набив его карманы почтовыми открытками, гравюрами и фотографиями. Он ушел в полном восторге, а я гашу свет. Теперь я один. Не совсем один. Есть еще эта мысль, она рядом, она ждет. Она свернулась клубком, как громадная кошка; она ничего не объясняет, не шевелится, она только говорит: «нет». Нет, не было у меня никаких приключений.

Я набиваю трубку, раскуриваю ее и вытягиваюсь на кровати, набросив на ноги пальто. Не пойму, почему мне так грустно и я так устал. Даже если и вправду у меня никогда не было приключений, что из того? Во-первых, по-моему, все дело просто в словах. Взять хотя бы случай в Мекнесе, который мне недавно вспомнился. На меня напал марокканец с громадным ножом. Но я двинул его кулаком и угодил в висок... Он стал кричать по-арабски, появилась толпа каких-то оборванцев, которые гнались за нами до самого рынка в Аттарене... Ну так вот, обозначить это можно любым словом, но все же это происшествие, КОТОРОЕ СЛУЧИЛОСЬ СО МНОЙ.

Совсем стемнело, не уверен, горит ли моя трубка. Проходит трамвай: красная вспышка на потолке. Проносится тяжелая машина — от ее грохота содрогается дом. Должно быть, сейчас шесть.

У меня не было приключений. В моей жизни случались истории, происшествия, события — что угодно. Но не приключения. И дело тут не в словах, я начинаю это понимать. Было нечто,чем я, не сознавая этого, дорожил больше всего на свете. Это была не любовь, Боже мой, нет, и не слава, не богатство. Это было... В общем, я воображал, что в известные минуты моя жизнь приобретала редкий и драгоценный смысл. И для этого не было нужды в каких-то особых обстоятельствах, нужна была просто некоторая четкость. Нынешняя моя жизнь не слишком блистательна, но время от времени, например, когда в кафе играла музыка, я возвращался вспять и говорил себе: в былые дни, в Лондоне, в Мекнесе, в Токио я пережил восхитительные минуты, у меня были приключения. И вот теперь это у меня отнимают. Без всякого видимого повода я вдруг понял, что обманывал себя десять лет. Приключения бывают в книгах. Правда, все, о чем говорится в книгах, может случиться и в жизни, но совсем не так. А именно тем, как это случается, я и дорожил.

Во-первых, начало всегда должно было быть настоящим началом. Увы! Теперь я так ясно вижу, чего я хотел. Истинное начало возникает как звук трубы, как первые ноты джазовой мелодии, оно разом прогоняет скуку, уплотняет время. О таких особенных вечерах потом говорят: «Я гулял, был майский вечер». Ты гуляешь, взошла луна, ты ничем не занят, бездельничаешь, немного опустошен. И вдруг у тебя мелькает мысль: «Что-то случилось». Что угодно — может, в темноте что-то скрипнуло или на улице мелькнул легкий силуэт. Но это крохотное событие не похоже на другие — ты сразу чувствуешь, оно предваряет что-то значительное, чьи очертания еще теряются во мгле, и ты говоришь себе: «Что-то начинается».

Что-то начинается, чтобы прийти к концу: приключение не терпит длительности; его смысл — в его гибели. К этой гибели, которая, быть может, станет и моей, меня влечет неотвратимо. И кажется, что каждое мгновение наступает лишь затем, чтобы потянуть за собой те, что следуют за ним. И каждым мгновением я безгранично дорожу — я знаю: оно неповторимо, незаменимо, — но я не шевельну пальцем, чтобы помешать ему сгинуть. Я знаю: вот эта последняя минута — в Берлине ли, в Лондоне ли, — которую я провожу в объятьях этой женщины, встреченной позавчера, минута, страстно мной любимая, женщина, которую я готов полюбить, — уже истекает. Я уеду в другие страны. Я никогда больше не увижу эту женщину, никогда не повторится эта ночь. Я склоняюсь над каждой секундой, стараюсь исчерпать ее до дна, все, что она содержит — и мимолетную нежность прекрасных глаз, и уличный шум, и обманчивый свет зари, — я стараюсь вобрать в себя, навеки запечатлеть в себе, и, однако, минута истекает, я не удерживаю ее, мне нравится, что она уходит.

А потом вдруг что-то разбивается вдребезги. Приключение окончено, время вновь обретает свою будничную вязкость.

Я оглядываюсь: позади меня прекрасная мелодическая форма сейчас канет в прошлое. Она уменьшается, идя на ущерб, она съеживается, и вот конец уже сливается в одно с началом. И, провожая взглядом эту золотую точку, я думаю, что, даже если мне пришлось едва не поплатиться жизнью, разориться, потерять друга, я согласился бы пережить заново все, от начала до конца, в тех же самых обстоятельствах. Но приключение нельзя ни повторить, ни продлить.

Да, вот чего я хотел — увы, хочу и сейчас. Когда поет Негритянка, меня охватывает такое безграничное счастье. Каких вершин я мог бы достичь, если бы тканью мелодии стала моя СОБСТВЕННАЯ ЖИЗНЬ.

А мысль, неизреченная, все здесь. Она невозмутимо ждет. И мне кажется, что она говорит:

«Вот как? Вот, оказывается, ЧЕГО ты хотел? Ну так этого-то у тебя как раз никогда и не было (вспомни: ты просто морочил себя игрой слов, называл приключениями мишуру странствий, любовь продажных девок, потасовки, побрякушки) и никогда не будет, ни у тебя, ни у кого другого».

Но почему? ПОЧЕМУ?

Суббота, полдень

Самоучка не видел, как я вошел в читальный зал. Он сидел за последним столом в глубине зала с самого края; перед ним лежала книга, но он ее не читал. Он с улыбкой поглядывал на своего соседа справа, неряху гимназиста, который часто приходит в библиотеку. Тот некоторое время терпел взгляд Самоучки, потом вдруг, скорчив жуткую гримасу, показал ему язык. Самоучка покраснел и, поспешно уткнув нос в книгу, углубился в чтение.

А я вернулся к моим вчерашним раздумьям. Они меня совсем извели: не в том дело, что у меня не было приключений, — это мне все равно. Я хочу знать другое — МОГЛИ ЛИ они быть вообще.

Вот ход моих рассуждений: для того, чтобы самое банальное происшествие превратилось в приключение, достаточно его РАССКАЗАТЬ. Это-то и морочит людей; каждый человек — всегда рассказчик историй, он живет в окружении историй, своих и чужих, и все, что с ним происходит, видит сквозь их призму. Вот он и старается подогнать свою жизнь под рассказ о ней.

Но приходится выбирать: или жить, или рассказывать. Вот, например, в Гамбурге я вел довольно странный образ жизни с некой Эрной, которой я не доверял и которая меня боялась. Но я был внутри этой жизни, я о ней не думал. И вот однажды вечером, в маленьком кафе в Санкт-Паули, ей понадобилось выйти в уборную. А я остался один, патефон играл «Blue sky»*. И я стал рассказывать себе самому все, что случилось со мной после того, как я приехал в Гамбург. Я говорил себе: «На третий день вечером я вошел в дансинг под названием «Голубой грот» и заметил высокую полупьяную женщину. Эту женщину я сейчас жду, слушая «Blue sky». С минуты на минуту она вернется, сядет со мной рядом и повиснет у меня на шее». И тут я вдруг почувствовал, что у меня приключение. Но Эрна вернулась, села рядом со мной, повисла у меня на шее, и, сам не знаю почему, я ее тут же возненавидел. А теперь я знаю почему — надо было снова начинать жить, а чувство приключения исчезло.

Пока живешь, никаких приключений не бывает. Меняются декорации, люди приходят и ухо-

* «Голубое небо» *(англ.)*.

дят — вот и все. Никогда никакого начала. Дни прибавляются друг к другу без всякого смысла, бесконечно и однообразно. Время от времени подбиваешь частичный итог, говоришь себе: вот уже три года я путешествую, три года как я в Бувиле. И конца тоже нет — женщину, друга или город не бросают одним махом. И потом, все похоже — будь то Шанхай, Москва или Алжир, через полтора десятка лет все они на одно лицо. Иногда — редко — вникаешь вдруг в свое положение: замечаешь, что тебя заарканила баба, что ты влип в грязную историю. Но это короткий миг. А потом все опять идет по-прежнему, и ты снова складываешь часы и дни. Понедельник, вторник, среда. Апрель, май, июнь. 1924, 1925, 1926.

Это называется жить. Но когда ты рассказываешь свою жизнь, все меняется; только никто этой перемены не замечает, и вот доказательство: люди недаром толкуют о правдивых историях. Будто истории вообще могут быть правдивыми; события развертываются в одной последовательности, рассказываем же мы их в обратной. Нам кажется, что мы начинаем с начала. «Случилось это погожим осенним вечером 1922 года. Я работал письмоводителем у нотариуса в Маромме». Но на самом деле начинаешь с конца. Конец здесь, он присутствует здесь невидимкой, это он придает произнесенным словам торжественную значимость начала. «Я вышел погулять и не заметил, как оказался за чертой города, меня одолевали денежные заботы». Фраза эта, взятая сама по себе, просто означает, что персонаж, о котором идет речь, ушел в свои мысли, был мрачен и находился за тридевять земель от каких бы то ни было приключений — то есть был в таком настроении, когда все происходящее проходит мимо тебя. Но конец-то ведь здесь, рядом, он преображает все. Для нас названный персонаж — уже герой истории. Его мрачность, его денежные заботы куда драгоценнее наших — их позолотил свет грядущих страстей. И рассказ развертывается задом наперед: мгновения перестали наудачу громоздиться одно на другое, их подцепил конец истории, он притягивает их к себе, а каждое из них, в свою очередь, тянет за собой предшествующее мгновение. «Стояла ночь, улица была пустынна». Фраза брошена как бы невзначай, она кажется лишней, но нас не обмануть, мы наматываем ее на ус: важность этих сведений мы скоро оценим. И чувство у нас такое, будто герой пережил все подробности этой ночи как знамение, как провозвестье, и даже кажется, что он жил только в эти знаменательные минуты и был слеп и глух ко всему, что не возвещало приключения. Мы забываем, что будущее там пока еще не присутствовало, и персонаж просто гулял ночью, и ночь была лишена предвестий, она вперемежку предлагала ему свои однообразные сокровища, и он черпал их без разбора.

Я хотел, чтобы мгновения моей жизни следовали друг за другом, выстраиваясь по порядку, как мгновения жизни, которую вспоминаешь. А это все равно что пытаться ухватить время за хвост.

Воскресенье

Утром я забыл, что сегодня воскресенье. Я вышел и, как всегда, зашагал по улицам. С собой я взял «Евгению Гранде». И вдруг, толкнув калитку городского парка, я почувствовал, как что-то подает мне знак. Парк был безлюден и гол. Но... как бы это объяснить? У него был какой-то необычный вид, он мне улыбался. Мгновение я постоял, прислонившись к калитке, и вдруг понял: сегодня воскресенье. Оно ощущалось в деревьях, в лужайках, как едва заметная улыбка. Это невозможно описать, разве что быстро произнести: «Это городской парк, зимой, воскресным утром».

Я отпустил калитку, обернулся к буржуазным домам и улицам и тихонько сказал: «Сегодня воскресенье».

Сегодня воскресенье: за доками, вдоль берега моря, возле товарных станций, вокруг всего города ангары пусты и машины замерли в темноте. В каждом доме у окон бреются мужчины; откинув голову, они то глядятся в зеркало, то смотрят на холодное небо, чтобы определить, какая будет погода. Бордели открывают двери первым посетителям — приезжим из деревни и солдатам. В церквах при свете свечей мужчина пьет вино перед коленопреклоненными женщинами. В предместьях, между бесконечными заводскими стенами, начали свое шествие длинные черные цепи — они медленно текут к центру города. Готовясь к встрече с ними, улицы приняли тот облик, какой у них бывает в дни мятежей: все магазины, кроме тех, что расположены на улице Турнебрид, опустили свои железные щиты. Скоро черные колонны молча заполонят прикинувшиеся мертвыми улицы: сначала явятся железнодорожники Турвиля и их жены, работающие на мыловаренных заводах Сен-Симфорен, потом мелкие буржуа из пригорода — Жукстебувиля, потом рабочие прядильной фабрики Пино, потом мастеровые из квартала Сен-Максанс; последними, одиннадцатичасовым трамваем, приедут жители Тьераша. И скоро между закрытыми магазинами и дверями на запорах родится воскресная толпа.

Часы бьют половину десятого, и я пускаюсь в путь: в воскресенье в этот час в Бувиле можно увидеть любопытное зрелище, надо только поспеть к тому времени, когда верующие расходятся после праздничной службы.

Улочка Жозефины Сулари пустынна, здесь пахнет погребом. Но, как всегда по воскресеньям, ее заполняет мощный рокот, рокот прибоя. Сворачиваю на улицу Президента Шамара — здесь все дома четырехэтажные с длинными белыми ставнями. Эта улица нотариусов по-воскресному гулко гудит. В пассаже Жилле гул нарастает, я его узнаю: это гул толпы. И вдруг по левую руку от меня свет и звук словно взрываются. Я у цели — вот улица Турнебрид, мне остается только влиться в толпу себе подобных, и я увижу, как раскланиваются друг с другом, приподнимая шляпы, добропорядочные горожане.

Еще шестьдесят лет тому назад никто не решился бы предсказать удивительную судьбу улицы

Турнебрид, которую нынешние бувильцы прозвали Маленькой Прадо. Я видел план города 1847 года — улицы там и в помине нет. В ту пору здесь был, наверно, темный, вонючий проход со сточной канавой посередине, и по ней плыли рыбные головы и внутренности. Но в конце 1873 года Национальное собрание объявило, что общественное благо требует возвести церковь на вершине Монмартрского холма. А несколько месяцев спустя жене бувильского мэра было видение: ее покровительница, Святая Цецилия, осыпала ее упреками. Допустимо ли, чтобы люди избранного общества каждое воскресенье шлепали по грязи в Сен-Ре или Сен-Клодьен, чтобы слушать мессу вместе с лавочниками? Разве Национальное собрание не подало пример? Милостью Божьей Бувиль достиг экономического процветания. Так разве не следует возблагодарить Создателя, построив в Бувиле храм?

К видению отнеслись благосклонно: муниципальный совет собрался на историческое заседание, и епископ согласился возглавить сбор пожертвований. Оставалось выбрать место. Почтенные семьи коммерсантов и судовладельцев считали, что церковь следует возвести на вершине Зеленого Холма, где они жили, чтобы «Святая Цецилия хранила Бувиль, вознесясь над ним, как храм Христа Сакре-Кёр над Парижем». Но новоявленные господа с Морского Бульвара, в ту пору еще немногочисленные, но весьма богатые, уперлись: они-де готовы дать сколько нужно, но только в том случае, если церковь воздвигнут на площади Мариньян:

коли платить за церковь, так уж чтоб можно было ею пользоваться — они были не прочь показать свою силу спесивой буржуазии, которая видела в них выскочек. Епископ предложил компромисс: церковь была построена на полпути между Зеленым Холмом и Морским Бульваром, на площади Рыбного Рынка, который окрестили площадью Цецилии Морской. На уродливую громаду, законченную в 1887 году, ухлопали не меньше четырнадцати миллионов.

Улицу Турнебрид, широкую, но грязную и пользовавшуюся дурной славой, пришлось полностью реконструировать; ее обитатели были решительно оттеснены на задворки площади Святой Цецилии, а Маленькая Прадо сделалась, в особенности утром по воскресеньям, местом встречи щеголей и именитых горожан. На пути, по которому прогуливалась элита, один за другим стали открываться роскошные магазины. Они не закрываются ни в понедельник на Святой неделе, ни в рождественскую ночь, ни по воскресеньям до полудня. Рядом с колбасником Жюльеном, славящимся своими горячими пирожками, выставил свои фирменные пирожные — очаровательные конусообразные птифуры, украшенные сиреневым кремом и сахарной фиалкой — кондитер Фулон. В витрине книготорговца Дюпати можно увидеть новинки издательства «Плон», кое-какие книги по технике — вроде «Теории кораблестроения» или «Трактата о парусах», громадную иллюстрированную историю Бувиля и со вкусом расставленные роскошные издания: «Кенигсмарк» в синем кожаном переплете и «Книгу моих сыновей» Поля Думера в переплете из светло-коричневой кожи с вытисненными на ней пурпурными цветами. «Ателье мод, парижские модели» Гислена отделяет цветочный магазин Пьежуа от антикварной лавки Пакена. Парикмахер Гюстав, у которого служат четыре маникюрши, занимает второй этаж новенького, выкрашенного желтой краской дома.

Еще два года назад на углу тупика Мулен-Жемо и улицы Турнебрид бесстыдная девчонка рекламировала дезинсекционную жидкость — «Тю-пю-не». Лавчонка процветала в те годы, когда на площади Святой Цецилии торговали треской, было ей сто лет. Витрину ее редко мыли — не без некоторого усилия сквозь пыль и запотевшие стекла можно было различить целую толпу крошечных восковых фигурок, которые изображали крыс и мышей в огненного цвета камзолах. Зверьки, опираясь на тросточки, сходили с палубы корабля на сушу, но стоило им ступить на землю, крестьяночка в кокетливом платье, хотя мертвенно-бледная и черная от грязи, обращала их в бегство, опрыскивая «Тю-пю-не». Мне очень нравилась эта лавчонка, вид у нее был циничный и упрямый, в двух шагах от самой дорогостоящей французской церкви она нахально напоминала о правах паразитов и грязи.

Старая торговка фармацевтическим зельем умерла в прошлом году, а ее племянник продал дом. Стоило снести несколько стенных перегородок — и вот вам маленький лекционный зал «Бон-

боньерка». В прошлом году Анри Бордо провел в нем беседу об альпинизме.

По улице Турнебрид не следует торопиться — почтенные семейства вышагивают медленным шагом. Иногда удается нырнуть в тот ряд, что идет впереди, — это значит, какое-то семейство в полном составе зашло к Фулону или к Пьежуа. Зато в другие минуты ты вынужден топтаться на месте — два семейных клана, идущие в двух встречных потоках, увидели друг друга и теперь долго трясут друг другу руки. Я переступаю мелкими шажками. Я на целую голову выше обоих потоков, и мне видны шляпы, море шляп. Большая часть шляп — черные, жесткие. Время от времени одна из них взлетает на длину руки, открывая нежное свечение лысины, потом через несколько мгновений медленно опускается на место. Над фасадом номера шестнадцать по улице Турнебрид хозяин шляпного ателье, специалист по фуражкам Юрбен в качестве символа вывесил огромную красную архиепископскую шляпу, она парит в воздухе, и ее золотые кисти свисают в двух метрах над землей.

Остановка: как раз под кистями образовалась группа. Мой сосед терпеливо ждет, опустив руки. Этот бледный и хрупкий, словно фарфоровая фигурка, старичок — по-моему, Кофье, председатель Торговой палаты. Сдается мне, перед ним все робеют только потому, что он всегда безмолвствует. Живет он на вершине Зеленого Холма в большом кирпичном доме, окна которого всегда распахнуты настежь. Но вот и кончено, группа распалась, шествие продолжается. Образовалась другая группа, но эта занимает не так много места — не успев составиться, она отодвинулась к витрине Гислена. Колонна даже не остановилась — разве что чуть подалась в сторону; мы проходим мимо шести человек, которые пожимают друг другу руки. «Добрый день, мсье, добрый день, дорогой мсье, как поживаете, да наденьте же шляпу, мсье, вы простудитесь; благодарю вас, мадам, сегодня и в самом деле прохладно. Дорогая, позволь представить тебе доктора Лефрансуа; ах, доктор, я так рада с вами познакомиться — муж только и говорит что о докторе Лефрансуа, который его так прекрасно лечил, но накройте же голову, доктор, в такой холод вы захвораете; ничего, доктор быстро себя вылечит. Увы, мадам, врачей лечат хуже других; доктор — отличный музыкант. Боже мой, доктор, а я и не знала! Вы играете на скрипке? Доктор — на редкость талантливый человек».

Старикан рядом со мной — несомненно, Кофье; одна из женщин в группе, брюнетка, пожирает его глазами, продолжая при этом улыбаться доктору. Похоже, она думает: «Вот мсье Кофье, председатель Торговой палаты; как не оробеть в его присутствии — от него так и веет холодом». Но мсье Кофье не удостоил ее вниманием; эти обитатели Морского Бульвара — люди не его круга. С тех пор как по воскресеньям я хожу на улицу Турнебрид поглядеть на взлетающие шляпы, я научился отличать обитателей Бульвара от обитателей Холма. Если на человеке пальто с иголочки, мягкая шляпа, ослепительно свежая рубашка и он при движении рассекает воздух — сомнений нет: это обитатель Морского Бульвара. Жители Зеленого Холма отличаются какой-то не поддающейся определению невзрачностью и дряхлостью. Плечи у них узкие, а на помятых лицах выражение спеси. Вот этот толстяк, ведущий за руку ребенка, — я готов пари держать, он с Холма: лицо у него серое, галстук болтается веревкой.

Толстяк приближается к нам; он внимательно смотрит на мсье Кофье. Но за минуту-другую до встречи с ним отворачивается и начинает по-отечески шутить со своим мальчуганом. Еще несколько шагов он делает, склонившись к сыну и не отрывая взгляда от его глаз — нежный отец и только, — и вдруг, ловко повернувшись в нашу сторону, бросает быстрый взгляд на маленького старичка и, округлив руку, делает широкий и короткий приветственный жест. Растерянный мальчик шапки не снял — эти дела решают между собой взрослые.

На углу улицы Бас-де-Вьей наша колонна встречается с колонной верующих, которые выходят от обедни; человек десять, подхваченные водоворотом, столкнувшись друг с другом, обмениваются приветствиями, — но здесь шляпы взлетают слишком быстро, и мне не удается разглядеть подробности; над этой жирной и бледной толпой возносится уродливая белая громада церкви Святой Цецилии: меловая белизна на фоне темного неба; под защитой этих сверкающих стен она хранит в своих недрах каплю ночной тьмы. Идем дальше, чуть перестроив ряды.

Мсье Кофье оттеснили мне за спину. К моему левому боку прижали даму в синем. Дама возвращается из церкви. Она моргает, ослепленная дневным светом. Господин, который шагает впереди нее и у которого такая тощая шея, ее муж.

Господин, идущий по противоположному тротуару под руку с женой, что-то шепнул ей на ухо и заулыбался. Она тут же согнала со своего желеобразного лица всякое выражение и делает несколько шагов вслепую. Признак безошибочный — сейчас будут с кем-то раскланиваться. И точно, через несколько мгновений господин выбрасывает руку вверх. Оказавшись на уровне шляпы, его пальцы, секунду помедлив, осторожно берутся за краешек полей. Пока он бережно приподнимает шляпу, чуть наклонив голову, чтобы помочь ей отделиться от головного убора, жена его слегка подпрыгивает, изображая на своем лице юную улыбку. Чья-то тень, поклонившись, проходит мимо них, но улыбки-близнецы в силу некоего остаточного магнетизма еще секунду-другую держатся на губах у обоих. Когда господин и дама встречаются со мной, выражение их лиц вновь стало бесстрастным, хотя вокруг рта еще порхает радостное оживление.

Но вот и конец: толпа стала тише, приветствия более редкими, витрины магазинов уже не так изысканны — я дошел до конца улицы Турнебрид. Может, перебраться на другую сторону и пойти назад? Но пожалуй, с меня хватит, я вдоволь нагляделся на розовые лысины, на ничтожные, благовоспитанные, стертые лица. Перейду площадь Мариньян.

Я осторожно выдираюсь из потока, и вдруг рядом со мной из черной шляпы выскакивает голова, принадлежащая, бесспорно, человеку из хорошего общества. Это муж дамы в синем. О! Великолепный длинный череп долихоцефала, поросший короткими жесткими волосами, великолепные американские усы с проседью. Но в особенности хороша улыбка, дивная, учтивая улыбка. Вдобавок на носу у господина примостилось пенсне.

— Это новый чертежник с нашей фабрики, — говорит он, обернувшись к жене. — Не понимаю, что он может здесь делать. Славный мальчуган, очень робкий, он меня забавляет.

У витрины колбасника Жюльена молодой чертежник, только что вновь накрывший голову и весь еще розовый от смущения, с упрямым видом потупив глаза, являет все признаки сладострастного восторга. Нет сомнения, в это воскресенье он впервые отважился пройтись по улице Турнебрид. Вид у него такой, будто он побывал у первого причастия. Сцепив руки за спиной, он отвернулся к витрине с выражением стыдливости; он глядит, не видя их, на четыре сосиски в блестящем желе, раскинувшиеся на гарнире из петрушки.

Из колбасной выходит женщина и берет его под руку. Это его жена: она еще очень молода, хотя кожа у нее шероховатая. Сколько бы она ни бродила на подступах к улице Турнебрид, никто не примет ее за даму — ее выдает бесстыдный блеск глаз и рассудительный, осведомленный вид. Настоящие дамы не знают что почем, они любят красивые безрассудства, глаза их — прекрасные и простодушные цветы, расцветшие в теплицах.

Бьет час, я вхожу в пивную «Везелиз». Старики, по обыкновению, уже там. Двое из них принялись за еду. Четверо играют в манилью, потягивая аперитив. Остальные ждут, пока им подадут, и стоя наблюдают за игрой. Самый длинный из них, с густой бородой, — биржевой маклер. Второй — отставной инспектор военно-морского ведомства. Они пьют и едят как двадцатилетние. По воскресеньям они заказывают кислую капусту. Те, кто пришел позднее, окликают тех, кто уже жует:

— Привет! Как всегда — верны воскресной капусте?

Они рассаживаются, с облегчением вздыхают:

— Мариэтта, малышка, кружку пива без пены и кислую капусту.

Эта Мариэтта — бойкая бабенка. Когда я сажусь за столик в глубине, пунцовый старик, которому она наливает вермут, вдруг заходится злобным кашлем.

— Наливай полнее, — говорит он, не переставая кашлять.

Но тут разозлилась Мариэтта — она ведь еще не кончила наливать.

— Да я же еще лью. Разве я что вам сказала? Вы как та девка, — ее еще не лапают, а она уже вырывается.

Остальные смеются.

— Один — ноль!

Биржевой маклер, идя к столику, обнял Мариэтту за плечи:

— Сегодня воскресенье, Мариэтта. Пойдешь вечером в кино со своим дружком?

— Как бы не так! Сегодня смена Антуанетты. А я за нее отдуваюсь — вот тебе и ходи в кино!

Маклер сел против бритого, несчастного с виду старика. Бритый старик сразу начинает что-то рассказывать. Маклер его не слушает, он корчит гримасы и дергает себя за бороду. Они вообще никогда не слушают друг друга.

Я узнаю чету, сидящую рядом со мной: это живущие неподалеку мелкие торговцы; по воскресеньям их прислуга выходная. Вот они и приходят сюда и садятся всегда за один и тот же столик. Муж ест роскошную розовую отбивную. Он внимательно разглядывает ее вблизи, время от времени обнюхивая. Жена ковыряет в своей тарелке. Это плотная сорокалетняя блондинка с красными, покрытыми пушком щеками. Под атласной блузкой торчат крепкие красивые груди. Она, что твой мужчина, за каждым обедом выдувает по целой бутылке бордо.

Почитаю-ка «Евгению Гранде». Не то чтобы это доставляло мне большое удовольствие — но надо же чем-то заняться. Открываю книгу наугад — мать с дочерью ведут разговор о зарождающейся любви Евгении.

«Евгения поцеловала ей руку.

— Какая ты добрая, мама, милая!

От этих слов увядшее за годы страданий лицо матери просияло.

— Он тебе нравится? — спросила Евгения.

Госпожа Гранде ответила лишь улыбкой; потом, после минутного молчания, сказала тихо:

— Неужели ты уже любишь его? Это было бы нехорошо.

— Нехорошо? — возразила Евгения. — Почему? Тебе он нравится, нравится Нанете, почему же не может он понравиться мне? Давай, мамочка, накроем ему стол для завтрака.

Она бросила свою работу, мать сделала то же, говоря ей:

— Ты с ума сошла!

Но ей захотелось разделить безумие дочери, чтобы его оправдать.

Евгения позвала Нанету.

— Что вам еще, барышня?

— Нанета, будут у тебя сливки к полднику?

— Ладно, к полднику-то будут, — отвечала старая служанка.

— Ну, а пока подай ему кофе покрепче. Я слышала, как господин де Грассен говорил, что в Париже варят очень крепкий кофе. Положи его побольше.

— А где мне его взять?

— Купи.

— А если мне встретится хозяин?

— Он ушел на свои луга...»*

С моим приходом соседи замолчали, но вдруг голос мужа отвлекает меня от чтения.

* Перевод Ю. Верховского.

— Слушай, ты видела? — спрашивает муж, заговорщически ухмыляясь.

Жена вздрагивает и глядит на него, очнувшись от задумчивости. Он продолжает есть и пить, потом смеется все с тем же лукавством:

— Ха-ха-ха!

Молчание. Жена опять задумалась.

— Что ты сказал? — вдруг спрашивает она, вздрогнув. — Сюзанна-то вчера... А-а, ну да, — говорит жена. — Она к Виктору ходила.

— А я тебе что говорил?

Жена раздраженно отодвигает тарелку.

— Невкусно.

Края тарелки усеяны выплюнутыми комочками серого мяса. Муж продолжает свое:

— Эта бабенка...

Он замолкает, неопределенно улыбаясь. Напротив нас биржевой маклер, слегка пыхтя, поглаживает руку Мариэтты.

После короткой паузы:

— Я ж тебе это уже говорил.

— Что ты мне говорил?

— Насчет Виктора, что она к нему пойдет. Что такое? — вдруг спрашивает он растерянно. — Тебе не нравится?

— Невкусно.

— Да, теперь все уже не то, — веско говорит он. — Не то что во времена Экара. Не знаешь, где теперь Экар?

— Так он же в Домреми — разве нет?

— Верно, верно. А кто тебе это сказал?

— Так ты же мне и сказал в воскресенье.

Она кладет в рот хлебный мякиш, валявшийся на бумажной скатерти. Потом, разглаживая ладонью бумагу на ребре стола, говорит с сомнением:

— А все же ты ошибся, Сюзанна не такая...

— Возможно, деточка, возможно, — рассеянно отвечает он. Он ищет глазами Мариэтту, знаком подзывает ее: — Здесь жарко.

Мариэтта фамильярно опирается на край стола.

— Правда, здесь так жарко, — жалобно говорит женщина. — Задохнуться можно, и потом говядина невкусная, я скажу хозяину, не то что раньше, приоткройте, пожалуйста, форточку, голубушка Мариэтта.

У мужа опять на лице ухмылка.

— Скажи, ты заметила, какие у нее глаза?

— Когда, котик?

Он нетерпеливо передразнивает:

— Когда, котик? Это на тебя похоже! После дождичка в четверг.

— Ты имеешь в виду вчера? Поняла.

Он смеется, смотрит вдаль и говорит быстро, с некоторым нажимом:

— Как у кошки, когда она гадит на раскаленные угли.

Ему так нравится острота, что, похоже, он забыл, по какому поводу сострил. Жена, в свою очередь, простодушно развеселилась:

— Ха-ха-ха! Ах ты плут!

Она похлопывает его по плечу.

— Ах ты плут, ну и плут!

— Как у кошки, когда она гадит на раскаленные угли, — уверенней повторяет он.

Но жена уже больше не смеется:

— Да нет, серьезно, ты зря — она серьезная девушка.

Он наклоняется к ней и что-то долго нашептывает ей на ухо. Мгновение она смотрит на него, разинув рот, напряженно и весело, как человек, который вот-вот прыснет, потом вдруг откидывается назад, впившись коготками ему в руки:

— Не может быть, не может быть!

— Послушай, крошка, — говорит он степенно и рассудительно. — Ну раз он это сказал! С чего бы ему зря говорить?

— Да нет же, нет.

— Ну раз он сказал, послушай, ну представь...

Жена вдруг смеется.

— Я смеюсь, потому что подумала о Рене.

— Вот именно.

Муж тоже смеется. Она продолжает многозначительным шепотом:

— Тогда, значит, он заметил во вторник.

— В четверг.

— Нет, во вторник, потому что...

Она рисует в воздухе нечто напоминающее эллипс.

Долгое молчание. Муж обмакнул хлебный мякиш в соус. Мариэтта сменила тарелки и приносит им по куску торта. Сейчас и я съем кусок торта. И вдруг жена задумчиво произносит, растягивая слова, с гордой, хотя и несколько осудительной улыбкой:

— Ну, знаешь, ты уж совсем!..

В ее тоне столько чувственности, что он приходит в волнение и поглаживает ее шею своей жирной рукой.

— Шарль, прекрати, ты меня возбуждаешь, котик, — улыбаясь шепчет она с полным ртом.

Я пытаюсь снова взяться за прерванное чтение:

«—А где мне его взять?
— Купи.
— А если мне встретится хозяин?»

Но до меня снова доносится голос жены:

— Ой, Марта обхохочется, я ей расскажу...

Мои соседи замолчали. После торта Мариэтта подала им чернослив, и теперь женщина кокетливо сплевывает косточки в чайную ложку — словно кладет яйца. Муж, уставившись в потолок, выстукивает марш на краю стола. Похоже, что в обычном своем состоянии они молчат, а разговорчивость нападает на них как краткий приступ лихорадки.

« — А где мне его взять?
— Купи».

Я захлопываю книгу, пойду пройдусь.

Когда я вышел из пивной «Везелиз», было около трех; во всем своем отяжелевшем теле я чувствовал наступление второй половины дня. Не моего дня, а их, — второй половины дня, которую сто тысяч бувильцев проживут сообща. В этот самый час, после долгого и обильного воскресного обеда, они встают из-за стола — и что-то для них уже умерло. Беспечная юность воскресного утра уже позади. Теперь пора переваривать цыпленка и торт, а потом одеться для выхода в свет.

В ясном воздухе раздался звонок кинотеатра «Эльдорадо». Этот звон среди бела дня — привычный воскресный звук. У зеленой стены стояли в очереди сто человек с лишним. Они жадно ждали того часа сладостных сумерек, когда можно расслабиться, раскрепоститься, того часа, когда экран, сверкая, как белая галька под водой, будет говорить за них, за них мечтать. Тщетное желание: что-то в них останется зажатым — они слишком боятся, как бы им не испортили их любимого воскресенья. Очень скоро, как и каждое воскресенье, они будут разочарованы: фильм окажется глупым, сосед будет курить трубку, сплевывая на пол себе под ноги, или Люсьен будет не в духе, слова ласкового не скажет, или, как нарочно, именно сегодня, когда в кои-то веки выбрались в кино, опять схватит межреберная невралгия. Очень скоро, как и каждое воскресенье, в темном зале начнут нарастать глухие приступы мелочной злобы.

Я пошел по тихой улице Брессан. Солнце разогнало облака, был погожий день. Из виллы «Волна» вышло семейство ее обитателей. Дочь, сойдя на тротуар, застегивала перчатки. Ей можно было дать лет тридцать. Мать, стоя на нижней ступеньке лестницы, уверенно глядела вперед, всей грудью вдыхая воздух. Отец повернулся ко мне своей необъятной спиной. Склонившись над замочной скважиной, он запирал дверь на ключ. Теперь до их возвращения дом будет пустым и темным. В соседних домах, уже запертых и опустелых, тихо поскрипывает мебель и половицы паркета. Перед тем как уйти, хозяева потушили камин в столовой. Отец нагнал двух женщин, и семейство безмолвно двинулось в путь. Куда они шли? По воскресеньям бувильцы посещают величественное городское кладбище или наносят визит родственникам, а тот, кто свободен от всех обязательств, прогуливается по молу. Я был свободен — я зашагал дальше по улице Брессан, которая выходит на мол.

Небо было бледно-голубым: где-то дымок, где-то перистое облачко, иногда солнце скрывала набежавшая тучка. Издали мне виден был белый цементный парапет, ограждающий мол, сквозь просветы в нем сверкало море. Семейство свернуло направо, на улицу Казначея Илера, которая уходит вверх по Зеленому Холму. Я видел, как вся троица медленно преодолевает высоту — три черные точки на поблескивающем фоне асфальта. Я свернул налево и влился в толпу, прогуливающуюся вдоль моря.

Толпа была более разношерстной, чем утром. Казалось, все эти люди уже не в силах соблюдать безупречную социальную иерархию, которой они так гордились до обеда. Теперь бок о бок шли коммерсанты и чиновники; они мирились с тем, что с ними рядом идут, иногда даже наталкиваются на них и оттесняют, мелкие служащие невзрачного вида. В теплой массе толпы растворились аристократизм, принадлежность к избранному обществу, к профессиональным группам. Остались просто люди, они больше не представительствовали.

Лужа света вдали — это море при отливе. Несколько отмелей дырявили его светлую поверхность, не выступая над уровнем воды. На песке лежали рыбачьи лодки неподалеку от осклизлых каменных глыб, сваленных как попало к подножию мола, чтобы защитить его от волн, — в зазорах между ними вскипала вода. У входа во внешний порт на выбеленном солнцем небе вырисовывалась тень землечерпалки. Каждый вечер до полуночи она воет и стонет. Но в воскресенье рабочие прогуливаются по земле, а на ее борту остается только сторож — и она затихает.

Солнце было светлым и прозрачным — ни дать ни взять белое вино. Его свет едва касался человеческих тел, лишая их тени и объема — лица и руки казались бледно-золотистыми пятнами. И чудилось, будто все эти люди в пальто тихо плывут в нескольких сантиметрах над землей. По временам ветерок нагонял на нас колышущиеся, как вода, тени, лица на мгновение гасли, приобретали оттенок мела.

Было воскресенье; стиснутая между парапетом и загородными шале, толпа струилась мелкими волнами, растекаясь тысячью ручейков позади большого здания отеля Трансатлантической компании. Сколько детей! Дети в колясках, дети на руках, их ведут за руку, или они по двое, по трое чопорно вышагивают впереди своих родителей. Всего несколько часов назад, когда воскресное утро было еще совсем юным, я видел на этих лицах чуть ли не победное выражение. Теперь же, освещенные солнцем, они выражали только размягченное спокойствие и своего рода целеустремленность.

Жесты сведены к минимуму — издалека еще приподнимались шляпы, но в движениях не было утренней широты и радостного возбуждения. Подняв голову, глядя вдаль, отдаваясь на волю ветра, который раздувал их пальто и толкал в грудь, все они шли, слегка откинувшись назад. Время от времени прорывался короткий, тут же заглушаемый смех, крик матери: «Жанно, Жанно, что ты делаешь!» И потом — тишина. Легкий запах светлого табака — его курят мелкие чиновники. «Саламбо», «Айша» — воскресные сигареты. На некоторых лицах, более расслабленных, я как будто уловил налет грусти; но нет, эти люди не были ни веселы, ни грустны — они отдыхали. Их широко открытые, остановившиеся глаза безучастно отражали море и небо. Скоро они разойдутся по домам, в кругу семьи за обеденным столом выпьют по чашке чаю. А сейчас они хотят расходовать себя как можно меньше, хотят, экономя жесты, слова, мысли, плыть по течению. В их распоряжении всего один день, чтобы стереть морщины, гусиные лапки, горькие складки — плоды рабочей недели. Всего один день. Они чувствовали, как минуты утекают у них между пальцами. Успеют ли они набраться молодости, которой хватило бы, чтобы завтра начать сначала? Они дышали полной грудью — ведь морской воздух бодрит; их дыхание, равномерное и глубокое, как у спящих, одно только и свидетельствовало о том, что они живы. Я шел крадучись, я не знал, что мне делать с моим крепким и свежим телом среди этой трагической толпы, которая отдыхала.

Теперь море приобрело аспидный оттенок, потихоньку начинался прилив. К ночи прилив усилится. Нынче ночью мол станет еще более пустынным, чем бульвар Виктора Нуара. Впереди и слева загорится по фарватеру красный огонь.

Солнце медленно садилось в море. По пути оно зажгло заревом окна нормандского шале. Ослепленная его блеском женщина устало поднесла руку к глазам и покачала головой.

— Гастон, мне слепит глаза, — сказала она с неуверенным смешком.

— Не беда! Славное солнышко, — ответил ее муж. — Не греет, а все же приятно.

— Я думала, его будет видно, — продолжала она, обернувшись к морю.

— И не надейся, — сказал мужчина. — Солнце мешает.

Они, наверно, говорили об острове Кайбот, его южная оконечность должна была быть видна между землечерпалкой и набережной внешнего порта.

Свет стал мягче. В этот зыбкий час что-то предвещало вечер. У воскресенья уже появилось прошлое. Виллы и серый парапет казались свежими воспоминаниями. Лица одно за другим теряли свой праздный вид, приобретали почти нежное выражение.

Молодая беременная женщина опиралась на руку белобрысого парня с грубым лицом.

— Вот-вот, погляди, — говорила она.

— Чего там?

— Вот они, вот, чайки.

Он пожал плечами — никаких чаек не было. Небо почти совсем очистилось, слегка розовея на горизонте.

— Я слышала их. Вот же. Они кричат.

— Просто скрипнуло что-то, — отвечал он.

Вспыхнул газовый рожок. Мне показалось, что прошел фонарщик. Дети подстерегают его приход — это сигнал к возвращению домой. Но то был последний отблеск солнца. Небо еще оставалось светлым, но землю окутал сумрак. Толпа редела, стал отчетливо слышен рокот моря. Молодая женщина, опершись обеими руками о парапет, подняла к небу синее лицо, перечеркнутое черным — губной помадой. На мгновение я подумал: уж не полюблю ли я людей? Но, в конце концов, это ведь их воскресенье, не мое.

Первым из всех огней загорелся маяк на острове Кайбот; остановившийся рядом со мной мальчуган восторженно прошептал: «Ой! маяк!»

И сердце мое наполнилось великим предчувствием приключения.

Сворачиваю налево и по Парусной улице возвращаюсь на Маленькую Прадо. Железные щиты на витринах опущены. Улица Турнебрид освещена, но безлюдна, она утратила свою недолгую утреннюю славу: в этот час она ничем не отличается от соседних улиц. Поднялся довольно сильный ветер. Я слышу, как громыхает жестяная шляпа архиепископа.

Я один, большинство бувильцев разошлись по домам, они читают вечернюю газету, слушая радио. Окончившееся воскресенье оставило у них привкус пепла, их мысли уже обращены к понедельнику. Но для меня не существует ни понедельников, ни воскресений — просто дни, которые толкутся в беспорядке, а потом вдруг вспышки, вроде нынешней.

Ничто не изменилось, и, однако, все существует в каком-то другом качестве. Не могу это описать: это как Тошнота, только с обратным знаком, словом, у меня начинается приключение, и когда я спрашиваю себя, с чего я это взял, я понимаю, в чем дело: Я ЧУВСТВУЮ СЕБЯ СОБОЙ И ЧУВСТВУЮ, ЧТО Я ЗДЕСЬ; ЭТО Я прорезаю темноту, и я счастлив, точно герой романа.

Что-то должно случиться: что-то ждет меня на улице Бас-де-Вьей; вон там, на углу этой тихой улицы, и начнется моя жизнь. И я иду вперед с ощущением неотвратимости. На углу улицы виднеется что-то похожее на белую тумбу. Издали она казалась черной, а теперь с каждым шагом становится все белее и белее. В этом темном теле, которое мало-помалу освещается, есть что-то необыкновенное, когда оно станет совсем светлым, совсем белым, я остановлюсь с ним рядом, и вот тут-то и начнется приключение. Этот белый выступающий из темноты маяк уже так близко, что мне почти страшно, — я едва не повернул обратно. Но чары разрушать нельзя. Я иду вперед, протягиваю руку, касаюсь тумбы.

Вот она, улица Бас-де-Вьей, и притаившаяся в тени громада Святой Цецилии, окна которой освещены. Громыхает жестяная шляпа. Не знаю, в самом ли деле мир вдруг уплотнился или это я слил звуки и формы в нерасторжимом единстве и даже представить себе не могу, что то, что меня окружает, может быть чем-то еще, а не тем, что оно есть.

Я приостанавливаюсь, жду, слышу, как у меня колотится сердце; я обшариваю взглядом безлюдную площадь. Я ничего не вижу. Поднялся довольно сильный ветер. Я ошибся: улица Бас-де-Вьей — просто остановка на моем пути: ЭТО ждет меня в глубине площади Дюкотон.

Я не спешу продолжать путь. Мне кажется, я достиг высшей точки счастья. В Марселе, Шанхае, в Мекнесе чего я только не делал, чтобы добиться такой полноты чувства. А сегодня, когда я уже ничего не жду, когда я возвращаюсь домой после бесплодного воскресенья, — оно тут как тут.

Иду дальше. Ветер доносит до меня вопль сирены. Я совсем один, но шагаю словно вступающее в город войско. В эту минуту над морем звучит музыка с плывущих кораблей; во всех городах Европы зажигаются огни; коммунисты и нацисты стреляют на улицах Берлина; безработные слоняются по Нью-Йорку; женщины в жарко натопленных комнатах красят ресницы за своими туалетными столиками. А я — я здесь, на этой безлюдной улице, и каждый выстрел из окна в Нойкёльне, каждая кровавая икота уносимых раненых, каждое мелкое и точное движение женщин, накладывающих косметику, отдается в каждом моем шаге, в каждом биении моего сердца.

Дойдя до пассажа Жилле, я не знаю, что делать. Разве меня не ждут в глубине пассажа? Но ведь и на площади Дюкотон в конце улицы Турнебрид есть что-то, что нуждается во мне, чтобы явиться на свет. Я в растерянности — каждое движение обязывает меня. Я не знаю, чего от меня ждут. Однако надо выбирать: я жертвую пассажем Жилле, я так и не узнаю, что он для меня приберег.

Площадь Дюкотон пуста. Неужели я ошибся? Мне кажется, я не перенесу такого разочарования. Неужели со мной и в самом деле ничего не случится? Я подхожу к светящейся витрине кафе «Мабли». Я сбит с толку, я не знаю, стоит ли туда входить, я заглядываю внутрь сквозь большие запотевшие стекла.

Зал переполнен. Воздух поголубел от дыма сигарет, от испарений влажной одежды. Кассирша сидит за своей стойкой. Я ее знаю, она рыжая, как я, и в животе у нее гнездится болезнь, женщина медленно гниет под своими юбками с печальной улыбкой, похожей на запах фиалки, который источают иногда разлагающиеся тела. Меня пробирает озноб: это... это она ждала меня. Она все время сидела здесь, воздвигнув над стойкой свой неподвижный торс, она улыбалась. Из глубины этого кафе что-то возвращается вспять к разрозненным мгновениям нынешнего воскресенья и сливает их воедино, придавая им смысл: я пережил этот день для того, чтобы под конец прийти сюда, прижаться лбом к этому стеклу и смотреть на это тонкое лицо, расцветающее на фоне гранатовой портьеры. Все замерло, моя жизнь замерла: это громадное стекло, тяжелый, синий, как вода, воздух, это жирное, белое растение в водной глубине и я сам — мы образуем некое единство, неподвижное и законченное, я счастлив.

Когда я вновь очутился на бульваре Ла Редут, я уже не ощущал ничего, кроме горького разочарования. Я думал: «Пожалуй, ничем на свете я не дорожу так, как предчувствием приключения. Но оно является по своей прихоти и мгновенно уходит, и когда оно уходит, я исчерпан до дна! Но неужто же оно наносит мне эти краткие иронические визиты лишь для того, чтобы доказать мне, что я прохлопал свою жизнь?»

А за моей спиной, в городе, на его прямых, освещенных холодным светом фонарей улицах агонизировало громадное социальное явление — воскресенье приходило к концу.

Понедельник

Как я мог вчера написать эту дурацкую, напыщенную фразу: «Я был совсем один, но я шагал, словно вступающее в город войско»?

Мне нет надобности сочинять пышные фразы. Я пишу, чтобы прояснить некоторые обстоятельства. Надо остерегаться литературщины. Надо писать первое, что просится на кончик пера, не выбирая слов.

По совести, мне противно, что вчера я отдал дань возвышенному. Когда мне было двадцать лет, я напивался и потом уверял, что я из породы Декартов. Я отлично понимал, что пыжусь, но продолжал свое, мне это нравилось. А на другой день мне было так мерзко, точно я проснулся на кровати среди блевотины. Когда я пьян, меня не рвет, но лучше бы уж рвало. Вчера я даже не мог бы оправдаться, что пьян. Я просто воодушевился, как дурак. Мне надо очиститься с помощью отвлеченных мыслей, прозрачных, как вода.

Чувство приключения, безусловно, не зависит от событий — доказательство налицо. Это скорее способ, каким нанизываются мгновения. Происходит, по-моему, вот что: ты вдруг начинаешь чувствовать, что время течет, что одно мгновение влечет за собой другое, а это другое — третье и так далее; что каждое мгновение исчезает, что бесполезно пытаться его удержать и т. п. И тогда это свойство мгновений ты переносишь на то, что происходит внутри этих мгновений; то, что принадлежит форме, переносишь на содержание. Вообще о пресловутом течении времени говорят много, но его не видят. Ты видишь, например, женщину, понимаешь, что она постареет, однако ты не ВИДИШЬ, как она стареет. Но иногда тебе кажется, что ты ВИДИШЬ, как она становится старой, и чувствуешь, как сам стареешь с ней вместе, — это и есть чувство приключения.

Если память мне не изменяет, это зовется необратимостью времени. Чувство приключения — это, пожалуй, попросту и есть чувство необратимости времени. Только почему оно присуще нам не всегда? Может, время не всегда необратимо? Бывают минуты, когда кажется, что ты можешь делать что хочешь: забежать вперед, возвратиться вспять — значения не имеет, а в другие минуты петли стягиваются, и вот эти минуты упускать нельзя, потому что начать сначала невозможно.

Анни умела извлекать из времени все, что в нем заложено. В ту пору, когда она жила в Джибути, а я в Адене и я приезжал на сутки повидаться с ней, она ухитрялась искусно громоздить между нами все новые недоразумения, пока до моего отъезда не оставалось шестьдесят минут; шестьдесят минут — ровно столько, сколько нужно, чтобы почувствовать, как одна за другой проходят секунды. Помню один из таких ужасных вечеров. В полночь я должен был ехать обратно. Мы отправились в кино на открытом воздухе; оба дошли до отчаяния, и она, и я. Только игру вела она. В одиннадцать часов, когда начался какой-то длинный фильм, она взяла меня за руку и молча стиснула ее в своей. Меня пронзило острое ощущение счастья — мне не надо было глядеть на часы, чтобы понять: сейчас одиннадцать. С этого мгновения мы стали ощущать, как текут минуты. В тот раз мы расставались на три месяца. В какой-то миг на экране возникло очень светлое изображение, тьма вокруг рассеялась, и я увидел, что Анни плачет. Потом в полночь она горячо сжала мою руку и выпустила ее; я поднялся и ушел, не сказав ей ни слова. Это была отличная работа.

7 часов вечера

День в работе. Она шла не так уж плохо, я написал шесть страниц, и даже не без удовольствия. Тем более что это были отвлеченные соображения по поводу царствования Павла I. После вчерашней оргии я целый день держал себя в ежовых рукавицах. Тщетно было бы взывать к моему сердцу! Но зато я с удовольствием разбирался в побуждениях русской аристократии.

Вот только Рольбон меня раздражает. Он делает тайну из самых ничтожных пустяков. Чем, например, он занимался на Украине в августе 1804 года? Он говорит о своей поездке в уклончивых выражениях:

«Потомство рассудит, не заслужил ли я, пусть даже усилия мои и не увенчались успехом, другой награды, нежели грубое предательство и унижение, какие мне пришлось сносить молча, хотя я таил в душе то, что заставило бы насмешников умолкнуть и ввергло бы их в пучину страха».

Однажды я попался на эту удочку: он с многозначительными умолчаниями описывал свою краткую поездку в Бувиль в 1790 году. Я потратил целый месяц, пытаясь проследить за каждым его шагом. Оказалось, что в результате он обрюхатил дочь одного из своих фермеров. Уж не самый ли он обыкновенный лицедей?

Я страшно злюсь на этого маленького лживого фата; может, это с досады я восхищался тем, как он лжет другим, но мне хотелось бы, чтобы для меня он сделал исключение; я надеялся, что мы, как два ярмарочных мошенника, стакнемся друг с другом через головы всех этих мертвецов и в конце концов мне он скажет правду! Но он ничего, ничегошеньки не сказал, точно так же, как царю Александру и Людовику XVIII, которых он дурачил. Мне очень важно, чтобы Рольбон чего-то стоил. Плут он, конечно, но кто не плут? А вот мелкий или крупный плут? Я не так ценю исторические изыскания, чтобы тратить время на мертвеца, которого, будь он жив, я не удостоил бы рукопожатием. Что я знаю о маркизе? Трудно вообразить жизнь более яркую, чем та, что прожил он, но он ли ее творец? Если бы только его письма не были такими напыщенными... Эх, увидеть бы его глаза, может, у него была очаровательная манера склонять голову к плечу или с хитрым видом прикладывать к носу свой длинный указательный палец, а может, между двумя лживыми любезностями прорывалась вдруг вспышка его подлинного бурного темперамента, которую он тут же подавлял. Но он умер — от него остались только «Трактат о стратегии» и «Размышления о добродетели».

Дай я себе волю, я бы так ясно его вообразил: под блестящей иронией, жертвой которой пали очень многие, кроется простая, чуть ли не наивная душа. Задумывается он редко, но во всех случаях повинуясь особому наитию, действует именно так, как следует. В своем плутовстве он искренен, непосредствен, воистину великодушен и так же чистосердечен, как в своей любви к добродетели. Предав своих друзей и благодетелей, он со всей серьезностью обращает свои взоры к происшедшему, чтобы извлечь из него мораль. Он считает, что не имеет никаких прав на других, а другие на него, и дары, которые ему подносит жизнь, не заслужены им, но зато безвозмездны. Он страстно увлекается всем и так же легко ко всему остывает. А все его письма и труды писал вовсе не он — он заказывал их наемному писаке.

Только если я стану все это воображать, мне впору писать о маркизе Рольбоне роман.

11 часов вечера

Поужинал в «Приюте путейцев». Хозяйка оказалась на месте, пришлось с ней переспать; но это была с моей стороны чистейшая любезность. Она мне чем-то неприятна: слишком белая и пахнет новорожденным. В порыве страсти она прижимала мою голову к своей груди — она считает, что так надо. Мои пальцы вяло копошились под одеялом, потом рука отяжелела. Я подумал о маркизе де Рольбоне — в конце концов, что мне мешает написать о нем роман? Рука скользнула вдоль бедра хозяйки, и я вдруг увидел маленький сад, заросший приземистыми, широкими деревьями, а с них свисали огромные, покрытые волосками листья. И всюду кишели муравьи, сороконожки и моль. Были тут животные еще более отвратительные: тело их состояло из ломтика поджаренного хлеба — из таких делают канапе с голубями, двигались они боком, переступая на крабьих клешнях. Листья были черным-черны от всех этих насекомых. Позади кактусов и опунций стоящая в городском парке Велледа указывала пальцем на свои половые органы. «Этот сад воняет блевотиной!» — крикнул я.

— Я не хотела вас будить, — сказала хозяйка, — но складка простыни натирает мне ягодицы, и потом, мне пора сойти вниз, обслужить клиентов с парижского поезда.

Канун поста

Я высек Мориса Барреса. Нас было трое солдат, и у одного из нас посередине лица — дыра. Морис Баррес подошел к нам и сказал: «Молодцы» — и каждому дал по букетику фиалок. «А я не знаю, куда его девать», — сказал солдат с дырявым лицом. И тогда Морис Баррес сказал: «Сунь его в дырку в своей голове». «Я суну его тебе в задницу», — ответил солдат. И мы положили Мориса Барреса лицом вниз и стали стаскивать с него штаны. Под штанами у него оказалась кардинальская мантия. Мы задрали мантию, а Морис Баррес стал кричать: «Осторожней! У меня брюки со штрипками». Но мы высекли его до крови и лепестками фиалок выложили на его заду голову Деруледа.

С некоторых пор я слишком часто запоминаю свои сны. И как видно, во сне беспокойно мечусь на постели — по утрам одеяло всегда валяется на полу. Сегодня канун поста, но для Бувиля этот день мало что значит: во всем городе едва наберется сотня человек, которые рядятся в карнавальные костюмы.

Когда я спускался по лестнице, меня окликнула хозяйка:

— Вам письмо.

Письмо. Последнее письмо я получил в мае прошлого года от хранителя руанской библиотеки. Хозяйка ведет меня в свой кабинет и протягивает длинный конверт, желтый и пухлый, — письмо от Анни. Вот уже пять лет я не имею от нее известий. Письмо было отправлено по моему старому парижскому адресу, на нем штемпель от первого февраля.

Выхожу из отеля на улицу — в руке у меня конверт, я не решаюсь его открыть. Анни пишет все на той же почтовой бумаге. Интересно, покупает ли она ее, как и раньше, в писчебумажном магазинчике на Пиккадилли? Наверно, она сохранила свою прежнюю прическу, думаю я, свои густые белокурые волосы, которые не хотела стричь. И наверно, ведет терпеливую борьбу перед зеркалами, чтобы сохранить свое лицо, и не из кокетства, не из боязни постареть — просто она хочет остаться такой, какая она есть, точь-в-точь такой же. Может, это мне и нравилось в ней больше всего — властная, неумолимая верность малейшей черточке своего облика.

Буквы адреса, выведенные твердым почерком фиолетовыми чернилами (и чернилами она пользуется прежними), все еще слегка поблескивают.

«Мсье Антуану Рокантену».

Как я люблю читать свое имя на этих конвертах. Сквозь туман проступила одна из ее улыбок, я увидел ее глаза, склоненную голову: когда я сидел, она с улыбкой становилась передо мной. Моя голова оказывалась на уровне ее талии, Анни вытягивала руки, хватала меня за плечи и встряхивала.

Конверт тяжелый, в письме, должно быть, не меньше шести страниц. Каракули моей бывшей консьержки наползают сверху на прекрасный почерк.

«Отель «Прентания» — Бувиль»

Эти крохотные буквы совсем без блеска.

Распечатав конверт, я от разочарования молодею на шесть лет.

«Не понимаю, как у Анни получаются такие разбухшие конверты, — внутри в них никогда ничего нет».

Сто раз я повторял эту фразу весной 1924 года, пытаясь с трудом, как сегодня, отлепить от подкладки конверта клочок бумаги в клетку. Подкладка конверта — темно-зеленое великолепие, усеянное золотыми звездами, — похожа на плотную, накрахмаленную ткань. Она одна составляет три четверти веса всего конверта.

Анни написала карандашом:

«Через несколько дней буду проездом в Париже. Приходи ко мне в отель «Испания» 20 февраля. Прошу тебя (слова «прошу тебя» надписаны над строкой и соединены забавной спиралью со словами «ко мне»). Мне НЕОБХОДИМО с тобой увидеться.

Анни».

В Мекнесе, в Танжере, бывало, я вечером приду к себе и на кровати нахожу записку: «Хочу тебя видеть немедленно». Бегу, Анни открывает мне дверь, удивленно вздернув брови: ей больше нечего мне сказать, ее даже немного злит, что я пришел. Пойду и теперь. Быть может, она откажется меня принять. А может, портье в отеле мне скажет: «Особа с таким именем у нас не останавливалась». Впрочем, вряд ли она так поступит. Зато через неделю она может написать мне, что передумала.

Люди сейчас на службе. В воздухе чувствуется заурядный канун поста. На улице Инвалидов Войны, как всегда к дождю, резко пахнет сырым деревом. Не люблю эти странные дни: в кинотеатрах утренние сеансы, у школьников каникулы; на улицах смутное подобие праздника, оно требует к себе внимания, но стоит в него вглядеться, оно тает.

Конечно, я увижусь с Анни, но не могу сказать, что мысль о предстоящей встрече меня радует. С тех пор как я получил ее письмо, я как неприкаянный. По счастью, сейчас уже полдень; я не голоден, но пойду поем, чтобы убить время. Захожу к Камилю на улице Часовщиков.

Это крошечное заведение, здесь всю ночь напролет подают кислую капусту или рагу. Сюда приходят поужинать после театра; полицейские дают этот адрес голодным приезжим, которые прибыли ночным поездом. Восемь мраморных столиков. Стены опоясывает скамья с обитым кожей сиденьем. Два зеркала, изъеденных рыжими пятнами. Два окна и дверь из матового стекла. В углублении стойка. Есть еще одна комната, сбоку. Но я там никогда не бывал, она для парочек.

— Мне яичницу с ветчиной.

Официантка, громадная краснощекая девка, говоря с мужчиной, не может удержаться от смеха.

— Не имею права. Хотите яичницу с картофелем? Ветчина заперта — ее нарезает только сам хозяин.

Я заказываю рагу. Хозяина зовут Камиль — это грубый мужлан.

Официантка уходит. Я один в этой старой темной комнате. У меня в бумажнике письмо Анни. Ложный стыд мешает мне его перечитать. Я стараюсь припомнить фразы одну за другой.

«Дорогой Антуан».

Я улыбаюсь: да нет же, нет, конечно, Анни не написала «дорогой Антуан».

Шесть лет назад — мы только что разошлись по обоюдному согласию — я решил уехать в Токио. Я написал ей несколько слов. Я уже не мог называть ее «любимая» и в простоте душевной написал: «Дорогая Анни».

«Меня восхищает твоя непринужденность, — написала она в ответ. — Я никогда не была и не буду «твоей дорогой Анни». И поверь, ты мне вовсе не «дорогой Антуан». Если не знаешь, как ко мне обращаться, не обращайся никак, это куда лучше».

Я вынимаю письмо из бумажника. Там не написано «Дорогой Антуан». Нет в конце и обычной формулы вежливости: «Мне необходимо с тобой увидеться». Ничего, что может навести на мысль о ее чувствах. Жаловаться не приходится — я узнаю в этом ее любовь к совершенству. Она всегда стремилась воплощать «совершенные мгновения». Если минута этому не поддавалась, Анни теряла интерес к окружающему, глаза ее мертвели, она лениво слонялась с видом рослой девочки переходного возраста. Или придиралась ко мне:

«Ты сморкаешься торжественно, как буржуа, а когда откашливаешься, самодовольно прикрываешь рот платком».

Надо было отмалчиваться и ждать; вдруг, отзываясь на какой-то неуловимый для меня звук, она вздрагивала, томные черты ее прекрасного лица отвердевали, и она начинала свою кропотливую работу. В ее чародействе была пленительная властность. Она что-то напевала сквозь зубы, потом с улыбкой выпрямлялась, подходила ко мне, встряхивала меня за плечи и в течение нескольких мгновений, казалось, раздавала приказания окружающим ее предметам. Тихими быстрыми словами она объясняла, чего ждет от меня.

«Послушай, тебе ведь не трудно сделать усилие? В прошлый раз ты вел себя так глупо. Ты видишь, каким прекрасным может стать это мгновение? Посмотри на небо, посмотри, какого цвета солнце на этом ковре. А я как раз в зеленом платье и не накрашена, я совсем бледная. Отодвинься, сядь в тени, ты понял, что тебе надо делать? Сейчас поглядим. Ох, как ты глуп! Говори же со мной».

Я чувствовал, что успех затеи зависит от меня: мгновение обладало скрытым смыслом, который надо было вылущить из него и довести до совершенства; нужно было сделать определенные движения, произнести определенные слова — меня сокрушало бремя ответственности, я глядел во все глаза, я ничего не видел, я барахтался среди обрядов, которые Анни придумывала тут же на ходу, и, словно паутинку, разрывал их своими грубыми руками. В эти минуты она меня ненавидела.

Конечно, я увижусь с ней. Я до сих пор уважаю и люблю ее всем сердцем. Я желаю, чтобы другой оказался счастливей и ловчее меня в этой игре в совершенные мгновения.

«Твои чертовы волосы все портят, — говорила она. — Ну что прикажешь делать с рыжим мужчиной?»

Она улыбалась. Вначале стерлось воспоминание об ее глазах, потом об ее удлиненном теле. Дольше всего я старался сохранить воспоминание об ее улыбке, потом, три года назад, стерлось и оно. Недавно, когда я взял письмо из рук хозяйки отеля, оно вдруг вернулось: мне показалось, что я вижу улыбающуюся Анни. Я и сейчас пытаюсь вспомнить ее улыбку, мне нужно почувствовать всю ту нежность, что я питаю к Анни, — эта нежность здесь, рядом, совсем близко, она вот-вот прорежется. Но нет, улыбка не возвращается — кончено. Внутри у меня пустота и сушь.

В ночной кабачок зябко входит какой-то человек.

— Дамы-господа, приветствую вас.

Он садится, не снимая своего позеленевшего от времени пальто. Потирает одну о другую руки, переплетая длинные пальцы.

— Что вам подать?

Он вздрогнул, глядит беспокойным взглядом.

— Что? А-а, дайте мне «Бирр» с водой.

Служанка не трогается с места. По ее лицу, отраженному в зеркале, можно подумать, что она спит. На самом деле глаза ее открыты — но это маленькие щелки. Такой уж у нее характер, она не торопится обслужить клиента, она всегда должна поразмышлять над его заказом. Ей надо представить себе бутылку, которую она сейчас снимет с полки над стойкой, белую этикетку с красными буквами, густой черный сироп, который из нее польется, — она словно бы пьет его сама.

Прячу письмо Анни обратно в бумажник: я взял от него все, что оно могло мне дать, — мне не удастся оживить женщину, которая держала его в руках, сложила, запечатала в конверт. Возможно ли вообще думать о ком-нибудь в прошедшем времени? Пока мы любили друг друга, мы не позволяли даже самому ничтожному из наших мгновений, самой пустяковой из наших горестей отделиться от нас и остаться в минувшем. Запахи, звуки, оттенки каждого дня, даже мысли, не высказанные вслух, — мы все удерживали при себе, и все оставалось живым; мы продолжали наслаждаться и мучиться всем этим в настоящем. Никаких воспоминаний: беспощадная, палящая любовь — ни тени, ни уголка, где укрыться, куда отступить. Три года, спрессованные воедино, составляли наше сегодня. Потому-то мы и расстались: у нас не хватило сил выносить дальше такое бремя. А потом, когда Анни сразу, без раздумий, бросила меня, три года рухнули в прошлое. Я даже не страдал, я был опустошен. Потом время потекло дальше, и пустота стала разрастаться. Потом в Сайгоне, когда я решил вернуться во Францию, все, что еще сохранялось от прошлого — чужеземные лица, площади, набережные длинных рек, — все кануло в небытие. И теперь мое прошлое — громадный провал. А мое настоящее — вот эта официантка в черной блузке, замечтавшаяся у прилавка, вот этот человек. Все, что я знаю о своей жизни, мне кажется, я вычитал из книг. Дворцы Бенареса, терраса Прокаженного короля, храмы Явы с их огромными разрушенными лестницами, когда-то на мгновение отразившись в моих глазах, остались там, на прежнем своем месте. Трамвай, проходящий по вечерам мимо отеля «Прентания», не уносит ведь на своих стеклах отражения неоновых вывесок — на мгновение вспыхнув, он уходит прочь с темными стеклами.

А человек неотступно меня разглядывает — это начинает меня раздражать. Такой коротышка, и еще важничает. Официантка наконец решается его обслужить. Она лениво тянет свою громадную черную руку, достает бутылку и приносит ее вместе со стаканом.

— Пожалуйста, мсье.

— Мсье Ахилл, — учтиво сообщает он.

Она, не отвечая, наливает ему спиртное. Вдруг он быстро отдергивает палец, который прижимал к носу, и кладет обе ладони на стол. Он откинул голову назад, глаза его блестят.

— Бедная девушка, — холодно произносит он.

Служанка вздрагивает, я тоже; он сказал это непередаваемым тоном, с удивлением, что ли, — словно произнес эти слова не он, а кто-то другой. Нам всем троим неловко.

Первой оправилась от смущения толстуха официантка: она лишена воображения. Она с достоинством мерит взглядом мсье Ахилла — она прекрасно сознает, что может одной рукой схватить его за шиворот и выкинуть вон.

— Почему это я бедная?

Он мнется. В замешательстве смотрит на нее, потом начинает смеяться. По лицу его разбежались бесчисленные морщинки, он легко вертит кистями рук.

— Обиделась. Да я просто так сказал «бедная девушка», к слову пришлось. Я ничего не имел в виду.

Но официантка поворачивается к нему спиной и уходит за стойку — она всерьез обижена. Он снова смеется:

— Ха-ха-ха! Да у меня просто вырвалось. Ну что поделаешь? Неужели рассердилась? Рассердилась, — констатирует он, словно бы обращаясь ко мне.

Я отворачиваюсь. Он приподнял свой стакан, но пить не собирается — он удивленно и смущенно щурит глаза. Можно подумать, он пытается что-то вспомнить. Служанка села за кассу и занялась рукоделием. Все снова смолкло, но это уже не прежняя тишина. Вот и дождь — он легонько стучит по матовым стеклам; если на улице еще остались дети в карнавальных костюмах, картонные маски размокнут и полиняют.

Служанка зажигает свет — еще только два часа, но небо совсем почернело, в такой темноте шить невозможно. Мягкий свет; люди сидят по домам, они, конечно, тоже зажгли лампы. Они читают или смотрят в окно на небо. Для них... для них все иначе. Они состарились по-другому. Они живут среди завещанного добра, среди подарков, и каждый предмет их обстановки — воспоминание. Каминные часы, медали, портреты, ракушки, пресс-папье, ширмы, шали. Их шкафы битком набиты бутылками, отрезами, старой одеждой, газетами — они сохранили все. Прошлое — это роскошь собственника.

А где бы я стал хранить свое прошлое? Прошлое в карман не положишь, надо иметь дом, где его разместить. У меня есть только мое тело, одинокий человек со своим одиноким телом не может удержать воспоминания, они проходят сквозь него. Я не имею права жаловаться: я хотел одного — быть свободным.

Маленький человек ерзает и вздыхает. Он совсем съежился в своем пальто, но время от времени выпрямляется, обретая человеческий облик. У него тоже нет прошлого. Если хорошенько поискать, можно, конечно, найти у родственников, которые с ним больше не встречаются, фотографию какой-нибудь свадьбы, на которой он присутствует в крахмальном воротничке, рубашке с пластроном и с торчащими молодыми усиками. От меня, наверно, не осталось и этого.

Вот он опять на меня смотрит. Сейчас он со мной заговорит, я весь ощетинился. Никакой симпатии мы друг к другу не чувствуем — просто мы похожи, в этом все дело. Он одинок, как я, но глубже погряз в одиночестве. Вероятно, он ждет твоей Тошноты или чего-нибудь в этом роде. Стало быть, теперь уже есть люди, которые меня *узнают:* поглядев на меня, они думают: «Этот из наших». Ну так в чем дело? Чего ему надо? Он должен понимать: помочь мы ничем друг другу не можем. Люди семейные сидят по домам посреди своих воспоминаний. А мы, два беспамятных обломка, — здесь. Если он сейчас встанет и обратится ко мне, я взорвусь.

Дверь с шумом распахивается — это доктор Роже.

— Приветствую всех.

Он входит, свирепый, подозрительный, покачиваясь на своих длинных ногах, с трудом выдерживающих груз его тела. Я часто вижу доктора по воскресеньям в пивной «Везелиз», но он меня не знает. Он сложен, как отставные тренеры Жуэнвиля:

бицепсы толщиной с ляжку, объем груди сто десять, а ноги хлипкие.

— Жанна, Жанна, крошка моя.

Он семенит к вешалке, чтобы повесить на крючок широкополую фетровую шляпу. Служанка сложила рукоделие и не спеша, сонно идет к доктору, чтобы высвободить его из его плаща.

— Что будете пить, доктор?

Он с важностью воззрился на нее. Вот что я называю красивой мужской головой. Потрепанное, изборожденное жизнью и страстями лицо. Но доктор понял суть жизни, обуздал свои страсти.

— Я и сам не знаю, чего я хочу, — говорит он густым голосом.

Он рухнул на скамью напротив меня и отирает пот со лба. Когда ему не надо удерживать равновесие, он чувствует себя прекрасно. Глаза его внушают робость, большие глаза, черные и властные.

— Это будет... будет, будет, будет старый кальвадос, дитя мое.

Служанка, не шевелясь, созерцает громадное, изрытое морщинами лицо. Она задумалась. Маленький человечек поднял голову и облегченно улыбается. И вправду, этот колосс — наш избавитель. На нас надвигалось что-то зловещее. А теперь я дышу полной грудью — мы среди людей.

— Ну так что, где мой кальвадос?

Служанка вздрагивает и уходит. А доктор вытянул свои толстые ручищи и сгреб в охапку столик. Мсье Ахилл счастлив — он хотел бы привлечь внимание доктора. Но тщетно он болтает ногами и подпрыгивает на скамье — он так мал, что его не слышно.

Служанка приносит кальвадос. Кивком она указывает доктору на его соседа. Доктор Роже медленно разворачивается всем корпусом: шея у него не гнется.

— А, это ты, старое отребье, — кричит он. — Еще не сдох? И вы впускаете эдакий сброд? — обращается он к служанке.

Он глядит на человечка своим хищным взглядом. Прямой взгляд, который все ставит на свои места.

— Старый псих — вот кто он такой.

Доктор Роже даже не дает себе труда показать, что шутит. Он знает: старый псих не рассердится, он расплывется в улыбке. Так и есть — тот униженно улыбается. Старый псих расслабился, он чувствует: его защитили от него самого, сегодня с ним ничего не случится. И самое ужасное: я успокоился тоже. Так вот что со мной такое — я всего-навсего старый псих.

Доктор смеется, он бросает на меня призывный взгляд сообщника; без сомнения, из-за моего роста — да и рубашка у меня чистая — он готов пригласить меня участвовать в его шутках.

Я не смеюсь и не отвечаю на его заигрывание — тогда, не переставая смеяться, он испытывает на мне устрашающий огонь своих глаз. Несколько секунд мы неотрывно смотрим друг на друга: прикидываясь близоруким, доктор меряет меня прищуренным взглядом — он обдумывает, к какому разряду меня отнести. К разряду психов? Или к разряду проходимцев?

И все-таки первым отводит глаза он — подумаешь, спасовал перед каким-то одиночкой, никакой общественной значимости не имеющим, стоит ли об этом тужить, это тут же забудется. Доктор сворачивает сигарету, закуривает и сидит неподвижно с застывшим и жестким, как это бывает у стариков, взглядом.

Хороши морщины — они у него всех видов: поперечные рытвины на лбу, гусиные лапки у глаз, горькие складки по обе стороны рта, не говоря уже о желтых веревках, висящих под подбородком. Повезло доктору — увидев его еще издали, всякий скажет: вот человек, который страдал и который пожил в свое удовольствие. Впрочем, доктор заслужил свое лицо: он ни на миг не усомнился в том, каким способом удержать и использовать свое прошлое, он взял да и набил из него чучело, превратил в опыт для поучения женщин и молодых людей.

Мсье Ахилл счастлив, как, наверно, не был счастлив уже давно. Он раскис от восторга, он потягивает свой «Бирр», раздувая щеки. Да, доктор нашел-таки к нему подход! Доктор не из тех, кого смутит вид старого психа, у которого вот-вот случится приступ; хорошая взбучка, несколько грубых слов, способных подстегнуть, — вот и все, что надо ему подобным. Доктор обладает опытом. Обладать опытом — его профессия; врачи, священники, судьи и офицеры знают человека наизусть, словно сами его сотворили.

Мне стыдно за мсье Ахилла. Мы с ним два сапога пара, мы должны быть заодно против них. А он меня предал и перешел на их сторону: он искренне верит — верит в Опыт. Не в свой, не в мой. А в опыт доктора Роже. Еще недавно мсье Ахилл чувствовал себя странным, ему казалось, что он одинок; а теперь он знает: таких, как он, много, очень много, доктор Роже встречал этих людей, он может рассказать мсье Ахиллу историю каждого из них и кто из них чем кончил. Мсье Ахилл всего-навсего казус, частный случай, который легко сводится к некоторым общим понятиям.

Как бы я хотел сказать ему, что его обманывают, что он подыгрывает спесивцам. Это они-то профессионалы опыта? Да они всю жизнь прозябали в отупелом полусне, от нетерпения женились с бухты-барахты, наудачу мастерили детей. В кафе, на свадьбах, на похоронах встречались с другими людьми. Время от времени, попав в какой-нибудь водоворот, барахтались и отбивались, не понимая, что с ними происходит. Все, что совершалось вокруг, начиналось и кончалось вне поля их зрения: смутные продолговатые формы, события, нагрянувшие издали, мимоходом задели их, а когда они хотели разглядеть, что же это такое, все уже было кончено. И вот к сорока годам они нарекают опытом свои мелкие пристрастия и небольшой набор пословиц и начинают действовать, как торговые автоматы: сунешь монетку в левую щелку — вот тебе два-три примера из жизни в упаковке из серебряной фольги, сунешь монетку в правую щелку — получай ценные советы, вязнущие в зубах, как ириски.

Такой ценой я и сам мог бы оказаться для многих желанным гостем, и обо мне говорили бы, что я Великий путешественник перед лицом Всевышнего. Совершенно верно, мусульмане мочатся сидя, а в Индии повитухи в качестве кровоостанавливающего используют стекло, толченное в коровьем навозе, а в Борнео девушка во время месячных три дня и три ночи проводит на крыше своего дома. В Венеции я видел похороны в гондолах, в Севилье празднование Страстной недели, я видел Мистерии в Обераммергау. Само собой, это лишь небольшой образчик моих познаний, я мог бы, рассевшись в кресле, шутки ради начать так:

«А слышали ли вы, дорогая мадам, что такое Йиглава? Это занятный маленький городок в Моравии, где мне пришлось жить в 1924 году...»

И председатель суда, который на своем веку разобрал великое множество юридических казусов, по окончании моего рассказа взял бы слово и сказал:

«Вы совершенно правы, дорогой мсье, это так свойственно людям. Я столкнулся с подобным случаем в начале моей карьеры. Было это в 1902 году. Я служил помощником судьи в Лиможе...»

Только все дело в том, что эти разговоры набили мне оскомину еще в юности. Правда, вырос я не в семье профессионалов. Но существуют ведь и любители. Секретари, служащие, торговцы, те, кто в кафе слушают других; к сорока годам их распирает опыт, который они не могут сбыть на сторону. По счастью, они наплодили детей, их-то они и заставляют потреблять этот опыт, не сходя с места. Они хотели бы внушить нам, что их прошлое не пропало даром, что их воспоминания потихоньку сгустились, обратившись в Мудрость. Удобное прошлое! Карманное прошлое, книжица из золотой библиотеки, полная прописных истин. «Поверьте мне, я говорю на основании опыта, всему, что я знаю, меня научила жизнь». Да разве Жизнь взялась бы думать за них? Все новое они объясняют с помощью старого, а старое — с помощью событий еще более древних, как те историки, которые Ленина изображают русским Робеспьером, а Робеспьера французским Кромвелем: в конечном счете они так ничего и не поняли.... За их спесью угадывается угрюмая лень; замечая только, как одна видимость сменяет другую, они зевают и думают: ничто не ново под луною. «Старый псих» — и доктор Роже смутно вспоминает других старых психов, не помня ни одного из них в отдельности. Что бы ни выкинул мсье Ахилл, мы не должны удивляться: ВСЕ ПОНЯТНО — старый псих!

Он вовсе не старый псих — ему страшно. Чего он боится? Когда ты хочешь что-то понять, ты оказываешься с этим «что-то» лицом к лицу, совсем один, без всякой помощи, и все прошлое мира ничем тебе помочь не может. А потом это «что-то» исчезает, и то, что ты понял, исчезает вместе с ним.

Питаться общими соображениями куда отраднее. К тому же профессионалы, да и любители тоже, в конце концов всегда оказываются правы. Их мудрость советует производить как можно меньше шума, как можно меньше жить, постараться, чтобы о тебе забыли. Больше всего они любят рассказывать о людях неблагоразумных, о чудаках, которых постигла кара. Ну что ж, наверно, так и бывает, никто не станет утверждать обратное. Быть может, у мсье Ахилла совесть не совсем спокойна. Быть может, он думает — послушайся он советов своего отца, своей старшей сестры, он не дошел бы до того, до чего дошел. Доктор вправе судить. Он ведь не загубил свою жизнь, он сумел стать полезным для окружающих. Спокойный, могущественный, навис он над этим жалким обломком; он — скала.

Доктор Роже допил свой кальвадос. Его мощное тело обмякло, тяжело опустились веки. Я впервые вижу его лицо без глаз: это картонная маска вроде тех, что сегодня продают в лавках. Щеки у него жуткого розового цвета... И вдруг мне становится ясно: этот человек скоро умрет. Он наверняка это знает — ему довольно посмотреться в зеркало: с каждым днем он все больше похож на свой будущий труп. Вот что такое их опыт, вот почему я часто говорю себе: от их опыта несет мертвечиной, это их последнее прибежище. Доктор очень хотел бы верить в этот свой опыт, он хотел бы скрыть от себя невыносимую правду: что он один и нет у него ни умудренности, ни прошлого, и разум его мутнеет, и тело разрушается. И вот он старательно возвел, благоустроил, обставил свой маленький компенсаторный бред: он уверяет себя, будто он прогрессирует. У него провалы памяти, мозг иногда работает вхолостую? Ну и что ж — просто он избегает теперь скоропалительных суждений молодости. Он больше не понимает того, что пишут в книгах? Ну и что ж — просто ему теперь не хочется читать. Он больше не может заниматься любовью? Но он немало занимался ею в свое время. А любовные шашни куда лучше иметь в прошлом, чем в настоящем, — на расстоянии можно судить, сравнить, обдумать. И чтобы хватило сил лицезреть в зеркалах свое покойницкое лицо, он пытается уверовать, что резец запечатлел на этом лице уроки опыта.

Доктор слегка повернул голову. Веки его приоткрылись, он глядит на меня розовыми со сна глазами. Я улыбаюсь ему. Я хотел бы, чтобы эта улыбка открыла ему все, что он тщится от себя скрыть. Если бы он мог подумать: «Этот тип ЗНАЕТ, что я скоро подохну!» — он бы проснулся. Но веки его снова смыкаются: он уснул. А я ухожу, оставляя мсье Ахилла охранять его сон.

Дождь перестал, тепло, по небу медленно плывут прекрасные черные картины — лучшей рамки для совершенного мгновения не придумать; чтобы этим картинам было где отразиться, Анни высекала из наших сердец крохотные темные родники. Но я не умею пользоваться подходящим случаем — пустой, безучастный, я бреду куда глаза глядят под пропадающим втуне небом.

Среда

НЕ НАДО ПОДДАВАТЬСЯ СТРАХУ.

Четверг

Написал четыре страницы. После этого — долгое мгновение счастья. Не вдаваться в размышления о ценности Истории. А то она может опротиветь. Помнить, что маркиз де Рольбон в настоящее время — единственное оправдание твоего существования.

Ровно через неделю я увижу Анни.

Пятница

На бульваре Ла Редут туман был такой густой, что я счел благоразумным держаться поближе к стенам казармы; по правую руку от меня автомобильные фары гнали перед собой влажные пятна света — где кончается тротуар, определить было нельзя. Меня окружали люди — я слышал их шаги, по временам жужжание голосов, — но я никого не видел. Один раз на уровне моего плеча возникло женское лицо, которое тотчас поглотила мгла; в другой раз кто-то, громко пыхтя, на ходу задел меня. Я не знал, куда я иду, мое внимание было поглощено одним: передвигаться с осторожностью, ощупывая землю носком ботинка и даже вытягивая вперед руки. Это упражнение не доставляло мне ни малейшего удовольствия. Однако о возвращении домой я не думал — я попался. Наконец через полчаса я заметил вдали голубоватый пар. Идя прямо на него, я вскоре оказался у широкой полосы света — в середине туман пронизывало своими огнями кафе «Мабли».

В кафе «Мабли» дюжина электрических лампочек, но сейчас горели только две: одна над кассой, другая в люстре. Единственный официант затолкал меня в темный угол.

— Сюда, мсье, я делаю уборку.

Официант был в куртке, без жилета и воротничка и в белой рубашке в сиреневую полоску. Он зевал, угрюмо поглядывая на меня и запуская в волосы пятерню.

— Черный кофе с рогаликами.

Не отвечая, он потер глаза и ушел. Мгла доходила мне до самых глаз — грязная, ледяная мгла. Отопление наверняка не включили.

Я был не один. Напротив меня сидела женщина с восковым лицом, руки ее безостановочно двигались — то поглаживали блузку, то поправляли черную шляпу. С ней был высокий рослый блондин, он жевал бриошь, не произнося ни звука. Молчание тяготило меня. Мне хотелось закурить трубку, но не хотелось привлекать их внимание чирканьем спички.

Телефонный звонок. Руки замерли, ухватившись за блузку. Официант не торопился. Прежде чем снять трубку, он не спеша кончил подметать. «Алло, это мсье Жорж? Здравствуйте, мсье Жорж... Да, мсье Жорж... Хозяина нет... Да должен бы уже спуститься... Ох, знаете, в такой туман... Вообще он обычно спускается к восьми... Хорошо, мсье Жорж, передам. До свидания, мсье Жорж».

Туман навис над окном тяжелой портьерой из серого бархата. Чье-то лицо прилипло к стеклу и тотчас исчезло.

— Зашнуруй мне ботинок, — жалобно попросила женщина.

— Он зашнурован, — не глядя, ответил мужчина.

Она разнервничалась. Руки, как громадные пауки, забегали по блузке и по шее.

— Говорю тебе, зашнуруй.

Он с досадой наклонился и слегка дотронулся под столом до ее ноги:

— Зашнуровал.

Она удовлетворенно улыбнулась. Мужчина подозвал официанта.

— Сколько с меня?

— А сколько вы брали бриошей? — спросил официант.

Я потупил глаза, чтобы они не подумали, что я их разглядываю. Через несколько мгновений я услышал скрип и увидел подол юбки и два ботинка, облепленных высохшей грязью. За ними двигались мужские ботинки — лакированные и остроносые. Ботинки приблизились ко мне, остановились, сделали пол-оборота: мужчина надевал пальто. И тут вдоль юбки стала спускаться кисть руки на выпрямленном запястье. Рука поколебалась, поскребла подол.

— Ты готова? — спросил мужчина.

Ладонь раскрылась, дотронулась до засохшей звездой грязи на правом ботинке, потом исчезла.

— Уф! — выдохнул мужчина.

Он поднял стоявший у вешалки чемодан. Они вышли и скрылись в тумане.

— Это артисты, — сказал официант, подавая мне кофе. — Они выступали в антракте между сеансами в кинотеатре «Палас». Женщина завязывает себе глаза, а потом угадывает имена и возраст зрителей. А сегодня они уезжают — по пятницам программа меняется.

Он пошел за тарелкой с рогаликами, стоявшей на столике, за которым только что сидели артисты.

Мне не хотелось есть эти рогалики.

— Придется погасить свет. Две лампы для одного клиента в девять утра — хозяин будет ругаться.

Сумрак затопил кафе. Через высокие окна теперь проникал слабый свет в серо-коричневых подтеках.

— Мне нужен мсье Фаскель.

Я не видел, как вошла старуха. От струи ледяного воздуха меня пробрала дрожь.

— Мсье Фаскель еще не спускался.

— Я от мадам Флоран, — продолжала она. — Ей нездоровится. Она сегодня не придет.

Мадам Флоран — это кассирша, та, у которой рыжие волосы.

— В такую погоду она всегда мается животом, — сказала старуха.

Официант принял многозначительный вид.

— Это все туман, — сказал он, — вот и мсье Фаскель тоже. Странно, он до сих пор не спустился. Ему тут звонили. Вообще-то он всегда сходит вниз в восемь.

Старуха машинально поглядела на потолок.

— Он что, наверху?

— Ну да, там его спальня.

— А вдруг он умер... — тягучим голосом проговорила старуха, словно рассуждая сама с собой.

— Вот еще! — Лицо официанта выразило неподдельное негодование. — Только этого не хватало!

А вдруг он умер... У меня тоже мелькнула эта мысль. Такого рода мысли приходят во время тумана.

Старуха ушла. Мне бы надо последовать ее примеру: было холодно и темно. Из щели под дверью просачивался туман, мало-помалу он поднимется кверху и затопит все. В муниципальной библиотеке мне было бы светло и тепло.

И снова чье-то лицо приплюснулось к стеклу, оно корчило рожи.

— Ну погоди у меня, — сердито буркнул официант и выскочил на улицу.

Лицо исчезло, я остался один. Я горько укорял себя за то, что вышел из дому. Теперь мгла, наверно, затопила мой номер в отеле; вернуться туда мне страшно.

За кассой в темноте что-то скрипнуло. Звук донесся с лестницы, ведущей в комнаты: может, хозяин наконец спускается вниз? Нет, никого: ступеньки скрипели сами собой. Мсье Фаскель все еще спал. А может, умер у меня над головой. «Туманным утром найден мертвым в постели». И подзаголовок: «Посетители кафе продолжали есть и пить, не подозревая, что...»

Остался ли он лежать в постели? А может, свалился с нее, увлекая за собой одеяло и стукнувшись головой об пол?

Я прекрасно знаю мсье Фаскеля, он иногда осведомляется о моем здоровье. Это толстый весельчак с холеной бородой — если он умер, то от удара. Лицо у него станет похожим на баклажан, язык вывалится изо рта. Борода торчком, шея под завитками волос фиолетового цвета.

Лестница, ведущая в жилые комнаты, терялась во тьме. Я с трудом различал только шишку перил. Пришлось бы пересечь это темное пространство. Лестница заскрипит. Наверху я нащупаю ручку двери...

Тело там, наверху, над моей головой. Я поверну выключатель, дотронусь до тепловатой кожи, чтобы убедиться... Больше я выдержать не могу, я встаю. Если официант застигнет меня на лестнице, скажу, что слышал шум.

Внезапно вернулся запыхавшийся официант.

— Я здесь, мсье, — крикнул он.

Болван! Он подходит ко мне.

— С вас два франка.

— Я слышал наверху шум, — говорю я ему.

— Давно пора!

— Да, но, похоже, что-то случилось. Вроде кто-то захрипел, а потом глухой шум.

В этом темном зале с туманом за окнами мои слова звучали совершенно естественно. Никогда не забуду, какие у него стали глаза.

— Вам бы надо пойти посмотреть, — коварно предлагаю я.

— Ну нет! — возражает он. Потом: — Еще, пожалуй, меня обложит. Который час?

— Десять.

— Если он до пол-одиннадцатого не спустится вниз, пойду погляжу.

Я делаю шаг к двери.

— Вы уже уходите? Не посидите подольше?

— Нет.

— А что, он в самом деле хрипел?

— Не знаю, — говорю я уходя, — может, мне просто почудилось под настроение.

Туман слегка поредел. Я торопливо зашагал к улице Турнебрид — мне нужны были ее огни. Меня ждало разочарование — огни-то огни, они горели, они освещали витрины магазинов. Но это был не радостный свет — из-за тумана он казался совершенно белым и лился на тебя как душ.

Много народу, в особенности женщин: няньки, служанки, но и хозяйки тоже — из тех, что говорят: «Я покупаю все сама, это вернее». Они принюхивались к витринам, потом входили в магазин.

Я остановился у колбасной Жюльена. Время от времени за стеклом появлялась рука, которая указывала на ножки с гарниром из трюфелей или на сосиски. Тогда толстая белокурая девица наклонялась, выставляя напоказ свою грудь, и брала пальцами кусок мертвой плоти. А в своей комнате, в пяти минутах ходьбы отсюда, лежал мертвый мсье Фаскель.

Я поискал вокруг себя какую-нибудь твердую опору, надежный заслон против подобных мыслей. Такого не нашлось — мало-помалу пелена тумана прорвалась, но какое-то беспокойство еще витало в воздухе. Пожалуй, не прямая угроза, а что-то размытое, прозрачное. Но именно оно и внушало страх. Я прижался лбом к стеклу витрины. На майонезе, в котором плавало яйцо, сваренное по-русски, я заметил темно-красную каплю — это была кровь. От вида этого красного на желтом меня стало мутить.

И вдруг мне представилось: кто-то упал окровавленным лицом в эти блюда. Яйцо покатилось в лужу крови, украшавший его ломтик помидора тоже упал плашмя — красное на красном. Пролилось немного майонеза — лужа желтого крема, которую желобок крови делит на два рукава.

«Дурацкие мысли. Надо встряхнуться. Пойду поработаю в библиотеке».

Поработаю? Я знал, что не напишу ни строчки. Еще один пропащий день. Проходя через парк, я заметил на скамейке, где я обыкновенно сижу, синюю пелерину, громадную и неподвижную. Вот кто не боится холода.

Когда я входил в читальный зал, оттуда вышел Самоучка. Он кинулся ко мне:

— Я хочу поблагодарить вас, мсье. Я провел незабываемые часы, рассматривая фотографии, которые вы мне дали.

При виде его у меня на мгновение мелькнула надежда: может, вдвоем легче будет пережить этот день. Но в обществе Самоучки только кажется, что ты не один.

Он хлопнул рукой по то́му in-quarto. Это была «История религий».

— Никто не мог бы успешнее Нусапье предпринять такой обобщающий труд. Вы не находите, мсье?

Вид у него был усталый, руки дрожали.

— Вы плохо выглядите, — сказал я.

— Ох, еще бы, мсье. Со мной случилась ужасная история.

К нам приближался маленький злобный корсиканец с усами тамбурмажора. Он часами прохаживается между столиками, громко стуча каблуками. Зимой он отхаркивает мокроту в носовой платок, а потом сушит платки на печке.

Самоучка придвинулся ко мне вплотную, дыша мне прямо в лицо.

— Не хочу говорить при этом человеке, — доверительно шепнул он. — Но если бы вы согласились, мсье...

— На что?

Он покраснел и грациозно качнул бедрами:

— Мсье, ах, мсье, была не была. Не окажете ли вы мне честь пообедать со мной в среду?

— С удовольствием.

Обедать с ним охоты у меня не больше, чем лезть в петлю.

— Вы меня просто осчастливили, — сказал Самоучка и торопливо добавил: — Если вы не против, я зайду за вами, — и исчез, боясь, видно, что, если он помедлит, я передумаю.

Была половина двенадцатого. Я работал до без четверти двух. Мартышкин труд: перед глазами у меня была книга, но мысли все время возвращались в кафе «Мабли». Сошел мсье Фаскель вниз или нет? В глубине души я не очень верил в его смерть, это-то меня и раздражало! Мысль была какая-то смутная, я не мог ни отделаться от нее, ни в ней утвердиться. По полу стучали ботинки корсиканца. Несколько раз он останавливался возле меня с таким видом, точно хотел заговорить со мной. Но удерживался и шагал дальше.

Около часу ушли последние читатели. Есть мне не хотелось и, главное, не хотелось уходить. Я поработал еще некоторое время и вдруг вздрогнул — я был замурован в безмолвии.

Я поднял голову — я остался один. Корсиканец, наверно, спустился вниз к жене — консьержке библиотеки. Мне захотелось услышать его шаги. Но услышал я только треск рассыпавшегося в печи уголька. Читальный зал подернулся туманом, нет, не настоящим туманом, тот давно рассеялся, другим, которым все еще были полны улицы, он сочился из стен, из мостовой. Все стало каким-то шатким. Конечно, книги по-прежнему стояли на полках на своих местах в алфавитном порядке, коричневые и черные корешки и наклейки на них: ОД-фл 7996

(Открытый доступ — французская литература) или ОД-ен (Открытый доступ — естественные науки). Но... как бы это объяснить? Обычно плотные, приземистые, они вместе с печкой, с зелеными лампами, с большими окнами и лестницами ставят рамки будущему. Пока ты остаешься в этих стенах, все, чему предстоит случиться, может случиться только справа или слева от печки. Если бы сам святой Дени вошел в зал, неся в руках свою голову, ему все равно пришлось бы войти справа, пройти между полками, отданными французской литературе, и столом, за которым работают ассистентки. И если он будет парить в двадцати сантиметрах над полом, не касаясь земли, его окровавленная шея непременно окажется как раз на уровне третьей книжной полки. Таким образом, все эти предметы обычно хотя бы очерчивают границы возможного.

Так вот, сегодня они не очерчивали ничего — казалось, само их существование поставлено под вопрос, и им стоит величайшего труда дотянуть до следующего мгновения. Я крепко стиснул в руках книгу, которую читал, но даже самые резкие ощущения стерлись. Все казалось ненастоящим — меня окружала картонная декорация, которую в любую минуту можно было передвинуть. Мир ждал, съежившись, затаив дыхание, ждал своего кризиса, своей Тошноты, как недавно мсье Ахилл.

Я встал, я больше не мог оставаться посреди этих обессилевших вещей. Я решил взглянуть из окна на череп Эмпетраза. Я прошептал: «Случиться может *все,* что угодно, *все,* что угодно, может произойти». Понятное дело, не в духе тех ужасов, что придумали люди, — Эмпетраз не пустится в пляс на своем постаменте, речь совсем о другом.

Я с ужасом смотрел на все эти зыбкие предметы, которые в любую минуту могли рухнуть, — ну да, я находился здесь, я жил среди этих книг, начиненных знаниями: одни из них описывали незыблемые формы животного мира, другие объясняли, что в мире сохраняется неизменное количество энергии, да, я стоял у окна, стекла которого имели строго определенный коэффициент преломления лучей. Но какие хрупкие это были преграды! По-моему, мир только потому не меняется до неузнаваемости за одну ночь, что ему лень. Но сегодня у него был такой вид, словно он хочет стать другим. А в этом случае может случиться *все*, решительно *все*.

Нельзя терять ни минуты: в основе моей тревоги то, что произошло в кафе «Мабли». Надо вернуться туда, надо увидеть мсье Фаскеля, убедиться, что он жив, в случае необходимости дотронуться до его рук или бороды. Тогда, может, я приду в себя.

Я поспешно схватил пальто, не надел его, а просто накинул на плечи и бросился вон. В городском саду на той же самой скамейке я увидел человека в пелерине: между двумя пунцовыми от холода ушами белело громадное мертвенное лицо.

Издалека сверкало своими огнями кафе «Мабли» — на сей раз, наверно, были зажжены все двенадцать ламп. Я ускорил шаги: надо покончить с этой историей. Сначала я заглянул в кафе через огромное окно — зал был пуст. Ни кассирши, ни официанта, ни мсье Фаскеля.

Мне пришлось сделать над собой громадное усилие, чтобы войти; садиться я не стал. «Официант!» — окликнул я. Никакого ответа. На одном из столиков пустая чашка. На блюдечке кусок сахара.

— Есть тут кто-нибудь?

На вешалке висело пальто. На круглом столике валялись журналы в черных картонных папках. Удерживая дыхание, я старался уловить хоть какой-нибудь звук. Легонько скрипнула лестница в жилые комнаты. С улицы донесся гудок парохода. Я вышел, пятясь и не спуская глаз с лестницы.

Я все понимаю: в два часа дня посетителей мало, мсье Фаскель простудился, официанта он послал с каким-нибудь поручением — может быть, за врачом. Все правильно — и все-таки мне необходимо увидеть мсье Фаскеля. На углу улицы Турнебрид я обернулся и с отвращением посмотрел на искрящееся огнями безлюдное кафе. На втором этаже ставни были закрыты.

Меня охватила самая настоящая паника. Я уже не соображал, куда я иду. Я помчался вдоль доков. Свернул в пустынные улицы квартала Бовуази — дома уставились на мою бегущую фигуру своими угрюмыми глазами. «Куда идти? Куда?» — тоскливо повторял я. Случиться может все. Время от времени я с бьющимся сердцем резко оборачивался назад. Что происходит за моей спиной? Может, это начнется позади меня, и, когда я внезапно обернусь, будет уже поздно? Пока я в состоянии держать предметы в поле моего зрения, ничего не случится, вот я и пожирал глазами мостовую, дома, газовые рожки; взгляд мой перескакивал с одного предмета на другой, чтобы захватить их врасплох, остановить в разгар их превращения. Вид у них был какой-то неестественный, но я настойчиво убеждал себя: «Это газовый рожок, это водоразборная колонка» — и пытался властью своего взгляда вернуть им их повседневный вид. Часто на моем пути попадались бары: «Бретонское кафе», «Морской бар». Я останавливался, в нерешительности медлил перед их розовыми тюлевыми занавесками: может, эти плотно занавешенные пивнушки метаморфоза обошла стороной, может, в них еще осталась частица вчерашнего мира, огражденная и забытая. Но чтобы убедиться в этом, надо открыть дверь, войти. Я не решался; я продолжал свой путь. В особенности меня пугали двери домов. Я боялся, что они откроются сами собой. В конце концов я зашагал посреди улицы.

Внезапно я оказался на набережной Северных Доков. Рыбачьи лодки, маленькие яхты. Я поставил ногу на бухту веревок в каменном гнезде. Здесь, вдали от домов, вдали от дверей, я воспользуюсь минутной передышкой. На спокойной, испещренной черными горошинами воде плавала пробка.

«А ПОД водой? Ты подумал о том, что может находиться ПОД водой?» Скажем, какое-то животное. Огромный панцирь, наполовину увязший в грязи. Двенадцать пар ног медленно копошатся в тине. Время от времени животное слегка приподнимается. В водной глубине. Я подошел, высматривая признаки ряби, слабого волнения. Но пробка неподвижно застыла среди черных горошин.

В эту минуту я услышал голоса. Весьма своевременно. Я повернулся кругом и снова пустился бежать.

На улице Кастильоне я нагнал двух мужчин, которые шли, разговаривая между собой. При звуке моих шагов оба разом вздрогнули и обернулись. Я увидел их встревоженные глаза, которые сначала устремились на меня, потом на то, что находилось за моей спиной, — они пытались понять, не явится ли что-нибудь за мной следом. Стало быть, они как я, им тоже страшно? Когда я обогнал их, мы обменялись взглядами. Еще немного — и мы бы заговорили. Но вдруг в наших глазах вспыхнуло недоверие — в такой день, как нынешний, с первым встречным разговор не заведешь.

Я опомнился на улице Булибе — я еле переводил дух. Ладно, жребий брошен, вернусь в библиотеку, возьму какой-нибудь роман, попытаюсь читать. Проходя мимо решетки парка, я увидел типа в пелерине — он по-прежнему сидел на скамье в безлюдном парке; нос его стал таким же красным, как уши.

Я уже собирался открыть калитку, но, увидев выражение его лица, прирос к месту; он щурил глаза и растягивал губы в идиотской, слащавой ухмылке. И в то же время он таким напряженным, жестким взглядом всматривался прямо перед собой во что-то, чего я не мог видеть, что я резко обернулся.

Перед ним, стоя на одной ноге с приоткрытым ртом, девочка лет двенадцати как зачарованная смотрела на него и, вытянув вперед острое личико, нервно теребила головной платок.

Человек ухмылялся про себя, будто готовился сыграть ловкую шутку. Вдруг он встал, держа руки в карманах пелерины, которая доходила ему до пят. Он сделал два шага вперед, глаза его блуждали. Я подумал — сейчас он упадет. Но он продолжал улыбаться с отрешенным видом.

И вдруг я понял: пелерина! Надо этому помешать. Мне довольно было кашлянуть и открыть калитку. Но я, в свою очередь, был зачарован выражением девочкиного лица. Оно вытянулось от страха, сердце ее, наверно, бешено колотилось, но в то же время я читал на этом крысином личике что-то властное и гадкое. Это было не любопытство, скорее уж своего рода уверенное ожидание. Я почувствовал, что бессилен — я находился снаружи, за пределами сада, за пределами разыгрывавшейся между ними маленькой драмы; а их приковывала друг к другу темная власть их желаний, они составляли пару. Я затаил дыхание, мне хотелось увидеть, что изобразится на этом старообразном личике, когда тип за моей спиной распахнет полы своей пелерины.

Но вдруг, очнувшись, девочка тряхнула головой и кинулась бежать. Тип в пелерине заметил меня — это его и остановило. Секунду он неподвижно стоял посреди аллеи, потом, ссутулившись, побрел прочь. Пелерина била его по икрам.

Я распахнул калитку и одним прыжком настиг его.

— Эй, послушайте! — крикнул я.

Он затрясся.

— Над городом нависла страшная угроза, — учтиво заметил я, проходя мимо.

Я вошел в читальный зал и с одного из столов взял «Пармскую обитель». Я попытался углубиться в чтение, найти убежище в светлой Италии Стендаля. Мне это удавалось урывками, в коротких проблесках воображения, а потом я снова ввергался в грозную атмосферу этого дня, и напротив меня какой-то маленький старичок прочищал горло, и какой-то парень мечтал, откинувшись на своем стуле.

Часы шли, стекла потемнели. Нас было четверо, не считая корсиканца, который за своей конторкой ставил печати на новых книгах, поступивших в библиотеку. Был этот маленький старичок, светловолосый парень, молодая женщина, которая готовит диссертацию, и я. Время от времени один из нас поднимал голову и быстрым подозрительным взглядом окидывал трех остальных, словно их боялся. В какую-то минуту старичок залился смехом — молодая женщина задрожала как лист. Но я еще раньше разобрал вверх ногами название книги, которую читал старик, — это был юмористический роман.

Без десяти семь. Я вдруг подумал, что в семь библиотека закрывается. Меня снова вытолкнут в город. Куда мне идти? Что делать?

Старик дочитал роман. Но не уходил. Он отрывисто и ритмично постукивал пальцем по столу.

— Господа, — объявил корсиканец. — Скоро закрываем.

Парень вздрогнул и быстро покосился на меня. Молодая женщина обернулась к корсиканцу, потом снова взялась за книгу и, казалось, углубилась в чтение.

— Закрываем, — объявил корсиканец через пять минут.

Старик неопределенно покачал головой. Молодая женщина отодвинула книгу, но не встала.

Корсиканец ничего не мог понять. Он неуверенно сделал несколько шагов, потом повернул выключатель. Настольные лампы погасли. Продолжала гореть только верхняя лампочка.

— Надо уходить? — тихо спросил старик.

Парень медленно, нехотя поднялся. Каждый стремился надеть пальто последним. Когда я вышел, женщина еще сидела, положив ладонь на свою книгу.

Внизу за входной дверью зияла тьма. Парень, шедший первым, оглянулся, медленно сошел по ступенькам, миновав вестибюль; с минуту постоял на пороге, потом ринулся во тьму и исчез.

С нижней ступеньки лестницы я посмотрел наверх. Немного погодя из читального зала вышел старичок, на ходу застегивая пальто. Когда он спустился с первых трех ступенек, я собрался с силами, зажмурил глаза и нырнул.

Я почувствовал на лице легкую, освежающую ласку. Вдали кто-то насвистывал. Я открыл глаза: шел дождь. Тихий, теплый дождь. Площадь была мирно освещена черными фонарями. Площадь провинциального города под дождем. Парень удалялся широкими шагами — насвистывал он; мне хотелось крикнуть двум другим, которые еще ничего не знали, что они могут выйти, что угроза миновала.

На пороге показался маленький старичок. Он озадаченно почесал себе щеку, потом широко улыбнулся и раскрыл зонтик.

Суббота утром

Ласковое солнышко и легкая дымка обещают погожий день. Позавтракал я в кафе «Мабли».

Кассирша, мадам Флоран, приветливо мне улыбнулась. Я крикнул ей из-за своего столика:

— А что, мсье Фаскель заболел?

— Да, мсье, тяжелый грипп — ему еще несколько дней придется побыть в постели. Сегодня утром из Дюнкерка приехала его дочь. Она останется здесь, чтобы ухаживать за ним.

В первый раз с тех пор, как я получил письмо от Анни, я по-настоящему рад, что ее увижу. Чем она занималась все эти шесть лет? Будем ли мы смущены при встрече? Анни вообще не знает, что значит смутиться. Она встретит меня так, словно мы расстались вчера. Только бы мне не разыграть дурака, не настроить ее против себя с самого начала. Не забыть бы, когда войду, что не надо подавать ей руки — она терпеть этого не может.

Сколько дней мы пробудем вместе? Может, я привезу ее в Бувиль. Пусть она пробудет здесь хоть несколько часов, хоть одну ночь переночует в отеле «Прентания». После этого все пойдет по-другому, мне уже не будет страшно.

Полдень

В прошлом году, когда я впервые побывал в музее Бувиля, меня поразил портрет Оливье Блевиня. Что в нем нарушено — пропорция? Перспектива? Объяснить этого я не мог, но что-то меня смущало; депутат не вписывался в полотно.

С тех пор я много раз приходил поглядеть на портрет. Но смущение не рассеивалось. Не мог же я допустить, что Бордюрен — лауреат Римской премии, шесть раз удостоенный медали, ошибся в рисунке.

И вот нынче, после полудня, проглядывая старые комплекты «Бувильского сатирика» — газетки, не брезговавшей шантажом, владелец которой в годы войны был обвинен в государственной измене, я вдруг начал понимать, в чем дело. Я тут же из библиотеки отправился в музей.

Я быстро миновал сумрачный вестибюль, бесшумно ступая по черно-белым плиткам пола. Вокруг меня заламывала руки толпа гипсовых слепков. Через два широких проема я мельком увидел потрескавшиеся вазы, тарелки, синего с желтым сатира на подставке. Это был зал Бернара Палисси, отданный керамике и прикладному искусству. Господин и дама в трауре почтительно рассматривали эти обожженные в печи предметы.

Над входом в большой зал (или зал Бордюрена — Ренода́), как видно, совсем недавно повесили большое полотно, которого я еще не видел. Оно было подписано Ришаром Севераном и называлось «Смерть холостяка». Картина была получена в дар от государства.

Голый до пояса, с зеленоватым, как это и положено мертвецу, торсом, холостяк лежал на смятой постели. Скомканные простыни и одеяла свидетельствовали о долгой агонии. Я улыбнулся, подумав о мсье Фаскеле. Он не один — за ним ухаживает дочь. На полотне служанка, прислуга-любовница, с чертами, отмеченными пороком, уже открывала ящик комода, пересчитывая в нем деньги. В открытую дверь видно было, что в полумраке поджидает мужчина в фуражке, с приклеенной к нижней губе сигаретой. У стены равнодушно лакала молоко кошка.

Этот человек жил только для себя. Его постигла суровая и заслуженная кара — никто не пришел закрыть ему глаза на его смертном одре. Эта картина была мне последним предупреждением — еще не поздно, я еще могу вернуться. Но если, не внемля предостережению, я продолжу свой путь, да будет мне известно: в салоне, куда я сейчас войду, на стенах висит полтораста с лишним портретов; если не считать нескольких молодых людей, безвременно отнятых у семьи, и монахини, начальницы сиротского приюта, ни один из тех, кто изображен на этих портретах, не умер холостяком, ни один не умер бездетным, не оставив завещания, не приняв последнего причастия. В этот день, как и в прочие дни, соблюдая все приличия по отношению к Богу и к ближним, эти люди тихонько отбыли в страну смерти, чтобы потребовать там свою долю вечного блаженства, на которое имели право.

Потому что они имели право на все: на жизнь, на работу, на богатство, на власть, на уважение и в конечном итоге — на бессмертие.

Я внутренне подобрался и вошел. У окна дремал смотритель. Блеклый свет, сочившийся из окон, пятнами ложился на картины. В этом прямоугольном зале не было ничего живого, кроме кошки, которая, завидев меня, испугалась и убежала. Но я почувствовал, что на меня смотрят сто пятьдесят пар глаз.

Мужчины и женщины, составлявшие бувильскую элиту между 1875 и 1910 годами, все до одного были представлены здесь, тщательно выписанные Ренода или Бордюреном.

Мужчины построили храм Святой Цецилии Морской. Основали в 1882 году Союз судовладельцев и коммерсантов Бувиля, «дабы слить в единую мощную силу все проявления доброй воли, содействовать делу национального обновления и противостоять партиям беспорядка...» Это их стараниями Бувиль превратился в торговый порт, лучше всех других французских портов оснащенный для выгрузки угля и леса. Это благодаря им были удлинены и расширены набережные. Это они способствовали желанному размаху строительства морского порта и, настойчиво углубляя дно, довели глубину якорной стоянки при отливе до 10,7 метра. Благодаря их усилиям общее водоизмещение рыболовных судов, в 1869-м составлявшее пять тысяч тонн, за двадцать лет достигло восемнадцати тысяч тонн. Не отступая ни перед какими жертвами, чтобы содействовать выдвижению лучших представителей рабочего класса, они по собственной инициативе создали различные центры технического и профессионального обучения, процветшие под их высоким покровительством. Они сломили в 1898 году пресловутую забастовку докеров, а в 1914 году отдали родине своих сыновей.

Женщины, достойные подруги этих борцов, основали большую часть патронажей, детских яслей, благотворительных кружков. Но прежде всего они были супругами и матерями. Они воспитали прекрасных детей, научили их понимать, в чем состоят их долг и их права, понимать, что такое вера и уважение к традициям, которые создали Францию.

Все портреты были написаны в темно-коричневых тонах. Живые краски были изгнаны из соображений приличия. Однако в портретах Ренода, который предпочитал писать стариков, на черном фоне резко выделялись снежно-белые волосы и бакенбарды; лучше всего у художника получались руки. Бордюрену, менее изощренному в технике, руки удавались меньше, зато пристежные воротнички на его полотнах сверкали как беломраморные.

Было жарко; негромко похрапывал смотритель. Я обвел взглядом стены — я увидел руки и глаза; кое-где лица таяли в пятнах света. Я направился было к портрету Оливье Блевиня, но что-то меня удержало: с почетного места в центре стены на меня устремил ясный взгляд коммерсант Паком.

Он стоял, слегка откинув голову, держа в одной руке цилиндр и перчатки, которые прижимал к жемчужно-серым панталонам. Я не мог удержаться от известной доли восхищения — в нем не было ничего посредственного, ничего, что можно было бы подвергнуть критике: маленькие ступни, руки с тонкими пальцами, широкие плечи борца, сдержанная элегантность не без намека на фантазию. Он учтиво являл посетителям свое ясное, без единой морщинки лицо, на его губах витала даже тень улыбки. Но серые глаза не улыбались. Ему было лет пятьдесят, но он был молод и свеж, как тридцатилетний. Он был просто красив.

Я отказался от мысли обнаружить в нем какой-нибудь изъян. Но он меня не отпускал. Я прочел в его глазах спокойный и неумолимый приговор.

И тут я понял, что нас разделяет; мое мнение о нем его нисколько не затрагивало — для него это была жалкая психология, вроде той, что разводят в романах. Но его суждение пронзало меня насквозь как меч, оно ставило под сомнение само мое существование. И он был прав, я всегда это сознавал: я не имел права на существование. Я появился на свет случайно, я существовал как камень, как растение, как микроб. Моя жизнь развивалась стихийно, в самых разных направлениях. Иногда она посылала мне невнятные сигналы, в других случаях я слышал только смутный, ничего не значащий шум.

А для этого безупречного красавца, ныне покойного Жана Пакома, сына Пакома из Комитета Национальной обороны, все было по-другому: биение его сердца и глухие шумы всех его прочих органов являлись ему в форме сиюминутных, отчетливых прав. В течение шестидесяти лет он неуклонно осуществлял свое право на жизнь. Великолепные серые глаза! Ни разу ни малейшее сомнение не замутило их. И ни разу Паком не ошибся.

Он всегда выполнял свой долг, каждый свой долг — сыновний долг, долг супруга, отца, начальника. И неуклонно требовал своих прав: ребенком — права на хорошее воспитание в дружной семье, права наследника незапятнанного имени и процветающего дела; супругом — права на заботу и нежное внимание, отцом — права на почтение, начальником — права на безропотное повиновение. Ибо право всегда оборотная сторона долга. Пакома наверняка никогда не удивляло, что он так необыкновенно преуспел (сегодня Пакомы — самое богатое семейство Бувиля). Он никогда не говорил себе: «Я счастлив» — и удовольствиям предавался, конечно, соблюдая умеренность, объясняя: «Я расслабляюсь». Таким образом удовольствие, возведенное в ранг права, теряло свою вызывающую суетность. Слева, чуть повыше его голубоватой седины, я заметил книги на этажерке. Переплеты были великолепны — без сомнения, классики. На сон грядущий Паком наверняка прочитывал несколько страниц своего «старины Монтеня» или оду Горация на латыни. Иногда, чтобы быть в курсе, он, вероятно, брал почитать какой-нибудь современный опус. Так он познакомился с Барресом и Бурже. Через несколько минут он откладывал книгу. И улыбался. Его взгляд, утратив свою завидную зоркость, подергивался даже некоторой мечтательностью. И он говорил: «Насколько проще и труднее исполнять свой долг».

Другой попытки разобраться в себе он не делал — это был начальник.

На стенах висели и другие начальники, и только они. Вот этот серо-зеленый громадный старик в кресле — начальник. Его белый жилет на портрете удачно перекликается с серебряными волосами. (В этих портретах, которые писались прежде всего в назидательно-нравственных целях и где сходство с оригиналом соблюдалось со скрупулезной точностью, отдавалась дань и искусству.) Длинная узкая рука старика покоилась на голове мальчика. На коленях, укутанных пледом, лежала книга. Но взгляд блуждал вдалеке. Старик видел то, что невидимо молодым. Его имя было указано на ромбовидной табличке внизу портрета — наверняка его звали Пако́м, Парротен или Шеньо. Мне не пришло в голову подойти посмотреть: для своих близких, для этого мальчика, для самого себя он был просто Дед; если бы сейчас он счел, что настала минута объяснить внуку, сколь многогранен его будущий долг, он заговорил бы о себе в третьем лице:

«Обещай деду быть умницей, дружок, и хорошо учиться в будущем году. Как знать, может, на будущий год деда уже здесь не будет».

На склоне лет он на всех распространял свою снисходительную доброту. Даже по отношению ко мне, если бы он мог меня видеть — но он смотрел сквозь меня, — он проявил бы терпимость: он подумал бы, что и у меня когда-то были дед и бабка. Он ничего не требовал, в этом возрасте уже нет желаний. Никаких желаний — только чтобы при его появлении слегка понижали голоса, только чтобы, когда он проходит, в улыбках появлялся налет нежности и почтения, только чтобы его невестка иногда говорила: «Отец неподражаем, он моложе всех нас»; только чтобы он один способен был укрощать капризы внука, положив руки ему на голову, а потом замечать: «Дед знает, как утолить это безутешное горе»; только чтобы сын несколько раз в году являлся к нему просить совета по некоторым щекотливым вопросам, — словом, только чтобы он чувствовал себя умиротворенным, безмятежным, бесконечно мудрым. Рука старца едва касалась кудрей внука — это было почти благословение. О чем он думал? О своем безукоризненном прошлом, которое давало ему право судить обо всем и во всем оставлять за собой последнее слово? Я был на днях недалек от истины: Опыт — это не просто последнее прибежище, заслон от смерти. Это также и право — право стариков.

Висящий на почетном месте генерал Обри со своей громадной саблей был начальником. Еще один начальник — президент Эбер, тонкий эрудит, друг Эмпетраза. У него было вытянутое симметричное лицо с бесконечным подбородком, под самой губой подчеркнутым эспаньолкой. Он слегка выдвинул вперед челюсть, будто тешась тем, что позволяет себе не вполне соглашаться с другими, смакуя свои принципиальные возражения, словно легкую отрыжку. Он задумался, держа в руке гусиное перо: он тоже расслаблялся, черт возьми, расслаблялся, кропая стишки. Но взгляд его был орлиным взглядом начальника.

Ну, а кто же тогда рядовые? Я находился в середине зала, все эти величавые взгляды были нацелены на меня. Я не был ни дедом, ни отцом, ни даже супругом. Я нс голосовал, я платил какой-то жалкий налог — я не мог похвалиться ни правами налогоплательщика, ни правами избирателя, ни даже скромным правом респектабельности, которое двадцать лет покорности обеспечивают чиновнику. Мое существование начало меня всерьез смущать. Уж не видимость ли я, и только?

«Ха! — внезапно подумал я. — Да ведь рядовой — это я». При этой мысли я рассмеялся, совершенно беззлобно.

Упитанный пятидесятилетний господин вежливо ответил мне очаровательной улыбкой. Его Ренода написал с любовью; какими воздушными мазками вылепил он маленькие уши, мясистые, но аккуратные, и в особенности руки. Узкие, с гибкими пальцами: воистину руки ученого или артиста. Лицо было мне не знакомо. Должно быть, я много раз проходил мимо этого полотна, не обращая на него внимания. Теперь я подошел и прочитал: «Реми Парротен, профессор Медицинской школы в Париже, родившийся в Бувиле в 1849 году».

Парротен — доктор Уэйкфилд рассказывал мне о нем. «Один раз в жизни мне довелось встретить великого человека. Это был Реми Парротен. Я слушал его лекции зимой 1904 года (вы знаете, что я два года изучал акушерство в Париже). Парротен научил меня понимать, что такое руководитель, «начальник». Он обладал какими-то флюидами, ей-богу. Он нас зажигал, за ним мы пошли бы на край света. И при этом он был джентльмен — он владел огромным состоянием и значительную его часть тратил на помощь нуждающимся студентам».

Так что когда я в первый раз услышал об этом столпе науки, я испытал к нему даже некоторый прилив чувств. И вот я стоял перед ним, и он мне улыбался. Какая умная и приветливая у него улыбка! Его пухлое тело уютно нежилось в углублении большого кожаного кресла. В присутствии этого ученого мужа, лишенного даже тени чванства, каждый сразу чувствовал себя легко. Пожалуй, доктора можно было бы даже принять за простака, если бы не одухотворенный взгляд.

Не надо было долго ломать себе голову, чтобы угадать, в чем секрет его обаяния, — доктор понимал все, ему все можно было сказать. Он чем-то походил на Ренана, разве что отличался большей изысканностью. Он был из тех, кто говорит: «Социалисты? Ну и что? Я иду гораздо дальше, чем они».

Если ты следовал за ним по этой опасной стезе, ты вскоре трепеща должен был отринуть все — семью, родину, право собственности, самые священные ценности. На какую-то долю секунды приходилось даже подвергнуть сомнению право буржуазной элиты стоять у власти. Еще шаг — и вдруг все становилось на свои места, как ни странно, подкрепленное убедительными, на старый лад, доводами. Ты оборачивался и видел, что социалисты остались далеко позади, совсем крохотные, они машут платками и кричат: «Подождите нас».

Впрочем, я знал от Уэйкфилда, что Мэтр любил, как он сам говорил с улыбкой, «принимать духовные роды». Сохраняя молодость, он окружал себя молодежью. Он часто приглашал к себе в гости юношей из хороших семей, посвятивших себя медицине. Уэйкфилд не раз у него обедал. Встав из-за стола, переходили в курительную. Патрон обращался со студентами, едва только начавшими курить, как с взрослыми мужчинами — он угощал их сигарами. Развалившись на диване и полузакрыв глаза, он долго вещал, а толпа учеников жадно ловила каждое его слово. Доктор предавался воспоминаниям, рассказывал разные истории, извлекая из них пикантную и глубокую мораль. И если среди благовоспитанных юнцов попадался упрямец, Парротен проявлял к нему особенный интерес. Он вызывал его на разговор, внимательно слушал, подбрасывал ему мысли, темы для раздумий. И кончалось непременно тем, что в один прекрасный день молодой человек, полный благородных идей, измученный враждебностью близких, устав размышлять наедине с собой и вопреки всем, просил Патрона принять его с глазу на глаз и, запинаясь от смущения, изливал ему свои самые заветные мысли, свое негодование, свои надежды. Парротен прижимал его к сердцу. «Я понимаю вас, я понял вас с первого дня», — говорил доктор. Они беседовали, Парротен заходил дальше, еще дальше, так далеко, что молодому человеку трудно было поспевать за ним. После нескольких бесед такого рода все замечали, что молодой бунтарь явно выздоравливает. Он начинал лучше понимать самого себя, видел, какие прочные нити связывают его с семьей, со средой, понимал, наконец, замечательную роль элиты. И в конце концов, словно каким-то чудом, заблудшая овца, следовавшая за Парротеном, возвращалась на путь истинный, осознавшая, раскаявшаяся. «Он исцелил больше душ, нежели я тел», — заключал Уэйкфилд.

Реми Парротен приветливо улыбался мне. Он был в нерешительности, он пытался понять мои взгляды, чтобы мягко переменить их и вернуть заблудшую овечку в овчарню. Но я его не боялся — я не был овечкой. Я смотрел на его невозмутимый, без единой морщинки лоб, на его животик, на его руку, лежащую на колене. Я улыбнулся ему в ответ и проследовал дальше.

Его брат Жан Парротен — президент АСБ — обеими руками опирался на край заваленного бумагами стола: всем своим видом он показывал посетителю, что аудиенция окончена. У него был удивительный взгляд — взгляд как бы абстрактный, выражающий идею права в ее чистом виде. Лицо Парротена исчезало в блеске этих сверкающих глаз. Но под их пламенем я обнаружил узкие, сжатые губы мистика. «Странно, — подумал я, — он похож на Реми Парротена». Я обернулся к доктору, в свете этого сходства становилось вдруг заметно, как на мягком лице Реми проступает вдруг что-то бесплодное, опустошенное — семейное сходство. Я снова вернулся к Жану Парротену.

Этот человек был прост как идея. В нем не осталось ничего, кроме костей, мертвой плоти и Права в Чистом Виде. Истинный пример одержимости, подумал я. Когда человек одержим Правом, никакие заклинания не способны изгнать беса. Жан Парротен всю жизнь мыслил своим Правом — и ничем другим. Вместо легкой головной боли, которая начинается у меня всякий раз при посещении музея, он почувствовал бы на своих висках болезненное право подвергнуться лечению. Не следовало давать ему повод для излишних размышлений, привлекать его внимание к горестным обстоятельствам действительности, к тому, что он когда-нибудь умрет, к страданиям других людей. Наверняка на смертном одре, в тот час, когда со времен Сократа принято произносить какие-нибудь возвышенные слова, он сказал жене то же, что один из моих дядьев сказал своей, которая двенадцать ночей подряд не отходила от его постели:

«Тебя, Тереза, я не благодарю, ты просто исполнила свой долг». Перед человеком, который дошел до таких высот, нельзя не снять шляпу.

Глаза Парротена, на которые я изумленно взирал, указывали мне на дверь. Но я не уходил, я сознательно решил проявить бестактность. Когда-то мне пришлось в Эскуриале подолгу рассматривать один из портретов Филиппа II, и я знал, что, если вглядеться в лицо, которое пылает сознанием права, через некоторое время пламя выгорает и остается пепел — вот этот-то пепел меня и интересовал.

Парротен сопротивлялся долго. Но вдруг глаза его погасли, картина потускнела. И что осталось? Два слепых глаза, узкий, как сдохшая змея, рот и щеки. Бледные круглые детские щеки — они выставили себя на полотне во всей своей красе. Служащие АСБ и не подозревали об их существовании: им никогда не приходилось подолгу задерживаться в кабинете Парротена. Входя, они как на стену наталкивались на этот грозный взгляд. Он-то и прикрывал щеки — белые и дряблые. Сколько лет понадобилось жене Парротена, чтобы их разглядеть? Два года? Пять лет? Представляю себе, как однажды, когда муж спал с ней рядом и луч луны играл на его носу или когда он с натугой переваривал пищу в жаркий полдень, откинувшись в кресле и прикрыв глаза, а солнечное пятно легло на его подбородок, она отважилась взглянуть ему в лицо, и вся эта плоть предстала перед ней без защиты: отечная, слюнявая, чем-то непристойная. Без сомнения, с этого самого дня мадам Парротен взяла бразды правления в свои руки.

Отступив на несколько шагов, я охватил общим взглядом всех этих великих мужей — Пакома, президента Эбера, двух Парротенов, генерала Обри. Они носили цилиндры, по воскресеньям на улице Турнебрид встречали жену мэра мадам Грасьен, которой во сне явилась святая Цецилия. Они приветствовали ее церемонными поклонами, секрет которых ныне утерян.

Их изобразили необыкновенно точно, и, однако, под кистью художника их лица утратили таинственную слабость человеческих лиц. Эти физиономии, даже самые безвольные, были отшлифованы, как изделия из фаянса: тщетно искал я в них следы родства с деревьями, с животными, с миром земли или воды. Я понимал, что при жизни им не обязательно было иметь такие лица. Но, готовясь перейти в бессмертие, они вверили себя именитым художникам, чтобы те деликатно подвергли их лица тому же углублению, бурению, ирригации, посредством которых сами они изменили море и поля вокруг Бувиля. Так с помощью Ренода и Бордюрена они подчинили Природу — вовне и в самих себе. На этих темных полотнах передо мной представал человек, переосмысленный человеком, и в качестве единственного его украшения — лучшее завоевание человечества: букет Прав Человека и Гражданина. Без всякой задней мысли я восхищался царством человеческим.

Вошли господин с дамой. Они были в трауре и старались казаться незаметными. Потрясенные, они застыли на пороге зала, господин машинально обнажил голову.

— Вот это да! — взволнованно произнесла дама.

Господин первым обрел хладнокровие.

— Целая эпоха, — почтительно произнес он.

— Да, — сказала дама, — эпоха моей бабушки.

Они сделали несколько шагов и встретились взглядом с Жаном Парротеном. Дама разинула рот, но муж ее не был гордецом: вид у него стал приниженный, на него, наверно, не раз устремляли устрашающие взгляды и выпроваживали за дверь. Он тихонько потянул жену за рукав.

— Посмотри вот на этого, — сказал он.

Улыбка Реми Парротена всегда ободряла униженных. Женщина подошла и старательно прочитала:

«Портрет Реми Парротена, профессора Медицинской школы в Париже, родившегося в Бувиле в 1849 году, кисти Ренода».

— Парротен, член Академии наук, — сказал ее муж, — написан членом Французской академии Ренода. Это сама История!

Дама кивнула головой, потом поглядела на Великого Наставника.

— Как он хорош! — сказала она. — Какое у него умное лицо.

Муж широким жестом обвел зал.

— Это все они и создали Бувиль, — просто сказал он.

— Хорошо, что их всех соединили здесь, — сказала растроганная дама.

Мы были трое рядовых, маневрировавших, как на плацу, в этом громадном зале. Муж, который из почтительности беззвучно посмеивался, кинул на меня беспокойный взгляд и внезапно перестал смеяться. Я отвернулся и подошел к портрету Оливье Блевиня. Тихая радость завладела мной — точно, я не ошибся. Вот умора!

Женщина подошла ближе ко мне.

— Гастон, — позвала она, внезапно расхрабрившись. — Иди же сюда.

Муж подошел.

— Послушай, — сказала она, — ведь это его именем названа улица — улица Оливье Блевиня. Помнишь, маленькая такая улочка, она идет вверх по Зеленому Холму возле самого Жукстебувиля. — И, помолчав, добавила: — Видно, он был человек с характером.

— Да уж, надо думать, не давал спуску смутьянам.

Фраза была обращена ко мне. Господин покосился на меня краешком глаза и засмеялся на сей раз громче, с самодовольным и требовательным видом, точно сам он и был Оливье Блевинь.

Оливье Блевинь не смеялся. Он нацелил в нас свою перекошенную челюсть, кадык его выдавался вперед.

Настала минута молчания и экстаза.

— Кажется, вот-вот шевельнется, — сказала дама.

— Это был крупный торговец хлопком, — с готовностью пояснил муж. — А потом он занялся политикой, стал депутатом.

Я это знал. Два года назад я навел о нем справки в «Кратком словаре великих людей Бувиля» аббата Морелле. И переписал посвященную ему статью.

«Блевинь, Оливье-Марсиаль, сын предыдущего, родился и умер в Бувиле (1849 — 1908), закончил юридический факультет в Париже, в 1872 году получил звание лиценциата. Глубоко потрясенный восстанием коммунаров, которое принудило его, как и многих других, укрыться в Версале под защитой Национального Собрания, он еще в том возрасте, когда молодые люди помышляют об одних удовольствиях, дал себе клятву «посвятить жизнь восстановлению Порядка». Он сдержал слово — возвратившись в наш город, он основал известный «Клуб Друзей Порядка», где в течение долгих лет каждый вечер собирались крупнейшие коммерсанты и судовладельцы Бувиля. Этот аристрократический кружок, о котором в шутку говорили, что попасть в него труднее, чем в «Жокей-Клуб», вплоть до 1908 года оказывал благотворное влияние на судьбы нашего крупного торгового порта. В 1880 году Оливье Блевинь женился на Марии-Луизе Паком — младшей дочери коммерсанта Шарля Пакома (см. соответствующую статью) и после смерти последнего основал торговую фирму «Паком — Блевинь и сын». Вскоре он занялся активной политической деятельностью и выставил свою кандидатуру на депутатских выборах.

«Страна наша, — говорил он в своей знаменитой речи, — тяжело больна: правящий класс не хочет больше держать в своих руках бразды правления. Но кто же будет их держать, господа, если те, кто в силу наследственности, воспитания, опыта более всех пригодны осуществлять власть, отказываются от нее из смирения или усталости? Я часто говорил: повелевать — это не право избранных, это их первоочередной долг. Господа, заклинаю вас, восстановим принцип власти!»

Избранный депутатом в первый раз 4 октября 1885 года, он с той поры постоянно переизбирался. Наделенный красноречием, он в свойственной ему энергичной и резкой манере произнес множество блестящих речей. Когда разразилась страшная забастовка 1898 года, Блевинь находился в Париже. Он немедленно вернулся в Бувиль, где стал вдохновителем сопротивления. Он взял на себя переговоры с забастовщиками. Переговоры эти, задуманные на основе широкого соглашения, были прерваны из-за стычки в Жукстебувиле. Как известно, тактичное вмешательство армии успокоило разгоряченные умы.

Безвременная смерть его сына Октава, который в юном возрасте поступил в Политехнический институт и из которого отец хотел сформировать начальника, нанесла Оливье Блевиню жестокий удар. Так и не оправившись от него, он умер два года спустя, в феврале 1908 года.

Сборники речей: «Нравственные силы» (1894 г., распродан); «Право карать» (1900 г., все речи, вошедшие в этот сборник, были произнесены в связи с делом Дрейфуса; распродан), «Воля» (1902 г., распродан). После смерти Блевиня последние его речи и некоторые письма, адресованные близким, были включены в сборник под названием «Labor improbus»* (издательство «Плон», 1910 г.). Иконография: существует великолепный портрет Блевиня кисти Бордюрена в музее Бувиля».

Великолепный портрет — что ж, согласен. У Оливье Блевиня были маленькие черные усики, и его желтоватое лицо слегка напоминало лицо Мориса Барреса. Они, несомненно, знали друг друга — сидели на одних и тех же скамьях. Но бувильский депутат был лишен небрежной раскованности президента Лиги патриотов. Он был прямолинеен, как дубина, и явно выламывался из холста. Глаза его сверкали — зрачок был черный, роговица красноватая. Он поджал свои маленькие мясистые губы и приложил правую руку к груди.

Как долго мне не давал покоя этот портрет! Блевинь казался мне то слишком крупным, то слишком маленьким. Но сегодня я уже понимал, в чем дело.

Правду я узнал, листая «Бувильского сатирика». Номер от 6 ноября 1905 года был целиком посвящен Блевиню. Блевинь был изображен на обложке журнала — крохотная фигурка, уцепившаяся за шевелюру отца Комба. Надпись гласила: «Вошь в гриве льва». Первая же страница все объясняла — в Оливье Блевине было всего метр пять-

* «Упорный труд» *(лат.)*.

десят три. Над его ростом издевались, а заслышав его квакающий голос, вся Палата не раз покатывалась от хохота. Уверяли, что он носит ботинки с резиновыми каблуками. Зато мадам Блевинь, урожденная Паком, была здоровенной кобылой. «Вот уж когда воистину уместно сказать: дал половину, взял вдвойне», — писал хроникер.

Метр пятьдесят три! Все ясно, Бордюрен старательно окружил Блевиня предметами, которые не могли умалить его рост: пуф, низкое кресло, этажерка с томиками в двенадцатую долю листа, маленькая персидская ширма. Но сам Блевинь был на полотне такого же роста, как висевший с ним рядом Жан Парротен, а оба холста — одинакового размера. В результате ширма на одном из них оказалась почти такой же высокой, как громадный стол на другой, а пуф доставал бы Парротену до плеча. Глаз невольно сопоставлял оба портрета — это-то меня и смущало.

А теперь меня разбирал смех: метр пятьдесят три! Если бы я хотел поговорить с Блевинем, мне пришлось бы наклониться или согнуть колени. Теперь меня уже не удивляло, почему он так неукротимо задирал нос, — судьба людей такого роста всегда решается в нескольких сантиметрах над их головой.

Удивительная сила искусства! От этого коротышки с писклявым голосом потомству не останется ничего, кроме грозного лица, величественного жеста и кровавых бычьих глаз. Студент, напуганный Коммуной, ничтожный и злобный депутат — все это унесла с собой смерть. Но президента «Клуба Друзей Порядка», глашатая Нравственных сил, обессмертила кисть Бордюрена.

— Ах, бедный студентик!

Этот сдавленный крик вырвался у дамы в трауре. Под портретом Октава Блевиня, «сына предыдущего», чья-то благочестивая рука начертала такие слова:

«Скончался студентом Политехнического института в 1904 году».

— Скончался! Как сын Аронделя. У него такое умное лицо. Как, должно быть, горевала его мама! Слишком уж большая нагрузка в этих знаменитых учебных заведениях. Мозг не отдыхает даже во время сна. Вообще-то мне нравятся треуголки политехников, в них есть шик. Кажется, их называют «плюмажи»?

— Нет, плюмажи — это только в Сен-Сире.

Я тоже стал рассматривать студента политехникума, который умер молодым. Достаточно было взглянуть на его восковое лицо и благонравные усы, чтоб предсказать ему скорую смерть. Впрочем, он предвидел свою участь: в его устремленных вдаль светлых глазах читалась какая-то покорность судьбе. Однако он высоко держал голову: в своей студенческой форме он представлял французскую армию.

Tu Marcellus eris! Manibus date lilia plenis...*

---

* «Будешь Марцеллом и ты! Дайте (роз пурпурных и) лилий...» — строка из «Энеиды» Вергилия. Перевод С. Ошерова.

Сорванная роза, умерший студент-политехник — что может быть печальнее?

Я неторопливо шел по длинной галерее, на ходу приветствуя почтенные лица, выступавшие из темноты: мсье Боссуар, председатель коммерческого суда; мсье Фаби, председатель административного совета самоуправления порта Бувиль; коммерсант мсье Буланж со своим семейством; мэр Бувиля, мсье Раннекен; уроженец Бувиля мсье де Люсьен — французский посол в Соединенных Штатах и поэт; неизвестный в форме префекта; преподобная Мария-Луиза, начальница Большого Сиротского Приюта; мсье и мадам Терезон, мсье Тибу-Гурон — генеральный президент экспертного совета; мсье Бобо — главный управляющий военно-морского ведомства; мсье Брион, Минетт, Грело, Лефебр, доктор Пен и его супруга, сам Бордюрен, написанный его сыном Пьером Бордюреном. Ясные, невозмутимые взгляды, тонкие черты, узкие рты: громадный и терпеливый мсье Буланж, преподобная Мария-Луиза — воплощение предприимчивого благочестия. Мсье Тибу-Гурон был суров к себе и к другим. Мадам Терезон стойко боролась с тяжелым недугом. Бесконечно усталое выражение губ выдавало ее страдания. Но ни разу эта благочестивая женщина не сказала: «Мне плохо». Она побеждала болезнь; она составляла меню благотворительных обедов и председательствовала на них. Иногда посредине какой-нибудь фразы она медленно закрывала глаза, и лицо ее становилось безжизненным. Но эта слабость длилась не более секунды; мадам Терезон открывала глаза и продолжала начатую фразу. И в благотворительных кружках шептались: «Бедная мадам Терезон! Она никогда не жалуется».

Я прошел от начала до конца весь длинный зал Бордюрена — Ренода. Потом обернулся. Прощайте, прекрасные, изысканные лилии, покоящиеся в маленьких живописных святилищах, прощайте, прекрасные лилии, наша гордость и оправдание нашего бытия. Прощайте, Подонки.

Понедельник

Я больше не пишу книги о Рольбоне — конечно, писать я больше не могу. Куда я дену свою жизнь?

Было три часа. Я сидел за столом, рядом лежала связка писем, которые я похитил в Москве, я писал:

«Усердно распускались самые зловещие слухи. Очевидно, маркиз де Рольбон попался на эту удочку, поскольку в письме от 13 сентября сообщил племяннику, что составил завещание».

Рольбон был тут: пока я еще не окончательно воссоздал маркиза в его историческом бытии, я наделял его моей собственной жизнью. Я ощущал его как теплый комок где-то в недрах живота.

И вдруг я подумал, что мне непременно возразят: «Рольбон-де вовсе не был откровенен со своим племянником — в случае неудачи заговора он хотел в глазах Павла I использовать его как свидетеля защиты. Вполне возможно, что маркиз придумал историю с завещанием, чтобы выглядеть этаким доверчивым простаком».

Возражение было пустяковое — оно не стоило выеденного яйца. Однако я погрузился в мрачное раздумье. Я вдруг сразу увидел перед собой толстуху официантку из кафе «У Камиля», блуждающий взгляд мсье Ахилла, зал, в котором я так явственно почувствовал, что затерян, покинут в настоящем. И устало сказал себе: «Каким образом я, у которого не хватает сил удержать собственное прошлое, надеюсь спасти прошлое другого человека?»

Я взял перо и попытался вернуться к работе; хватит с меня всех этих размышлений о прошлом, о настоящем, об окружающем мире. Я хочу одного — чтобы мне дали спокойно дописать мою книгу.

Но когда мой взгляд упал на чистый блокнот, меня вдруг поразил его вид, и я, с застывшим в воздухе пером, уставился на эту ослепительную бумагу: какая она плотная, броская, как ощутимо ее сиюминутное присутствие. В ней нет ничего, кроме сиюминутного настоящего. Буквы, которые я вывел на ней, еще не просохли, но они уже мне не принадлежат.

«Усердно распускались самые зловещие слухи...»

Эту фразу придумал я, вначале она была частицей меня самого. Теперь она вписалась в бумагу, объединилась с ней против меня. Я больше ее не узнавал. Я даже не мог ее заново продумать. Она была там, передо мной, и тщетно было искать в ней признаков ее изначального происхождения. Ее мог написать любой другой человек. НО И Я, я сам, не был уверен, что ее написал я. Буквы уже не блестели, они просохли. Исчезло и это — от их мимолетного блеска не осталось следа.

Я в тоске огляделся вокруг: настоящее, ничего, кроме сиюминутного настоящего. Легкая или громоздкая мебель, погрязшая в своем настоящем, стол, кровать, зеркальный шкаф — и я сам. Мне приоткрывалась истинная природа настоящего: оно — это то, что существует, а то, чего в настоящем нет, не существует. Прошлое не существует. Его нет. Совсем. Ни в вещах, ни даже в моих мыслях. Конечно, то, что я утратил свое прошлое, я понял давно. Но до сих пор я полагал, что оно просто оказалось вне поля моего зрения. Прошлое казалось мне всего лишь выходом в отставку, это был иной способ существования, каникулы, праздность; каждое событие, сыграв свою роль до конца, по собственному почину послушно укладывалось в некий ящик и становилось почетным членом в кругу собратьев-событий — так мучительно было представить себе небытие. Но теперь я знал: все на свете является только тем, чем оно кажется, а ЗА НИМ... ничего.

Еще несколько мгновений я был захвачен этой мыслью. Потом рывком расправил плечи, чтобы от нее избавиться, и придвинул к себе блокнот.

«...что составил завещание».

И вдруг мне стало непереносимо мерзко, перо выпало из моих рук, разбрызгивая чернила. Что случилось? Опять Тошнота? Нет, это была не она, комната хранила свой обычный приторно-дружелюбный вид. Разве что стол казался более тяжелым, более громоздким и ручка более тугой. И однако, маркиз де Рольбон только что умер во второй раз.

Еще совсем недавно он был здесь, у меня внутри, спокойный и теплый, по временам я даже чувствовал, как он во мне шевелится. Для меня он был живым, более живым, чем Самоучка, чем хозяйка «Приюта путейцев». Конечно, у него были свои причуды, он мог по нескольку дней не появляться совсем, но часто, когда погода каким-то неисповедимым образом этому благоприятствовала, он, словно метеочувствительное растение, выглядывал наружу — и я видел его бледное лицо и сизые щеки. Но даже когда он не показывался, я чувствовал, как он давит своей тяжестью мне на сердце, — я был полон им.

И вот не осталось ничего. Как не осталось былого блеска на следах высохших чернил. Виноват был я сам: я произнес те единственные слова, которые не следовало произносить, — я сказал, что прошлое не существует. И в одно мгновение, совершенно бесшумно, маркиз де Рольбон вернулся в небытие.

Я взял в руки его письма, в каком-то отчаянии стал ощупывать их.

«Но ведь это же он сам, — убеждал я себя, — он сам начертал один за другим эти знаки. Он надавливал на эту бумагу, придерживал листки пальцами, чтобы они не ерзали под его пером».

Поздно — все эти слова потеряли смысл. Существовала пачка пожелтелых листков, которые я сжимал в руках, и только. Конечно, была у нее вся эта сложная история: племянник Рольбона в 1810 году погиб от руки царской полиции, бумаги его были конфискованы и взяты в Секретный архив, потом, сто десять лет спустя, переданы пришедшими к власти Советами в Государственную библиотеку, откуда я их выкрал в 1923 году. Но все это казалось неправдоподобным — об этой краже, совершенной мной самим, у меня не осталось никаких реальных воспоминаний. Чтобы объяснить присутствие этих бумаг в моей комнате, нетрудно было сочинить сотню других куда более правдоподобных историй, но все они перед лицом этих шершавых листков показались бы пустыми и легковесными, точно мыльные пузыри. Если я хочу вступить в контакт с Рольбоном, лучше уж заняться столоверчением, чем рассчитывать на эти листки. Рольбон исчез. Исчез без следа. Если от него остались еще какие-то кости, они существовали сами по себе, независимо от всего прочего, они представляли собой просто некоторое количество фосфата и известняка в сочетании с солями и водой.

Я сделал последнюю попытку: я стал повторять слова мадам Жанлис, с помощью которых я обычно воскрешаю маркиза: «Его опрятное морщинистое личико, все изрытое оспинами, на котором было написано выражение какого-то особенного плутовства, бросавшееся в глаза, несмотря на все старания маркиза его скрыть».

Лицо маркиза послушно явилось передо мной: острый нос, сизые щеки, улыбка. Я мог сколько душе угодно воссоздавать его черты, быть может даже с большей легкостью, чем прежде. Но только это был всего лишь образ, родившийся во мне самом, плод моего собственного воображения. Вздохнув, я привалился к спинке стула с чувством непереносимой утраты.

Пробило четыре. Вот уже час я сижу на стуле, праздно свесив руки. Начинает смеркаться. Больше ничего в комнате не изменилось: на столе по-прежнему лежит блокнот белой бумаги, рядом с ним ручка и чернильница... Но никогда больше я не стану писать на начатой странице. Никогда не пойду улицей Инвалидов Войны и бульваром Ла Редут в библиотеку, чтобы поработать в ее архивах.

Мне хочется вскочить, выйти на улицу, заняться чем угодно, чтобы забыться. Но я если шевельну хоть пальцем, если не буду сидеть совершенно неподвижно, я знаю, что со мной случится. А я пока еще не хочу, чтобы это случилось. Чем позже это произойдет, тем лучше. Я не шевелюсь — машинально перечитываю на листке бумаги неоконченный абзац:

«Усердно распускались самые зловещие слухи. Очевидно, Рольбон попался на эту удочку, поскольку в письме от 13 сентября сообщил племяннику, что составил завещание».

Великое предприятие под названием Рольбон кончилось, как кончается великая страсть. Придется придумать что-нибудь другое. Несколько лет назад в Шанхае в кабинете Мерсье я внезапно стряхнул с себя сон, я очнулся. Но началось другое сновидение: я зажил при царском дворе, в старых дворцах, таких холодных, что зимой в дверных проемах нарастали ледяные сталактиты. Сегодня я очнулся перед блокнотом белой бумаги. Факелы, празднества в ледяных домах, мундиры, прекрасные зябнущие плечи — все исчезло. Вместо них в теплой комнате осталось НЕЧТО, и это нечто я не хочу видеть.

Маркиз де Рольбон был моим союзником: он нуждался во мне, чтобы существовать, я — в нем, чтобы не чувствовать своего существования. Мое дело было поставлять сырье, то самое сырье, которое мне надо было сбыть, с которым я не знал, что делать, а именно существование, МОЕ существование. Его дело было воплощать. Все время маяча передо мной, он завладел моей жизнью, чтобы ВОПЛОТИТЬ через меня свою. И я переставал замечать, что существую, я существовал уже не в своем обличье, а в обличье маркиза. Это ради него я ел, дышал, каждое мое движение приобретало смысл вне меня — вон там, прямо передо мной, в нем; я уже не видел своей руки, выводящей буквы на бумаге, не видел даже написанной мной фразы — где-то по ту сторону бумаги, за ее пределами, я видел маркиза — маркиз потребовал от меня этого движения, это движение продлевало, упрочивало его существование. Я был всего лишь способом вызвать его к жизни, он — оправданием моего существования, он избавлял меня от самого себя. Что я буду делать теперь?

Только не шевелиться, главное — НЕ ШЕВЕЛИТЬСЯ... ОХ!

Мне не удалось удержаться, и я повел плечами.

Я потревожил вещь, которая ждала, она обрушилась на меня, она течет во мне, я полон ею. Ничего особенного: Вещь — это я сам. Существование, освобожденное, вырвавшееся на волю, нахлынуло на меня. Я существую.

Существую. Это что-то мягкое, очень мягкое, очень медленное. И легкое — можно подумать, оно парит в воздухе. Оно подвижно. Это какие-то касания — они возникают то здесь, то там и пропадают. Мягкие, вкрадчивые. У меня во рту пенистая влага. Я проглатываю ее, она скользнула в горло, ласкает меня, и вот уже снова появилась у меня во рту; у меня во рту постоянная лужица беловатой жидкости, которая — ненавязчиво — обволакивает мой язык. Эта лужица — тоже я. И язык — тоже. И горло — это тоже я.

Я вижу кисть своей руки. Она разлеглась на столе. Она живет — это я. Она раскрылась, пальцы разогнулись и торчат. Рука лежит на спине. Она демонстрирует мне свое жирное брюхо. Она похожа на опрокинувшегося на спину зверька. Пальцы — это лапы. Забавы ради я быстро перебираю ими — это лапки опрокинувшегося на спину краба. Вот краб сдох, лапки скрючились, сошлись на брюхе моей кисти. Я вижу ногти — единственную частицу меня самого, которая не живет. А впрочем.

Моя кисть перевернулась, улеглась ничком, теперь она показывает мне свою спину. Серебристую, слегка поблескивающую спину — точь-в-точь рыба, если бы не рыжие волоски у основания фаланг. Я ощущаю свою кисть. Два зверька, шевелящиеся на концах моих рук, — это я. Моя рука почесывает одну из лапок ногтем другой. Я чувствую ее тяжесть на столе, который не я. Это ощущение тяжести все длится и длится, оно никак не проходит. Да и с чего бы ему пройти? В конце концов, это невыносимо... Я убираю руку, сую ее в карман. Но тут же сквозь ткань начинаю чувствовать тепло моего бедра. Я тотчас выбрасываю руку из кармана, вешаю ее на спинку стула. Теперь я чувствую ее тяжесть в запястье. Она слегка тянет, чуть-чуть, мягко, дрябло, она существует. Я сдаюсь — куда бы я ее ни положил, она будет продолжать существовать, а я буду продолжать чувствовать, что она существует; я не могу от нее избавиться, как не могу избавиться от остального моего тела, от влажного жара, который грязнит мою рубаху, от теплого сала, которое лениво переливается, словно его помешивают ложкой, от всех ощущений, которые гуляют внутри, приходят, уходят, поднимаются от боков к подмышке или тихонько прозябают с утра до вечера в своих привычных уголках.

Вскакиваю рывком — если б только я мог перестать думать, мне стало бы легче. Мысли — вот от чего особенно муторно... Они еще хуже, чем плоть. Тянутся, тянутся без конца, оставляя какой-то странный привкус. А внутри мыслей — слова, оборванные слова, наметки фраз, которые возвращаются снова и снова: «Надо прекра… я суще… Смерть... Маркиз де Роль умер... Я не... Я суще...» Крутятся, крутятся, и конца им нет. Это хуже всего — потому что тут я виновник и соучастник. К примеру, эта мучительная жвачка-мысль: «Я СУЩЕСТВУЮ», ведь пережевываю ее я. Я сам. Тело, однажды начав жить, живет само по себе. Но мысль — нет; это я продолжаю, развиваю ее. Я существую. Я мыслю о том, что я существую! О-о, этот длинный серпантин, ощущение того, что я существую, — это я сам потихоньку его раскручиваю... Если бы я мог перестать мыслить! Я пытаюсь, что-то выходит — вроде бы голова наполнилась туманом... и вот опять все начинается сызнова: «Туман… Только не мыслить… Не хочу мыслить... Я мыслю о том, что не хочу мыслить. Потому что это тоже мысль». Неужто этому никогда не будет конца?

Моя мысль — это я: вот почему я не могу перестать мыслить. Я существую, потому что мыслю, и я не могу помешать себе мыслить. Вот даже в эту минуту — это чудовищно — я существую ПОТОМУ, что меня приводит в ужас, что я существую. Это я, Я САМ извлекаю себя из небытия, к которому стремлюсь: моя ненависть, мое отвращение к существованию — это все разные способы ПРИНУДИТЬ МЕНЯ существовать, ввергнуть меня в существование. Мысли, словно головокруженье, рождаются где-то позади, я чувствую, как они рождаются где-то за моим затылком... стоит мне сдаться, они окажутся прямо передо мной, у меня между глаз, и я всегда сдаюсь, и мысль набухает, набухает и становится огромной, и, заполнив меня до краев, возобновляет мое существование.

Слюна у меня сладковатая, тело теплое, мне муторно от самого себя. На столе лежит мой перочинный нож. Открываю его. Почему бы нет? Так или иначе это внесет некоторое разнообразие. Кладу левую руку на блокнот и пытаюсь всадить нож в ладонь. Движение вышло слишком нервным; лезвие скользнуло по коже — легкая царапина. Царапина кровоточит. Ну а дальше что? Что изменилось? И все же я с удовольствием смотрю, как на белом листке, поверх строк, которые я недавно написал, растеклась лужица крови, которая наконец-то уже не я. Четыре строки на белом листке бумаги, пятно крови — вот и готово прекрасное воспоминание. Надо бы написать внизу: «В этот день я отказался от намерения писать книгу о маркизе де Рольбоне».

Смазать руку йодом? Не знаю. Гляжу, как однообразно течет струйка крови. Но вот кровь свернулась. Кончено. Вокруг пореза кожа кажется ржавой. А под кожей остается только легкая чувствительность — ощущение, похожее на все остальные, разве что еще более муторное.

Пробило половину пятого. Встаю, холодная рубашка прилипла к телу. Выхожу на улицу. Зачем? Да затем, что так же бессмысленно оставаться дома. Даже если я останусь, даже если в молчании забьюсь в угол, я все равно никуда от себя не денусь.

Я буду существовать в этом углу, буду давить своей тяжестью на пол. Я есмь.

По пути покупаю газету. Сенсация. Найдено тело маленькой Люсьены! Запах типографской краски, бумага мнется в моих пальцах. Гнусный убийца скрылся. Девочку изнасиловали. Найдено тело — скрюченные пальцы впились в грязь. Комкаю газету, пальцы впились в газету: запах типографской краски: Господи, как навязчиво существуют сегодня вещи! Маленькую Люсьену изнасиловали. Задушили. Ее тело все еще существует, плоть истерзана. ОНА больше не существует. Ее руки. Она больше не существует. Дома. Иду между домами, я есмь, между домами, иду прямо по мостовой, мостовая под моими ногами существует, дома смыкаются надо мной, как вода смыкается надо мной над лебединым крылом бумаги, я есмь. Я есмь, я существую, я мыслю, стало быть, существую, я существую, потому что мыслю, а зачем я мыслю? Не хочу больше мыслить, я есмь, потому что мыслю, что не хочу быть, я мыслю, что я... потому что... Брр! Я бегу, негодяй сбежал, ее тело изнасиловано. Она почувствовала, как в ее плоть проникает чужая плоть. Я... теперь я... Изнасилована. Вкрадчивая кровавая тяга к насилию подкрадывается ко мне сзади, она где-то за ушами, уши волочатся следом за мной, рыжие волосы, они рыжеют на моей голове, влажная трава, рыжая трава — это что, тоже я? и эта газета тоже я? держать газету — два существования лицом к лицу, вещи существуют лицом к лицу, я бросаю газету. Вот дом,

дом существует; иду вперед вдоль стены, вдоль долгой стены, я есмь, я существую перед стеной, еще шаг, стена существует, она впереди меня, еще шаг, еще один, теперь позади меня, палец скребется в моих брюках, скребется, скребется, вытащил палец маленькой девочки, выпачканный в грязи, грязь на моем пальце, грязь из того грязного ручейка, палец тихо-тихо поник, падает, обмяк, скребет уже не так сильно, как пальцы девочки, которую душили, негодяй, скребли грязь, землю, уже не так сильно, палец тихо скользнул, головой вперед, ласкает, свернувшись жарким кольцом на моей ляжке; существование податливо, мягко, оно шатко, шатается между домами, я есмь, я существую, я мыслю, стало быть, я шатаюсь, я есмь, существование — это падение, упадет, не упадет, палец скребется в слуховое окно, существование несовершенно. Вот мужчина. Красавец мужчина существует. Он чувствует, что существует. Нет, красавец мужчина, который проходит мимо, горделивый и нежный, как садовый вьюнок, не чувствует, что существует. Развернуться, расцвести; болит порезанная рука, существует, существует, существует. Красавец мужчина, существует орден Почетного легиона, существуют усы, вот и все; какое счастье, наверно, когда ты — только орден Почетного легиона и усы, остального никто не видит, он видит два острых кончика своих усов по обе стороны носа; я не мыслю, стало быть, я — усы. Он не видит ни своего худого тела, ни громадных ступней: порывшись в его панталонах, можно, конечно, найти две маленькие серые припухлости. У него орден Почетного легиона. Подонки имеют право на существование: «Существую, потому что имею право». Имею право существовать, стало быть, имею право не мыслить — палец поднимается. Неужели я буду?.. ласкать на расцветшей белизне простыней белую расцветшую плоть, которая тихо клонится навзничь, буду касаться цветущей влаги подмышек, жидкостей, соков, цветения плоти, проникать в чужое существование, в красную слизистую оболочку, в душный, нежный, нежный запах существования и буду чувствовать, что я существую между мягких, увлажненных губ, губ красных от бледной крови, трепещущих губ, разверстых губ, пропитанных влагой существования, увлажненных светлым гноем, буду чувствовать, что я существую между сладких, влажных губ, слезящихся, как глаза? Мое тело из плоти, плоть живет, плоть копошится, она тихо вращает соки, кремы, эта плоть вращает, вращает мягкую сладкую влагу моей плоти, кровь моей руки, сладкая боль в моей раненой плоти, которую вращают, она идет, я иду, я спасаюсь бегством, я негодяй с израненной плотью, израненный существованием об эти стены. Мне холодно, шаг, мне холодно, другой, сворачиваю налево, он свернул налево, он мыслит, что свернул налево. Сошел с ума? Может, я сошел с ума? Он говорит, что боится сойти с ума, существование, пылинка в существовании, он останавливается, тело останавливается, он мыслит, что останавливается, откуда он явился? Что он делает? Он снова идет, ему страшно, очень страшно, негодяй, желание как мгла, желание, отвращение, он говорит, что ему противно существовать, ему противно? он устал оттого, что противно существовать. Он бежит. На что он надеется? Он бежит — убежать, броситься в воду? Он бежит, бежит, сердце бьется, бьющееся сердце — это праздник. Сердце существует, ноги существуют, дыхание существует, они существуют в беге, в дыханье, в биенье, тихонько, тихонько, я задыхаюсь, он говорит, что он задыхается; существование захватывает мои мысли сзади, тихонько развертывает их СЗАДИ; меня хватают сзади, сзади насильно принуждают мыслить, то есть быть чем-то, чем-то позади меня, что дышит легкими пузырьками существования, туманный пузырек желания, в зеркале он бледен, как мертвец, Рольбон умер, Антуан Рокантен не умер, хоть бы лишиться чувств — он говорит, что хотел бы лишиться чувств, он бежит, догоняет (сзади), сзади. СЗАДИ, на маленькую Люсьену напали сзади, существование изнасиловало ее, набросившись сзади, он просит пощады, ему стыдно просить пощады, сжальтесь, на помощь, на помощь, значит, я существую, он входит в «Морской бар», маленькие зеркала маленького борделя, в маленьких зеркалах маленького борделя отражается бледный и вялый рыжий верзила, который падает на банкетку, играет проигрыватель, существует, все вращается, проигрыватель существует, сердце бьется — вращайтесь, вращайтесь, соки жизни, вращайтесь, желе, сиропы моей плоти, сласти... проигрыватель.

When the low moon begins to beam,
Every night I dream a little dream*.

Вдруг возникает низкий хриплый голос, и мир исчезает, мир существований исчезает. Этот голос принадлежал женщине из плоти. Надев свое самое нарядное платье, она пела перед пластинкой, и ее голос записывали. Женщина? Полноте! Она существовала тоже, как я, как Рольбон, я не хочу ее знать. Но есть это. Про это нельзя сказать: оно существует. Крутящаяся пластинка существует, воздух, пронзенный вибрирующим голосом, существует; голос, оставивший след на пластинке, существовал. Я, слушатель, существую. Все заполнено, повсюду существование, плотное, тяжелое, мягкое. Но по ту сторону всей этой мягкости, недосягаемая, совсем рядом и, увы, так далеко молодая, безжалостная и безмятежная — эта... эта четкость.

Вторник

Ничего нового. Существовал.

Среда

На бумажной скатерти солнечный круг. По кругу ползет вялая муха, она греется, потирает одну о другую передние лапки. Окажу ей услугу и раздав-

* Каждую ночь, когда всходит луна, я предаюсь своей заветной мечте *(англ.)*.

лю ее. Она не видит, что над ней занесен указательный палец-гигант, поблескивающий на солнце золотистыми волосками.

— Не убивайте ее, мсье, — кричит Самоучка.

Раздавлена — из ее брюха вылезают маленькие белые потроха; я избавил ее от существования.

— Я оказал ей услугу, — сухо говорю я Самоучке.

Зачем я здесь? А почему бы мне здесь не быть? Полдень, я жду, когда придет время ложиться спать. (К счастью, бессонницы у меня нет.) Через четыре дня я увижу Анни: на сегодняшний день это единственный смысл моей жизни. А дальше что? Что будет, когда Анни уедет? Я отлично знаю, что втайне надеюсь — надеюсь, что она никогда больше от меня не уедет. И однако, мне ли не знать, что Анни никогда не согласится стареть на моих глазах. Я слаб и одинок, я нуждаюсь в ней. А я хотел бы предстать перед ней во всей своей силе. К жалким слабакам Анни беспощадна.

— Что с вами, мсье? Вы плохо себя чувствуете?

Самоучка поглядывает на меня сбоку, глаза его смеются. Рот у него открыт, он прерывисто дышит, как запыхавшаяся собака. Признаюсь — в это утро я почти обрадовался, когда увидел его. Мне нужен был собеседник.

— Я так счастлив, что вы обедаете со мной, — говорит он. — Если вы озябли, можно пересесть поближе к батарее. Вот те господа сейчас уйдут, они уже попросили счет.

Кто-то заботится обо мне, спрашивает, не озяб ли я, я говорю с другим человеком — со мной этого не бывало уже много лет.

— Они уходят, хотите пересядем?

Два господина закурили сигареты. Они вышли, вот они уже на свежем воздухе, на солнце. Они проходят мимо широких окон, двумя руками придерживая шляпы. Они смеются, ветер раздувает их плащи. Нет, пересаживаться я не хочу. Зачем? К тому же сквозь стекло между белыми крышами купальных кабин я вижу море, зеленое и плотное.

Самоучка вынул из бумажника два картонных прямоугольника фиолетового цвета. Сейчас он отдаст их в кассу. На обороте одного из них я читаю:

«Фирма Боттане, домашняя кухня
Комплексный обед за 8 франков
Закуска по выбору
Мясное блюдо с гарниром
Сыр или дессрт
20 талонов — 140 франков».

Теперь я узнал того типа, который сидит за круглым столиком у двери, — это коммивояжер, он часто останавливается в отеле «Прентания». Время от времени он устремляет на меня внимательный, улыбчивый взгляд — но меня он не видит, он слишком поглощен тем, что он ест. По другую сторону кассы двое клиентов — краснолицые и коренастые — смакуют мидий, запивая их белым вином. Тот, что пониже, с жидкими желтыми усиками, рассказывает какую-то историю, которая нравится ему самому. Он выдерживает паузы и смеется, скаля ослепительные зубы. Второй не смеется, взгляд у него жесткий. Но иногда он поддакивает рассказчику кивком головы. У окна худой смуглый человек с благообразным лицом и красивой отброшенной со лба назад сединой задумчиво читает газету. Кожаный портфель он положил на стул рядом. Он пьет минеральную воду Виши. Еще немного — и все эти люди выйдут из кафе на улицу; отяжелевшие от пищи, обвеваемые морским ветерком, в распахнутых плащах, с легким шумом и легким дурманом в голове, они зашагают вдоль парапета, разглядывая детей на берегу и корабли в море; они пойдут на работу. А я не пойду никуда, у меня работы нет.

Самоучка простодушно смеется, лучи солнца играют в его редких волосах.

— Не угодно ли вам сделать заказ?

Он протягивает мне меню; я имею право выбрать одну из закусок: пять кружочков колбасы, или редиску, или креветки, или порцию салата из сельдерея под острым соусом. За улитки по-бургундски надо доплачивать.

— Дайте мне колбасу, — говорю я официантке.

Самоучка выхватывает у меня карточку.

— Разве нет ничего получше? Например, улитки по-бургундски?

— Я не люблю улиток.

— А! Может, тогда устрицы?

— За них доплата четыре франка, — говорит официантка.

— Хорошо, тогда, пожалуйста, устрицы, мадемуазель, а мне редиску. — И, краснея, поясняет мне: — Я очень люблю редиску.

Я тоже.

— А что еще? — спрашивает он.

Я проглядываю список мясных блюд. Я бы не отказался от тушеной говядины. Но я заранее знаю, что мне достанется цыпленок по-охотничьи — единственное блюдо, за которое надо доплачивать.

— Цыпленок по-охотничьи для мсье, а мне тушеное мясо, мадемуазель.

Он перевертывает меню — список вин на обороте.

— Выпьем вина, — объявляет он не без торжественности в голосе.

— Ишь ты, — говорит официантка. — Гуляете сегодня? Вы же никогда не пьете.

— Стаканчик вина при случае мне только на пользу. Пожалуйста, мадемуазель, кувшин розового анжуйского.

Самоучка откладывает меню в сторону, разламывает свою порцию хлеба на мелкие кусочки и протирает салфеткой свой прибор. Потом бросает взгляд на седого человека, читающего газету.

— Обычно, — говорит он мне с улыбкой, — я прихожу сюда с книгой. Хотя врач мне это не советует: за чтением глотают слишком быстро, не разжевывая. Но у меня желудок луженый, могу переварить все что угодно. Зимой 1917 года, когда я был в плену, нас кормили так скверно, что все болели. Я, конечно, тоже, как все, сказался больным, но на самом деле чувствовал себя превосходно.

Он был военнопленным... И ни разу об этом не упоминал. Я не могу опомниться: я представляю его себе только в образе самоучки.

— Где вы были в плену?

Он не отвечает. Он отложил в сторону вилку и устремил на меня какой-то особенно пристальный взгляд. Сейчас он поведает мне свои неприятности: я вспомнил, что у него что-то не ладится в библиотеке. Я весь внимание: посочувствовать чужим неприятностям — ничего лучшего мне не надо, это меня отвлечет. У меня самого никаких неприятностей — я богат как рантье, начальства у меня нет, жены и детей тоже; я существо — вот моя единственная неприятность. Но это неприятность столь расплывчатая, столь метафизически отвлеченная, что я ее стыжусь.

Но, похоже, Самоучка рассказывать не собирается. Каким странным взглядом он на меня уставился: это не взгляд, которым смотрят, чтобы увидеть, скорее это взгляд, посредством которого общаются души. Душа Самоучки поднялась до самых его прекрасных глаз слепца и выглядывает из них. Пусть и моя поступит так же, пусть и она прижмется носом к стеклу, и обе обменяются любезностями.

Нет, не хочу я общения душ, до этого я еще не докатился. Я иду на попятный. Но Самоучка, не спуская с меня взгляда, всей грудью навалился на стол. По счастью, официантка принесла ему редиску. Он снова откинулся на стул, душа скрылась из его глаз, и он послушно принялся за еду.

— Ну как, уладились ваши неприятности?

Он вздрагивает.

— Какие неприятности, мсье? — испуганно спрашивает он.

— Да как же вы не помните, на днях вы сами упомянули о них.

Он густо краснеет.

— А-а. Вот вы о чем, — сухо говорит он. — Да, в самом деле, упоминал. Это все корсиканец, мсье. Корсиканец из библиотеки. — Секунду он мнется, похожий на упершуюся овцу. — Это все сплетни, мсье, не хочу вам ими докучать.

Я не настаиваю. Ест он с неимоверной быстротой, хотя, глядя на него, этого не скажешь. Когда мне приносят устриц, он уже управился с редиской. На его тарелке остались только пучок зеленых хвостиков и щепотка влажной соли.

На улице перед выставленным в витрине меню остановилась молодая пара — меню им левой рукой протягивает повар из картона (в правой руке он держит сковороду). Они в нерешительности. Женщина мерзнет, она уткнула подбородок в меховой воротник. Молодой человек решается первым. Толкнув дверь, он пропускает свою спутницу вперед.

Она входит. Приветливо оглядевшись вокруг, она поеживается.

— Как здесь тепло, — говорит она грудным голосом.

Молодой человек закрывает входную дверь.

— Добрый день, — говорит он.

Самоучка оборачивается и ласково отвечает:

— Добрый день.

Остальные посетители молчат, но благообразный господин слегка опускает газету и внимательно разглядывает вошедших.

— Спасибо, не беспокойтесь.

Пока подавальщица, бросившаяся к вошедшим, чтобы помочь им снять пальто, повернулась, молодой человек успел легко сбросить с себя плащ. На нем не пиджак, а кожаная куртка на «молнии». Подавальщица, слегка разочарованная, повернулась к женщине. Опередив ее и тут, он ласковыми, точными движениями помогает своей спутнице снять манто. Они садятся друг против друга рядом с нами. Похоже, они познакомились не так давно. У молодой женщины усталое лицо, чистое и слегка обиженное. Внезапно она снимает шляпу и, улыбаясь, встряхивает черными волосами.

Самоучка долго смотрит на них добродушным взглядом, потом оборачивается ко мне и растроганно подмигивает, словно хочет сказать: «Ну разве не красивая пара?»

Они не уроды. Они молчат, они счастливы, что они вдвоем, счастливы, что их видят вдвоем. Бывало, и мы с Анни, входя в какой-нибудь ресторан на Пиккадилли, чувствовали, что на нас устремлены растроганные взгляды. Анни это злило, но я, сказать правду, слегка этим гордился. И, главное, удивлялся. Я никогда не был таким прилизанным и опрятным, как этот молодой человек, которому это очень идет. Однако и уродлив был не настолько, чтобы это трогало. Просто мы были молоды — а сейчас я в том возрасте, когда умиляет чужая молодость. Но я не умиляюсь. У женщины ласковые темные глаза. У молодого человека кожа оранжевого оттенка, слегка шероховатая, и очаровательный маленький волевой подбородок. Они меня трогают, это правда, но в то же время они мне чем-то противны. Они так далеки от меня, они расслабились в тепле, они лелеют в душе общую мечту, такую сладкую, такую хилую. Им хорошо, они доверчиво смотрят на эти желтые стены, на людей, им нравится мир какой он есть, именно такой, какой есть, и каждый из них пока черпает смысл своей жизни в жизни другого. Скоро у них будет одна жизнь на двоих, медленная, тепловатая жизнь, лишенная всякого смысла — но они этого не заметят.

Видно, как они робеют друг перед другом. Наконец молодой человек неловким, решительным движением берет свою подругу за кончики пальцев. Она переводит дух, и оба склоняются над меню. Да, они счастливы. Ну, а что дальше?

Самоучка напустил на себя лукавый и немного таинственный вид.

— А я вас позавчера видел.

— Где же?

— Ха-ха, — почтительно посмеивается он.

И, выдержав небольшую паузу, поясняет:

— Вы выходили из музея.

— А-а, верно, — говорю я. — Только не позавчера, а в субботу.

Позавчера мне уж точно было не до того, чтобы разгуливать по музеям.

— Видели ли вы знаменитую деревянную копию «Покушения Орсини»?

— Нет, я ее не знаю.

— Может ли это быть? Она стоит в маленьком зале, справа от входа. Работа коммунара, который до амнистии жил в Бувиле, прячась на чердаке. Он надеялся сесть на пароход, идущий в Америку, но в здешнем порту полиция свое дело знает. Замечательный человек. В часы вынужденного досуга он вырезал большое дубовое панно. У него не было никаких инструментов — только перочинный нож и пилочка для ногтей. Тонкую часть работы — руки, глаза — он выполнял пилочкой. Размеры панно — метр пятьдесят на метр, вырезано оно из цельного куска. В нем семьдесят персонажей — каждый величиной с мою ладонь, не считая двух лошадей, запряженных в карету императора. А их лица, мсье, лица, выточенные пилочкой, — у каждого свое выражение, как живые. Простите, мсье, но я позволю себе заметить, что это произведение стоит посмотреть.

Я не намерен ничего обещать.

— Мне просто хотелось еще раз поглядеть на некоторые холсты Бордюрена.

Самоучка внезапно грустнеет.

— Портреты, что висят в большом зале? — переспрашивает он с жалкой улыбкой. — Я ничего не понимаю в живописи, мсье. Конечно, я сознаю, что Бордюрен великий художник, что он владеет кистью, что у него — как это говорится? — наметанный глаз, но наслаждения, мсье, эстетического наслаждения я не получаю.

— Ну вот, а я равнодушен к скульптуре, — говорю я сочувственно.

— Ах, мсье, увы, я также. И к музыке, и к балету. А ведь я не такой уж необразованный человек. Не могу понять, в чем дело: я видел молодых людей, которые не знали и половины того, что знаю я, а видно было, что, стоя перед картиной, они испытывают наслаждение.

— Наверно, притворялись, — говорю я, чтобы его утешить.

— Может быть... Меня удручает, — говорит он после недолгого раздумья, — не столько то, что я лишен известного рода удовольствия, сколько то, что целая область человеческой деятельности остается мне чуждой... Ведь я человек, а картины тоже писали люди...

— Мсье, — заявляет он вдруг изменившимся голосом, — однажды я отважился подумать, что красота всего лишь вопрос вкуса. Разве каждая эпоха не устанавливала для нее свои каноны? Вы позволите, мсье?

Я с удивлением вижу, как он извлекает из своего кармана записную книжку в черном кожаном переплете. И начинает ее перелистывать. В книжице много чистых страниц, но изредка попадаются строчки, написанные красными чернилами. Самоучка стал бледен как мел.

Положив раскрытую книжицу на стол, он прикрывает ее своей огромной ручищей. И, смущенно кашлянув, говорит:

— Иногда мне приходят на ум разные — не смею назвать их мыслями. Любопытная штука — вот я сижу, читаю, и вдруг, сам не знаю, откуда что берется, меня точно осеняет. Вначале я не обращал на это внимания, а потом решил вот обзавестись записной книжкой.

Он умолк и смотрит на меня — он ждет.

— А-а, вот оно что! — говорю я.

— Конечно, все эти изречения еще не окончательные, мсье. Мое образование пока не закончено. — Он берет книжицу дрожащими руками, он взволнован до глубины души. — Вот тут как раз насчет живописи. Я буду счастлив, если вы позволите мне прочесть.

— С удовольствием, — говорю я.

Он читает:

«Никто уже больше не верит в то, что считал истиной XVIII век. Почему же мы должны по-прежнему получать удовольствие от произведений, которые он находил красивыми?»

Он смотрит на меня умоляющим взглядом.

— Как вы находите, мсье? Может, это несколько парадоксально? Но я полагал, что могу придать своей мысли форму остроты.

— Что ж... по-моему, это очень интересно.

— Вы встречали уже где-нибудь эту мысль?

— Да нет, конечно, нет.

— В самом деле? Совсем нигде не встречали? Стало быть, мсье, — говорит он, помрачнев, — эта мысль неверная. Будь она верной, она уже пришла бы кому-нибудь в голову.

— Постойте, — говорю я, — пожалуй, я припоминаю, что где-то читал нечто подобное.

Глаза его сверкнули, он вынимает карандаш.

— У какого автора? — деловито спрашивает он.

— У... У Ренана.

Он на седьмом небе.

— Будьте любезны, укажите мне точно, где это сказано, — говорит он, послюнявив кончик карандаша.

— Я уже не помню — читал слишком давно.

— А! Ну ничего, ничего.

Он записывает в книжицу под своим изречением имя Ренана.

— Стало быть, мое мнение совпадает с мнением Ренана. Я пока записал имя карандашом, — ликуя, объясняет он, — но вечером обведу его красными чернилами.

С минуту он в упоении созерцает свою книжицу, и я жду, что мне придется выслушать другие его сентенции. Но он бережно закрывает книжицу и прячет ее в карман. Без сомнения, он считает, что на один раз счастья и так вполне довольно.

— Как приятно, — доверительным тоном сообщает он, — поговорить иногда вот так по душам.

Этот булыжник, как и следовало ожидать, окончательно прихлопнул нашу хиреющую беседу. Наступает долгое молчание.

С тех пор как в ресторане появилась молодая пара, атмосфера в нем изменилась. Двое красноrожих молодцов замолчали; они бесцеремонно разглядывают прелести молодой женщины. Благообразный господин отложил газету и глядит на молодую чету снисходительным, даже сообщническим взглядом. Он думает о том, что старость мудра, а юность прекрасна, и не без кокетства покачивает головой: он прекрасно знает, что все еще хорош собой, что он прекрасно сохранился и при его смуглой коже и стройной фигуре все еще способен пленять. Ему нравится играть роль отца. Чувства официантки более просты — она замерла перед молодыми людьми и таращится на них, разинув рот.

А они разговаривают вполголоса. Им подали закуску, но они не прикасаются к ней. Напрягши слух, я улавливаю обрывки их разговора. Мне лучше слышно, что говорит женщина своим приглушенным грудным голосом:

— Нет, Жан, нет.

— Почему нет? — с пылким нетерпением шепчет молодой человек.

— Я вам уже говорила.

— Это не причина.

Несколько слов я пропустил, потом молодая женщина делает очаровательный усталый жест.

— Я слишком много раз пыталась. Я уже не в том возрасте, когда можно начать жизнь сначала. Поймите, я уже старуха.

Молодой человек иронически смеется.

— Я не смогла бы, — продолжает она, перенести... разочарование.

— Надо верить, — убеждает молодой человек. — Ведь вы сейчас не живете.

— Знаю, — вздыхает она.

— Посмотрите на Жанетту.

— О да. — Она корчит гримаску.

— А по-моему, она поступила прекрасно. Она проявила мужество.

— А я считаю, — говорит молодая женщина, — что она просто решила не упускать случая. По правде сказать, если бы я хотела, мне такие случаи представлялись сотни раз. Но я предпочла ждать.

— И правильно сделали, — нежно говорит он, — правильно сделали, что дождались меня.

Теперь смеется она:

— Какая самоуверенность! Этого я вовсе не говорила.

Дальше я не слушаю — они меня раздражают. Они будут спать вместе. Они это знают. Каждый из них знает, что другой это знает. Но поскольку они молоды, целомудренны и благопристойны, поскольку каждый из них хочет сохранить самоуважение и уважение партнера, поскольку любовь — это нечто великое и поэтическое и ее нельзя спугнуть, они несколько раз в неделю ходят на танцы и в рестораны выделывать на глазах у публики свои маленькие ритуальные, механические па...

К тому же надо как-то убивать время. Они молоды, хорошо сложены, им еще лет на тридцать этого хватит. Вот они и не торопят события, они оттягивают их, и они правы. После того как они переспят друг с другом, им придется найти что-нибудь другое, чтобы замаскировать чудовищную бессмыслицу своего существования. И однако... так ли уж необходимо себя морочить?

Я окидываю взглядом зал. Ну и фарс! Все эти люди с самым серьезным видом восседают на своих местах и едят. Да нет, не едят — они подкрепляют свои силы, чтобы успешно выполнять лежащие на них обязанности. У каждого из них свой конек, и это не дает им почувствовать, что они существуют; нет среди них ни одного, кто не считал бы, что без него не может обойтись кто-то или что-то. Разве не сказал однажды Самоучка: «Никто не мог бы успешнее Нусапье предпринять такой обобщающий труд». Каждый из них занят каким-то крохотным делом, которое никто не мог бы делать успешнее. Никто не может успешнее вон того коммивояжера распродать зубную пасту «Сван». Никто не может успешнее этого интересного молодого человека шарить под юбкой своей соседки. Я тоже один из них, и, глядя на меня, они, должно быть, думают, что никто успешнее меня не сделает то, что я делаю. Но я-то ЗНАЮ. Я держусь как ни в чем не бывало, но я знаю, что существую и что они существуют. И если бы я владел искусством убеждать, я подсел бы к этому седовласому красавцу и объяснил бы ему, что такое существование. Представив, какое у него сделалось бы при этом лицо, я разражаюсь хохотом. Самоучка смотрит на меня с удивлением. Я хотел бы перестать смеяться, но не могу — я хохочу до слез.

— Вам весело, мсье, — осторожно замечает Самоучка.

— Просто я думаю, — говорю я ему смеясь, — что все мы, какие мы ни на есть, едим и пьем, чтобы сохранить свое драгоценное существование, а между тем в существовании нет никакого, ну ни малейшего смысла.

Самоучка посерьезнел, он тщится меня понять. Я смеялся слишком громко — многие обернулись в мою сторону. К тому же я жалею, что наговорил лишнего. В конечном счете это никого не касается.

Самоучка медленно повторяет:

— В существовании нет никакого смысла... Вы, конечно, хотите сказать, мсье, что жизнь не имеет цели? Кажется, это и называют пессимизмом, не так ли? — Подумав немного, он мягко добавляет: — Несколько лет назад я читал книгу одного американского автора, она называлась: «Стоит ли жизнь того, чтобы ее прожить?» Не правда ли, вы задаете себе именно этот вопрос?

Ясное дело, нет, я задаю себе совершенно другой вопрос. Но я не собираюсь пускаться в объяснения.

— Автор в своих выводах склоняется к сознательному оптимизму, — тоном утешителя говорит Самоучка. — Жизнь приобретает смысл, если мы сами придаем его ей. Сначала надо начать действовать, за что-нибудь взяться. А когда потом станешь размышлять, отступать поздно — ты уже занят делом. А вы что думаете на этот счет, мсье?

— Ничего, — отвечаю я.

Вернее, я думаю, что это и есть та самая ложь, которой себя постоянно тешат коммивояжер, молодая чета и седовласый господин.

Самоучка улыбается чуть плутовато и весьма торжественно.

— Вот и я вовсе так не считаю. Я думаю: в поисках смысла жизни незачем ходить так далеко.

— Вот как?

— Цель у жизни есть, мсье, цель есть… есть люди.

Верно, я совсем забыл, что он гуманист. Он помолчал — ровно столько времени, сколько ему понадобилось, чтобы тщательно и неумолимо расправиться с половиной порции тушеного мяса и большим ломтем хлеба. «Есть люди…» Ну что ж, этот слюнтяй нарисовал свой исчерпывающий автопортрет, только он не умеет выразить свою мысль словами. Спору нет, в его глазах душа, она так и льется через край, — да только одной души тут мало. Было время, я встречался с гуманистами-парижанами, они тоже сотни раз твердили мне: «Есть люди», но то был совсем другой коленкор! В особенности неподражаем был Вирган. Он снимал очки, словно обнажая себя в своей человеческой плоти, впивался в меня своими трогательными глазами, своим тяжелым, усталым взглядом, казалось, раздевая им меня, чтобы выявить мою человеческую сущность, и потом мелодично шептал:

«Есть люди, старина, есть люди», придавая этому «есть» какую-то неуклюжую мощь, словно его любовь к людям, вечно обновляясь и дивясь, путается в своих могучих крыльях.

Мимика Самоучки еще не так отработана, его любовь к людям наивна и первозданна — это гуманист-провинциал.

— Люди, — говорю я ему, — люди... Не похоже, однако, что вы ими особенно интересуетесь. Вы всегда один, всегда сидите, уткнувшись в книгу.

Самоучка хлопает в ладоши и проказливо хихикает.

— Вы ошибаетесь. Ах, мсье, позвольте вам сказать: вы ошибаетесь, и еще как!

Сосредоточившись на мгновение, он деликатно приканчивает мясо. Лицо его сияет, как заря. За его спиной молодая женщина тихонько рассмеялась. Ее спутник наклонился к ней и что-то зашептал ей на ухо.

— Ваше заблуждение вполне естественно, — говорит Самоучка. — Я уже давно должен был вам сказать... Но я так застенчив, мсье... я ждал подходящего случая.

— Лучшего случая не представится, — вежливо говорю я.

— Я тоже так думаю, мсье. Я тоже! То, что я вам сейчас скажу... — Он умолкает, покраснев. — Но, может, я вам надоел?

Я его успокаиваю. Он обрадованно переводит дух.

— Не каждый день, мсье, встречаются такие люди, как вы, соединяющие широту взглядов с проницательным умом. Вот уже несколько месяцев я хотел поговорить с вами, рассказать вам, кем я был и кем стал...

Его тарелка пуста и вылизана так, словно ее ему только что принесли. Рядом со своей я вдруг обнаруживаю оловянное блюдо с коричневой подливкой, в которой плавает куриная нога. Это мне предстоит съесть.

— Я только что говорил вам о том, что оказался в плену в Германии. Там все и началось. До войны я был одинок, но этого не сознавал. Я жил с родителями, славными людьми, но мы не понимали друг друга. Когда я думаю об этих годах... Как я мог так жить? Я был мертвецом, мсье, и не подозревал об этом. Я собирал марки. — Взглянув на меня, он прерывает свой рассказ. — Вы побледнели, мсье. У вас усталый вид. Может быть, вам со мной скучно?

— Мне с вами очень интересно.

— Началась война, я записался добровольцем, сам не зная почему. Два года я не мог этого понять, ведь на фронте остается мало времени для размышлений, и к тому же солдаты были слишком грубы. В конце 1917 года я попал в плен. Потом мне рассказывали, что в плену многие солдаты вновь обрели детскую веру. Я, мсье, — потупив глаза, говорит Самоучка, — в Бога не верю. Его существование опровергнуто Наукой. Но в концентрационном лагере я научился верить в людей.

— Они мужественно переносили свою участь?

— Да, — неопределенно соглашается он. — И это тоже. Впрочем, с нами хорошо обращались. Но я имел в виду другое. В последние месяцы войны работать нас заставляли редко. Когда шел дождь, нас загоняли в большой дощатый сарай, и мы, почти две сотни человек, стояли там впритирку друг к другу. Дверь запирали, и нас, стиснутых со всех сторон, оставляли почти в полной темноте. — Он помялся. — Не знаю, сумею ли я вам объяснить, мсье. Все эти люди находились рядом с тобой, ты их едва различал, но чувствовал, как они сдавливают тебя, слышал, как они дышат... Как-то раз нас еще только начали запирать в этот сарай — теснота в нем была такая, что я чуть не задохнулся, и вдруг меня захлестнула неимоверная радость, я едва не упал в обморок — я почувствовал, что люблю этих людей, как братьев, я хотел их всех обнять. С тех пор каждый раз, оказавшись в этом сарае, я испытывал такую же радость.

Надо съесть моего цыпленка, он, наверно, совсем остыл. Самоучка давно управился со своим мясом, и официантка ждет, чтобы сменить тарелки.

— Этот сарай стал в моих глазах святилищем. Несколько раз мне удавалось обмануть бдительность часовых, я пробирался туда совершенно один и там, в темноте, вспоминая пережитые мной в этом сарае радости, впадал прямо-таки в экстаз. Часы шли, я их не замечал. Случалось, я даже рыдал.

Должно быть, я болен. Иначе невозможно объяснить охватившую меня вдруг неистовую ярость. Да-да, ярость больного: руки у меня стали трястись, кровь прихлынула к лицу, и в довершение всего задрожали еще и губы. И все только потому, что цыпленок оказался холодным. Впрочем, я и сам оставался холодным, и это было самым мучительным; я хочу сказать, что внутри я оставался таким, каким был последние полтора суток, — совершенно холодным, оледенелым. Гнев вихрем пронесся по мне, похожий на озноб, на ответную реакцию сознания, пытающегося побороть это понижение температуры. Пустая попытка — конечно, я мог бы, придравшись к какому-нибудь пустяку, накинуться с кулаками на Самоучку или официантку, осыпав их бранью. Но при этом я не весь бы участвовал в игре. Моя ярость бушевала на поверхности, да и оказалась мимолетной, у меня было мучительное ощущение, что я — охваченная пламенем глыба льда, этакий омлет-сюрприз. Поверхностная буря улеглась, и я услышал голос Самоучки:

— Каждое воскресенье я ходил к мессе. Я никогда не верил в Бога, мсье. Но разве нельзя сказать, что истинное таинство мессы состоит в причащении людей друг другу? Службу отправлял войсковой священник-француз, которому отняли руку. У нас была фисгармония. Мы слушали стоя, обнажив головы, и, упиваясь звуками фисгармонии, я чувствовал, что составляю единое целое с окружающими меня людьми. Ах, мсье, как я любил эти мессы. И сейчас еще в память о них я иногда по утрам в воскресенье хожу в церковь. В нашей Святой Цецилии замечательный органист.

— Вы, должно быть, часто сожалели о той жизни?

— Да, мсье. В 1919 году. В тот год меня освободили из плена. Я провел мучительные месяцы. Я не знал, чем заняться, я чахнул. Всюду, где я видел сборище людей, я старался затесаться в толпу. Мне случалось, — добавляет он с улыбкой, — присоединяться к незнакомой похоронной процессии. Однажды в припадке отчаяния я сжег мою коллекцию марок... Но я нашел свой путь.

— В самом деле?

— Один человек посоветовал мне... Мсье, я знаю, что могу рассчитывать на ваше молчание. Я... быть может, вы не разделяете таких убеждений, но вы человек настолько широких взглядов... я — социалист.

Он потупил глаза, его длинные ресницы затрепетали.

— С сентября 1921 года я записался в социалистическую партию СФИО. Вот это я и хотел вам сказать.

Он сияет от гордости. Он смотрит на меня, запрокинув голову, полузакрыв глаза, приоткрыв рот, мученик, да и только.

— Ну и хорошо, — говорю я. — Ну и прекрасно.

— Я знал, что вы меня одобрите, мсье. Да и как можно осудить того, кто говорит вам: я распорядился своей жизнью так-то и так-то и теперь совершенно счастлив?

Он раскинул руки в стороны, обратив ко мне ладони пальцами книзу, словно на них вот-вот появятся стигматы. У него остекленелые глаза и во рту шевелится темно-розовая масса.

— Вот как! — говорю я. — Ну, раз вы счастливы...

— Счастлив? — Взгляд его тяготит меня, он поднял веки и уставился на меня в упор. — Судите сами, мсье. Прежде чем принять это решение, я чувствовал такое отчаянное одиночество, что хотел было покончить с собой. Удержала меня мысль, что моя смерть не опечалит никого, никого на свете, и в смерти я окажусь еще более одиноким, чем в жизни.

Он выпрямляется, щеки у него надулись.

— А теперь, мсье, я больше не одинок.

— Вот как! У вас много знакомых? — спрашиваю я.

Он улыбается, и мне тотчас становится ясно, сколь я наивен.

— Я имею в виду, что я больше не чувствую себя одиноким. Но само собой, мсье, для этого нет необходимости с кем-то встречаться.

— И все же, — говорю я, — в вашей партийной ячейке...

— О! В ней я знаю всех. Правда, большинство только по имени. Мсье, — говорит он шаловливо, — разве в выборе друзей обязательно стеснять себя такими узкими рамками? Мои друзья — все человечество. Когда утром я иду на службу, в свою контору, впереди меня, позади меня другие люди тоже спешат на службу. Я их вижу, будь я посмелее, я бы им улыбался, я думаю о том, что я социалист, что все они —

цель моей жизни, моих усилий, но пока еще они этого не знают. Для меня это праздник, мсье.

Он вопрошает меня взглядом, я одобряю его кивком, но чувствую, что он слегка разочарован, ему хотелось бы побольше энтузиазма. Что я могу поделать? Чем я виноват, если во всем, что он говорит, я мимоходом узнаю заемные мысли, цитаты? Если он разглагольствует, а передо мной вереницей проходят все гуманисты, каких я знавал. Увы, я знавал их такое множество! Гуманист радикального толка — это в первую очередь друг чиновников. Главная забота так называемого «левого» гуманиста — сохранить человеческие ценности; он не состоит ни в какой партии, потому что не хочет изменять общечеловеческому, но его симпатии отданы обездоленным; служению обездоленным посвящает он свою блестящую классическую культуру. Как правило, это вдовец с красивыми глазами, всегда увлажненными слезой, — на всех юбилеях он плачет. Он любит кошек, собак, всех высших млекопитающих. Писатель-коммунист любит людей со времени второго пятилетнего плана. Он карает их, потому что их любит. Стыдливый, как это свойственно сильным натурам, он умеет скрывать свои чувства, но за неумолимым приговором поборника справедливости умеет взглядом, интонацией дать почувствовать свою страстную, терпкую и нежную любовь к собратьям. Гуманист-католик, последыш, младший в семье гуманистов, о людях говорит зачарованно. Любая самая скромная жизнь, говорит он, жизнь лондонского докера или работницы сапожной фабрики — это волшебная сказка! Он избрал ангельский гуманизм, в назидание ангелам он и пишет длинные романы, печальные и красивые, которые часто удостаиваются премии «Фемина».

Это все актеры на первых ролях. Но есть другие, тьма других: философ-гуманист, который склоняется над своими братьями как старший и чувствует меру своей ответственности; гуманист, который любит людей такими, какие они есть, и гуманист, который их любит такими, какими они должны быть; тот, кто хочет их спасти, заручившись их согласием, и тот, кто спасет их против их воли; тот, кто желает создать новые мифы, и тот, кто довольствуется старыми; тот, кто любит в человеке его смерть, и тот, кто любит в нем его жизнь; гуманист-весельчак, который всегда найдет случай посмеяться, и мрачный гуманист, которого чаще всего можно встретить на похоронах. Все они ненавидят друг друга — само собой, не как людей, а как отдельную личность. Но Самоучка этого не знает: он их всех свалил в одну кучу, запихав, как котов, в общий кожаный мешок, — они там когтят друг друга в кровь, но он ничего не замечает.

Он смотрит на меня уже без прежней доверчивости.

— Вы не разделяете моих чувств, мсье?

— Боже мой...

Видя, что он встревожен, даже слегка раздосадован, я на какую-то долю секунды пожалел было, что его разочаровал. Но он любезно продолжает:

— Я знаю — вы заняты своими исследованиями, своими книгами, на свой лад вы служите тому же делу.

Мои книги, мои исследования, болван! Худшей оплошности он совершить не мог.

— Я пишу не ради этого.

Лицо Самоучки мгновенно меняется: можно подумать, он учуял врага, такого выражения я у него еще не видел. Что-то между нами убито.

— Но... если вы не сочтете мой вопрос нескромным, нельзя ли узнать, для чего вы пишете, мсье? — спрашивает он с притворным удивлением.

— Гм... не знаю, просто так, чтобы писать.

Я дал ему повод улыбнуться; он полагает, что смутил меня.

— Неужели вы стали бы писать на необитаемом острове? Разве люди пишут не для того, чтобы их прочли?

Он просто по привычке облек фразу в вопросительную форму. На самом деле она утвердительна. Мягкость и робость, покрывавшие его точно лак, сразу облупились, я его больше не узнаю. В чертах появилось тяжеловесное упрямство — это твердыня самодовольства. Еще не оправившись от изумления, я слышу, как он говорит:

— Пусть мне скажут: я пишу для определенного социального круга, я пишу для своих друзей. Это я могу понять. Может быть, вы пишете для потомства... Но так или иначе, мсье, вопреки самому себе вы пишете для кого-то. — Он ждет ответа. И так как ответа нет, слабо улыбается. — Быть может, вы мизантроп?

Я знаю, что кроется за этой лицемерной попыткой примирения. В общем-то он требует от меня самой малости — всего только согласиться навесить на себя ярлык. Но это ловушка: если я соглашусь, Самоучка восторжествует; меня тут же переиначат, обработают, обойдут, ибо гуманизм подхватывает и переплавляет в единый сплав все возможные точки зрения. Спорить с гуманизмом впрямую — значит играть ему на руку; он живет за счет своих противников. Есть племя упрямых, ограниченных людей, настоящих разбойников, которые всякий раз ему проигрывают, — любую их крайность, самое злобное неистовство гуманизм переварит, превратив в белую пенистую лимфу. Он переварил уже антиинтеллектуализм, манихейство, мистицизм, пессимизм, анархизм, эготизм: все они превратились в различные этапы развития мысли, в ее незавершенные формы, все оправдание которых только в нем, в гуманизме. В этой теплой компании найдется место и для мизантропов; мизантропия — это не что иное, как диссонанс, необходимый для общей гармонии. Мизантроп — это человек, и, стало быть, гуманист в какой-то мере должен быть мизантропом. Но это мизантроп по науке, он умеет дозировать свою ненависть, он для того сначала и ненавидит человека, чтобы потом легче было его возлюбить.

Но я не хочу, чтобы меня превращали в эту составную, не хочу, чтобы на моей прекрасной алой крови жирело это лимфатическое чудовище: я не совершу глупости и не стану рекомендоваться «антигуманистом». Я просто НЕ гуманист, только и всего.

— На мой взгляд, — говорю я Самоучке, — людей так же невозможно ненавидеть, как невозможно их любить.

Самоучка смотрит на меня отдаленным, покровительственным взглядом. И шепчет, словно не отдавая себе в этом отчета:

— Их надо любить, их надо любить...

— Кого надо любить? Тех людей, что сидят здесь?

— И этих тоже. Всех.

Он оборачивается к сияющей молодостью парочке — вот кого надо любить. Потом созерцает седовласого господина. Потом переводит взгляд на меня, на его лице я читаю немой вопрос. Я отрицательно мотаю головой: «Нет». Он смотрит на меня с сожалением.

— Да и вы сами, — раздраженно говорю я, — вы сами тоже их нс любите.

— В самом деле, мсье? Может быть, вы разрешите мне с вами не согласиться?

Он опять стал почтителен до кончиков ногтей. Но взгляд его полон иронии, как будто его насмешили — дальше некуда. Он меня ненавидит. Зря я расчувствовался в отношении этого маньяка.

— Стало быть, вы любите вот этих двух молодых людей, которые сидят за вашей спиной? — в свой черед спрашиваю я.

Он снова смотрит на них, раздумывает.

— Вы хотите, — с недоверием начинает он, — заставить меня сказать, что я их люблю, хотя совсем не знаю. Да, мсье, признаюсь, я их не знаю... Если только сама любовь и не есть истинное знание, — добавляет он, самодовольно смеясь.

— Что же вы тогда любите?

— Я вижу, что они молоды, и люблю в них молодость. В числе всего прочего. — Он замолкает и прислушивается. — Вы слышите, о чем они говорят?

Слышу ли я! Молодой человек, ободренный благосклонностью окружающих, в полный голос рассказывает о футбольном матче, который его команда в прошлом году выиграла у клуба из Гавра.

— Он рассказывает ей какую-то историю, — говорю я Самоучке.

— Вот как! Мне не удается разобрать слова. Но я слышу голоса — нежный голос, громкий голос, они чередуются. Это... это так славно.

— А вот я, к несчастью, еще слышу, о чем они говорят.

— Ну и что?

— А то, что они играют комедию.

— В самом деле? Быть может, комедию молодости? — с иронией вопрошает он. — Позвольте мне, мсье, считать ее очень благотворной. Но разве достаточно получить в ней роль, чтобы снова оказаться в их возрасте?

Я глух к его иронии.

— Вы сидите к ним спиной, — продолжаю я, — вы не слышите, о чем они говорят... Ну, а какого цвета волосы у молодой женщины?

Он смущен.

— Волосы, гм... — Украдкой оглянувшись на молодых людей, он снова обретает уверенность. — Черные.

— Вот видите!

— Что именно?

— А то, что вы их вовсе не любите, этих двоих. Вряд ли вы узнаете их на улице. Для вас они всего только символы. Вас умиляют не они, вас умиляет Человеческая Молодость, Любовь Мужчины и Женщины, Человеческий Голос.

— Ну и что? Разве всего этого не существует?

— Конечно, нет! Не существует ни Юности, ни Зрелости, ни Старости, ни Смерти...

Лицо Самоучки, желтое и жесткое, как айва, перекосилось в осуждающей гримасе. Но я гну свое.

— Взять, к примеру, старика за вашей спиной, вот того, который пьет воду Виши. Полагаю, вы любите в нем Человека в зрелых годах. Человека в зрелых годах, который мужественно идет к закату дней и следит за собой, потому что не хочет опускаться?

— Совершенно верно, — говорит он с вызовом.

— И вы не видите, что это подонок?

Он смеется, он считает меня сумасбродом, он мельком оглядывается на красивое лицо в рамке седых волос.

— Допустим, мсье, что он производит такое впечатление. Но как вы можете судить о человеке по его лицу? Лицо человека, когда он расслабился, ни о чем не говорит.

Слепцы гуманисты! Это лицо говорит *так много*, так внятно — но смысл лица никогда не доходит до их нежной абстрактной души.

— Как вы можете, — продолжает Самоучка, — *обездвижить* человека и сказать о нем: он ЯВЛЯЕТ СОБОЙ то-то и то-то? Кому под силу исчерпать человека? Кому под силу познать все его душевные богатства?

Исчерпать человека! Походя снимаю шляпу перед католическим гуманизмом, у которого Самоучка, сам того не ведая, позаимствовал эту формулировку.

— Я знаю, — говорю я. — Знаю, что все люди достойны восхищения. Вы достойны восхищения. Я достоин восхищения. Само собой, в качестве созданий Божьих.

Он смотрит на меня, не понимая.

— Вы, конечно, шутите, мсье, — говорит он немного погодя, криво усмехаясь. — Но люди и в самом деле достойны восхищения. Трудно, мсье, очень трудно быть человеком.

Сам того не замечая, он удалился от любви к ближнему во Христе. Он качает головой и в силу удивительного закона мимикрии становится похожим на беднягу Геенно.

— Извините, — говорю я, — но в таком случае я не вполне уверен, что я человек: я никогда не замечал, что быть человеком так уж трудно. Мне казалось: живешь себе и живи.

Самоучка от души смеется, но глаза у него остаются недобрыми.

— Вы слишком скромны, мсье. Чтобы вынести свой удел — удел человеческий, вам, как и всем остальным, нужен большой запас мужества. Любая из грядущих минут, мсье, может стать минутой вашей смерти, и, зная это, вы способны улыбаться. Ну разве это не достойно восхищения? В самом ничтожном вашем поступке, — язвительно добавляет он, — заложен неслыханный героизм.

— А на десерт что будете, мсье? — спрашивает официантка.

Самоучка бледен как мел, веки над окаменевшими глазами полуопущены. Он слабо взмахивает рукой, как бы приглашая меня выбрать.

— Сыр, — решаюсь я, призывая на помощь весь свой героизм.

— А мсье?

Его передергивает.

— Что? Ах да — мне ничего, я кончил.

— Луиза!

Два толстяка расплачиваются и уходят. Один из них прихрамывает. Хозяин провожает их до дверей: это важные клиенты — им подали бутылку вина в ведерке со льдом.

Я смотрю на Самоучку не без угрызения: целую неделю он вожделенно предвкушал этот обед, за которым он поделится с другим своей любовью к людям. Ему так редко случается поговорить. И вот нате вам — я испортил ему удовольствие. По сути, он так же одинок, как я, — никому нет до него дела. Хотя он не отдает себе отчета в своем одиночестве. Ну что ж, не мне открывать ему глаза. Мне не по себе — я злюсь, это верно, но не на него, а на Виргана и иже с ним, на всех тех, кто отравил эти жалкие мозги. Будь они сейчас передо мной, у меня нашлось бы что им сказать. А Самоучке я не скажу ничего. К нему я испытываю только симпатию — он вроде мсье Ахилла, из нашего брата, он предает по неведению, из добрых побуждений!

Смех Самоучки выводит меня из моего мрачного раздумья.

— Простите, но когда я думаю о глубине моей любви к людям, о том, какие мощные порывы влекут меня к ним, а потом вижу, как мы двое сидим тут, рассуждаем, доказываем... меня разбирает смех.

Я молчу, я принужденно улыбаюсь. Официантка приносит мне на тарелке ломтик похожего на мел камамбера. Я оглядываю зал, и меня вдруг охватывает неописуемая гадливость. Что я тут делаю? Чего ради ввязался в спор о гуманизме? Зачем эти люди здесь? Зачем едят? Правда, они не знают, что они существуют. Мне хочется уйти, убраться туда, где я в самом деле окажусь НА СВОЕМ МЕСТЕ, на месте, где я придусь как раз кстати... Но такого места нет нигде, я лишний.

Самоучка смягчается. Он опасался с моей стороны более упорного сопротивления. Он готов предать забвению все, что я наговорил.

— В глубине души вы их любите, мсье, — заявляет он, доверительно склонившись ко мне, — вы любите их, так же как я. Мы расходимся только в словах.

Говорить я больше не в состоянии, я наклоняю голову. Лицо Самоучки приблизилось вплотную к моему. Он самодовольно улыбается у самого моего лица, как бывает в кошмарном сне. Я через силу пережевываю кусок хлеба, не решаясь его проглотить. Люди. Людей надо любить. Люди достойны восхищения. Сейчас меня вывернет наизнанку, и вдруг — вот она — Тошнота.

Тяжелый приступ — меня всего трясет. Уже целый час я чувствовал ее приближение, только не хотел себе в этом признаться. Этот вкус сыра во рту... Самоучка что-то лепечет, его голос вяло жужжит в моих ушах. Но я уже не слышу, что он говорит. Я киваю, как автомат. Моя рука сжимает ручку десертного ножа. Я ЧУВСТВУЮ черную деревянную ручку. Ее держит моя рука. Моя рука. Лично я предпочел бы не трогать ножа: чего ради вечно к чему-нибудь прикасаться? Вещи созданы не для того, чтобы их трогали. Надо стараться проскальзывать между ними, по возможности их не задевая. Иногда возьмешь какую-нибудь из них в руки — и как можно скорее спешишь от нее отделаться. Нож падает на тарелку. При этом звуке седовласый господин вздрагивает и смотрит на меня. Я снова беру нож, прижимаю лезвием к столу, сгибаю его.

Так вот что такое Тошнота, значит, она и есть эта бьющая в глаза очевидность? А я-то ломал себе голову! И писал о ней невесть что! Теперь я знаю: я существую, мир существует, и я знаю, что мир существует. Вот и все. Но мне это безразлично. Странно, что все мне настолько безразлично, меня это пугает. А пошло это с того злополучного дня, когда я хотел бросить в воду гальку. Я уже собрался швырнуть камень, поглядел на него, и тут-то все и началось: я почувствовал, что он существует. После этого Тошнота повторилась еще несколько раз: время от времени предметы начинают существовать в твоей руке. Приступ был в «Приюте путейцев», а до этого когда однажды ночью я смотрел в окно, а потом еще в воскресенье в городском парке и еще несколько раз. Но таким жестоким, как сегодня, он не был ни разу.

— ...Древнего Рима, мсье?

Кажется, Самоучка о чем-то спрашивает. Я оборачиваюсь к нему и улыбаюсь. В чем дело? Что с ним такое? Отчего он съежился на своем стуле? Значит, меня уже стали бояться? Этим должно было кончиться. Впрочем, мне все безразлично. Кстати, они боятся меня не совсем зря: я могу натворить что угодно. Например, всадить этот фруктовый ножик в глаз Самоучки. После этого сидящие вокруг люди кинутся меня топтать, выбьют мне зубы своими ботинками. Но удерживает меня не это: вкус крови во рту вместо вкуса сыра — разницы никакой. Но надо сделать движение, надо вызвать к жизни ненужное событие — ведь и крик, который вырвется у Самоучки, и кровь, которая потечет по его лицу, и то, что эти люди сорвутся со своих мест, — все лишнее, и без того хватает вещей, которые существуют.

Окружающие уставились на меня; два полномочных представителя молодости прервали свое нежное воркованье. Открытый рот женщины напоминает куриный зад. Между тем могли бы понять, что никакой опасности я не представляю.

Я встаю, вокруг меня все ходит ходуном. Самоучка впился в меня своими огромными глазами, которые я не выколю.

— Вы уже уходите? — бормочет он.

— Я немного устал. Спасибо за угощение. До свидания.

Тут я замечаю, что в левой руке по-прежнему держу десертный ножик. Бросаю его на тарелку, тарелка звякнула. В гробовой тишине прохожу по залу. Они перестали есть, они уставились на меня, аппетит у них пропал. Если подойти к молодой женщине и сказать «ух!», она наверняка завопит... Но не стоит труда.

И все же перед уходом я оборачиваюсь к ним лицом, чтобы оно врезалось в их память.

— До свидания, дамы и господа.

Они не отвечают, я ухожу. Теперь на их лица вернется румянец, и они заработают языками.

Не знаю, куда пойти. Я застыл рядом с поваром из картона. Мне нет нужды оборачиваться, чтобы увериться в том, что они смотрят на меня сквозь стекло — смотрят на мою спину с удивлением и отвращением; они-то думали, что я такой, как они, что я человек, а я их обманул. Я вдруг потерял свой человеческий облик, и они увидели краба, который, пятясь, удирал из этого слишком человечьего зала. Теперь разоблаченный самозванец спасся бегством — представление продолжается. Я чувствую спиной мельтешенье испуганных взглядов и мыслей, и меня это раздражает. Перехожу на другую сторону улицы. Этот тротуар тянется вдоль пляжа и купальных кабин.

По берегу прогуливаются люди, их много, они обратили к морю весенние, поэтические лица: это из-за солнца, у них праздник. Вот женщины в светлой одежде, в прошлогодних весенних нарядах — удлиненные белые фигуры похожи на лайковые перчатки; вот мальчишки, они идут в лицей, в коммерческую школу; вот старики с орденскими ленточками. Они не знакомы друг с другом, но смотрят друг на друга как сообщники, поскольку погода так хороша и все они люди. В дни объявления войны незнакомые люди обнимаются друг с другом, с наступлением очередной весны они расточают друг другу улыбки. Медленными шагами приближается священник, погруженный в чтение молитвенника. Время от времени он поднимает голову и одобрительно смотрит на море: море — ведь тоже молитвенник, оно свидетельствует о Боге. Легкие краски, легкие ароматы, весенние души. «Погода прекрасная, море зеленое, по мне, такой вот сухой холодок куда приятней, чем сырость». Поэты! А попробуй взять одного из них за отвороты пальто и сказать ему: «Помоги мне!» — он подумает: «Это что еще за краб?» — и удерет, оставив свое пальто в моих руках.

Я поворачиваюсь к ним спиной, опершись обеими руками о парапет. НА САМОМ ДЕЛЕ море — холодное, черное, оно кишит животными; оно извивается под тоненькой зеленой пленкой, созданной, чтобы обманывать людей. Окружающие меня сильфы попались на эту удочку — они видят только эту пленку, она-то и доказывает существование Бога! Но я вижу изнанку! Лакировка тает: восхитительная, бархатистая, как у персика, кожица, кожица доброго боженьки, везде и всюду с треском лопается под моим взглядом, трескается и зияет. Вот трамвай, идущий из Сент-Элемира, я поворачиваюсь кругом, и вместе со мной поворачиваются вещи, бледные и зеленые, как устрицы. Зря, совершенно зря я вскочил в трамвай, поскольку ехать мне никуда не хочется.

За окнами трамвая рывками мелькают голубоватые предметы, одеревенелые, ломкие. Люди, стены; какой-то дом, распахнув свои окна, показывает мне свое черное нутро; от трамвайного стекла черное обесцвечивается, голубеет: голубеет громадное здание из желтого кирпича, оно приближается, покачиваясь, вздрагивая, и вдруг останавливается, зарывшись носом в землю. Какой-то господин входит и садится напротив меня. Желтое здание снова пускается в путь, оно вдруг оказалось в двух шагах от трамвайного окна, оно так близко, что теперь видна только небольшая его часть, оно потемнело. Стекла дрожат. Здание растет, давит своей громадой, уходящей так высоко, что ее не видно, сотни распахнутых окон обнажили свое черное нутро; здание скользит мимо ящика вагона, почти задевая его: между дрожащими стеклами стало темно. Здание тянется без конца, желтое, как грязь, а стекла небесно-голубые. И вдруг здание исчезло, осталось позади, ящик заполнился живым серым светом, свет расползается вширь с неумолимой правотой — это небо; сквозь стекла видны новые и новые толщи неба; трамвай взбирается на холм Элифар, с двух сторон открылся широкий обзор: справа — до самого моря, слева — до аэродрома. Курить запрещается даже сигареты «Гитана».

Я опираюсь рукой на сиденье, но тут же отдергиваю руку — эта штуковина существует. Вещь, на которой я сижу, на которую я оперся рукой, называется сиденье. Они нарочно все сделали так, чтобы можно было сидеть: взяли кожу, пружины, ткань и принялись за работу, желая смастерить сиденье, а когда закончили, получилось вот ЭТО. Они принесли это сюда, вот в этот ящик, и теперь ящик катится, качается, и стекла в нем дрожат, и в своей утробе он несет эту красную штуку. Да это же скамейка, шепчу я, словно заклинание. Но слово остается у меня на губах, оно не хочет приклеиться к вещи. А вещь остается тем, что она есть со своим красным плюшем, который топорщит тысячу мельчайших красных лапок, стоящих торчком мертвых лапок. Громадное повернутое кверху брюхо, окровавленное, вздутое, ощерившееся всеми своими мертвыми лапками, брюхо, плывущее в этом ящике, в этом сером небе, — это вовсе не сиденье. С таким же успехом это мог бы быть, к примеру, издохший осел, который, раздувшись от воды, плывет по большой, широкой реке брюхом кверху, плывет по большой, серой, широко разлившейся реке, а я сижу на брюхе осла, спустив ноги в светлую воду. Вещи освободились от своих названий. Вот они, причудливые, упрямые, огромные, и глупо называть их сиденьями и вообще говорить о них что-нибудь. Я среди Вещей, среди не поддающихся наименованию вещей. Они окружили меня, одинокого, бессловесного, беззащитного, они подо мной, они надо мной. Они ничего не требуют, не навязывают себя, просто они есть. Между подушкой сиденья и деревянной стенкой проходит узенькая темная линия, она бежит вдоль сиденья с таинственным и проказливым видом, ни дать ни взять — улыбка. Я прекрасно знаю, что это не улыбка, но она существует, она бежит под белесоватыми стеклами, под дребезжанием стекол, она упрямо держится под голубыми картинками, которые мелькают за окнами, останавливаются и снова пускаются в путь, она упрямо держится, как смутное воспоминание об улыбке, как полузабытое слово, от него остался в памяти только первый слог, и самое лучшее — отвести глаза и думать о чем-нибудь другом, например об этом человеке, полулежащем на скамье вон там, против меня. У него голова цвета глины и голубые глаза. Вся правая часть его тела обмякла, правая рука приклеилась к телу, правая часть едва жива, живет с трудом, живет скаредно, словно ее разбил паралич.

Но зато на левой стороне паразитирует крохотная, быстро распространяющаяся язва существования; вот рука дрогнула, вот она поднялась, на ее конце — распрямленная кисть. А теперь дрогнула и кисть, и когда она оказалась на уровне черепа, один из пальцев вытянулся и стал скрести ногтем волосатую кожу. В правом углу рта появилось что-то вроде сладострастной гримасы, левая сторона остается мертвой. Вздрагивают стекла, вздрагивает рука, скребет и скребет ноготь, под неподвижными глазами кривится в улыбке рот, и человек терпит, не замечая, крохотное существование, которым набухла его правая сторона и которое, чтобы воплотиться, позаимствовало его правую руку и правую щеку. Кондуктор преграждает мне путь:

— Подождите остановки.

Но я отталкиваю его и на ходу соскакиваю с трамвая. Больше я вынести не мог. Не мог вынести навязчивую близость вещей. Я толкаю калитку, вхожу, пушинки существования вспархивают ввысь и усаживаются на ветках. Теперь я знаю, где я — я в городском парке. Падаю на скамью между громадными черными стволами, между черными узловатыми руками, которые тянутся к небу. Дерево скребет землю под моими ногами черным когтем. Мне бы так хотелось расслабиться, забыться, заснуть. Но я не могу: я задыхаюсь, существование проникает в меня через все поры, через рот, через нос, через уши...

И вдруг, разом, пелена прорывается, я понял, я УВИДЕЛ.

6 часов вечера

Не могу сказать, чтобы мне отлегло, что я доволен, — наоборот, меня это придавило. Но зато я достиг цели, я знаю то, что хотел узнать, я понял все, что со мной происходит, начиная с января. Тошнота не прошла и вряд ли скоро пройдет, но я уже не страдаю ею — это не болезнь, не мимолетный приступ, это я сам.

Итак, только что я был в парке. Под скамьей, как раз там, где я сидел, в землю уходил корень каштана. Но я уже не помнил, что это корень. Слова исчезли, а с ними смысл вещей, их назначение, бледные метки, нанесенные людьми на их поверхность. Я сидел ссутулившись, опустив голову, наедине с этой темной узловатой массой в ее первозданном виде, которая пугала меня. И вдруг меня осенило.

У меня перехватило дух. Никогда до этих последних дней я не понимал, что значит «существовать». Я был как все остальные люди, как те, что прогуливаются по берегу моря в своих весенних одеждах. Я, как они, говорил: «Море — зеленое, а белая точка вверху — это чайка», но я не чувствовал, что все это существует, что чайка — это «существующая чайка». Как правило, существование прячется от глаз. Оно тут, оно вокруг нас, в нас, оно МЫ САМИ, нельзя произнести двух слов, не говоря о нем, но прикоснуться к нему нельзя. Когда я считал, что думаю о нем, пожалуй, я не думал ни о чем, голова моя была пуста, а может, в ней было всего одно слово — «существовать». Или я мыслил... как бы это выразиться? Я мыслил категорией ПРИНАДЛЕЖНОСТИ. Я говорил себе: «Море принадлежит к группе предметов зеленого цвета, или зеленый цвет — одна из характеристик моря». Даже когда я смотрел на вещи, я был далек от мысли, что они существуют, — они представали передо мной как некая декорация. Я брал их в руки, пользовался ими, предвидел, какое сопротивление они могут оказать. Но все это происходило на поверхности. Если бы меня спросили, что такое существование, я по чистой совести ответил бы: ничего, пустая форма, привносимая извне, ничего не меняющая в сути вещей. И вдруг на тебе — вот оно, все стало ясно как день; существование вдруг сбросило с себя свои покровы. Оно утратило безобидность абстрактной категории: это была сама плоть вещей, корень состоял из существования. Или, вернее, корень, решетка парка, скамейка, жиденький газон лужайки — все исчезло; разнообразие вещей, пестрота индивидуальности были всего лишь видимостью, лакировкой. Лак облез, остались чудовищные, вязкие и беспорядочные массы — голые бесстыдной и жуткой наготой.

Я боялся пошевельнуться, но и не двигаясь, я видел позади деревьев синие колонны, и люстру музыкального павильона, и среди зарослей лавра — Велледу. Все эти предметы... как бы это сказать? Они мне мешали. Я хотел бы, чтобы они существовали не так назойливо, более скупо, более абстрактно, более сдержанно. Каштан мозолил мне глаза.

Зеленая ржавчина покрывала его до середины ствола; черная вздувшаяся кора напоминала обваренную кожу. Негромкое журчанье воды в фонтане Маскере вливалось мне в уши и, угнездившись в них, заполняло их вздохами; ноздри забивал гнилостный зеленый запах. Все тихо уступало, поддавалось существованию — так усталые женщины отдаются смеху, размягченным голосом приговаривая: «Хорошо посмеяться». Вещи выставляли себя напоказ друг другу, поверяя друг другу гнусность своего существования. Я, понял, что середины между небытием и разомлевшей избыточностью нет. Если ты существуешь, ты должен существовать ДО ЭТОЙ ЧЕРТЫ, до цвели, до вздутия, до непристойности. Есть другой мир — в нем сохраняют свои чистые строгие линии круги и мелодии. Но существовать — значит поддаваться. Деревья, синие ночные столбы, радостный хрип фонтана, живые запахи, маленькие сгустки тепла в холодном воздухе, рыжий человек, переваривающий пищу на скамье, — в этой общей дремоте, в этом общем переваривании пищи было что-то комическое... Комическое... нет, до этого дело не дошло; то, что существует, смешным быть не может; но было в этом какое-то расплывчатое, почти неуловимое сходство с водевильной ситуацией. Мы являли собой уйму существований, которые сами себе мешали, сами себя стесняли; как у одних, так и у других не было никаких оснований находиться здесь, каждый существующий, смущаясь, с безотчетным беспокойством ощущал себя лишним по отношению к другим. ЛИШНИЙ — вот единственная связь, какую я мог установить между этими деревьями, решеткой, камнями. Тщетно пытался я СОСЧИТАТЬ каштаны, СООТНЕСТИ ИХ В ПРОСТРАНСТВЕ с Велледой, сравнить их высоту с высотой платанов — каждый из них уклонялся от связей, какие я пытался им навязать, отъединялся и выплескивался из собственных границ. Я чувствовал всю условность связей (размеры, количества, направления), которые я упорно пытался сохранить, чтобы отсрочить крушение человеческого мира, они теперь отторгались вещами. Каштан впереди меня, чуть левее, — ЛИШНИЙ. Велледа — ЛИШНЯЯ...

И Я САМ — вялый, расслабленный, непристойный, переваривающий съеденный обед и прокручивающий мрачные мысли,— Я ТОЖЕ БЫЛ ЛИШНИМ. К счастью, я этого не чувствовал, скорее я понимал это умом, но мне было не по себе, потому что я боялся это почувствовать (я и сейчас этого боюсь, боюсь, как бы это не подкралось ко мне сзади, со стороны затылка, не вздыбило меня взметнувшейся глубинной волной). Я смутно думал о том, что надо бы покончить счеты с житью, чтобы истребить хотя бы одно из этих никчемных существований. Но смерть моя тоже была бы лишней. Лишним был бы мой труп, моя кровь на камнях, среди этих растений, в глубине этого улыбчивого парка. И моя изъеденная плоть была бы лишней в земле, которая ее приняла бы, и наконец мои кости, обглоданные, чистые и сверкающие, точно зубы, все равно были бы лишними: я был лишним во веки веков.

Сейчас под моим пером рождается слово Абсурдность — совсем недавно в парке я его не нашел, но я его и не искал, оно мне было ни к чему: я думал без слов о вещах, *вместе с* вещами. Абсурдность — это была не мысль, родившаяся в моей голове, не звук голоса, а вот эта длинная мертвая змея у моих ног, деревянная змея. Змея или звериный коготь, корень или коготь грифа — не все ли равно. И, не пытаясь ничего отчетливо сформулировать, я понял тогда, что нашел ключ к Существованию, ключ к моей Тошноте, к моей собственной жизни. В самом деле, все, что я смог уяснить потом, сводится к этой основополагающей абсурдности. Абсурдность — еще одно слово, а со словами я борюсь: там же я прикоснулся к самой вещи. Но теперь я хочу запечатлеть абсолютный характер этой абсурдности. В маленьком раскрашенном мирке людей жест или какое-нибудь событие могут быть абсурдными только относительно — по отношению к обрамляющим их обстоятельствам. Например, речи безумца абсурдны по отношению к обстановке, в какой он находится, но не по отношению к его бреду. Но я только что познал на опыте абсолютное — абсолютное, или абсурд. Вот хотя бы этот корень — в мире нет ничего, по отношению к чему он не был бы абсурден. О, как мне выразить это в словах? Абсурден по отношению к камням, к пучкам желтой травы, к высохшей грязи, к дереву, к небу, к зеленым скамейкам. Неумолимо абсурден; даже глубокий, тайный бред природы не был в состоянии его объяснить. Само собой, я знал не все — я не видел, как прорастало семя, как зрело дерево. Но перед этой громадной бугристой лапой неведение, как и знание, было равно бессмысленно: мир объяснений и разумных доводов и мир существования — два разных мира. Круг не абсурден, его легко можно объяснить, вращая отрезок прямой вокруг одного из его концов. Но круг ведь и не существует. А этот корень, наоборот, существовал именно постольку, поскольку я не мог его объяснить. Узловатый, неподвижный, безымянный, он зачаровывал меня, лез мне в глаза, непрестанно навязывал мне свое существование. Тщетно я повторял: «Это корень», — слова больше не действовали. Я понимал, что от функции корня — вдыхающего насоса — невозможно перебросить мостик *к этому,* к этой жесткой и плотной тюленьей коже, к ее маслянистому, мозолистому, упрямому облику. Функция ничего не объясняла — она позволяла понять в общих чертах, что такое корень, но не ДАННЫЙ корень. Этот корень, с его цветом, формой, застывшим движением, не поддавался никакому объяснению, был... уровнем ниже его. Каждое из его свойств как бы отчасти утрачивалось им, вытекало наружу и, наполовину отвердев, становилось почти вещью, но в самом корне каждое из них было ЛИШНИМ, и теперь уже мне казалось, что и весь ствол извергает себя из самого себя, отрицает себя, теряется в странном избытке. Я поскоблил каблуком черный коготь: мне хотелось слегка его ободрать. Просто так, из вызова, чтобы на дубленой коже появилась абсурдная розоватость ссадины, чтобы ПОИГРАТЬ с абсурдностью мира. Но, убрав ногу, я увидел, что кора осталась черной.

Черной? Я почувствовал, как слово выдыхается, как оно стремительно теряет смысл. Черный? Корень НЕ *был* черным, не чернота была на этом куске дерева, на нем было... было что-то другое. Черное, так же как круг, не существовало.

Я посмотрел на корень: был ли он *больше* чем черным или *почти* черным? Но я тут же перестал задавать себе подобные вопросы — я почувствовал, что вступаю в область познания. А я уже и прежде пытался вот так же неуемно прощупывать не поддающиеся наименованию предметы, уже делал попытку — но тщетно — мыслить О НИХ и уже успел почувствовать, как их свойства, холодные, безжизненные, не даются в руки, проскальзывают между пальцами. Вот, например, в тот вечер, в «Приюте путейцев», подтяжки Адольфа. Они НЕ БЫЛИ фиолетовыми. Передо мной вновь встали два не поддающихся определению пятна на рубашке. И камень, пресловутый камень, с которого и началась вся эта история: он не был... я уже не помнил в точности, каким он отказывался быть. Но я не забыл его пассивного сопротивления. Или рука Самоучки; как-то в библиотеке я взял ее и пожал, а потом у меня возникло ощущение, что это как бы не совсем рука. Я подумал тогда о жирном белом червяке, но это был и не червяк. И двусмысленная прозрачность пивной кружки в кафе «Мабли». Двусмысленные — вот какими были все эти звуки, запахи, вкусы. Случалось, они порскнут у тебя под носом, словно выгнанный из норы заяц, ты не обращаешь на них особенного внимания, и они кажутся простыми, надежными, и можно думать, что в мире и впрямь бывает настоящий синий, настоящий белый цвет, настоящий запах миндаля или фиалки. Но стоит на секунду их удержать, как чувство уверенности и удобства сменяется чудовищной тревогой: краски, вкусы, запахи никогда не бывают настоящими, они не бывают собой, и только собой. Простейшее, неразлагаемое свойство в самом себе, в своей сердцевине, избыточно по отношению к самому себе. Вот, например, это черное возле моей ноги, казалось, что это не черный цвет, а скорее смутное усилие кого-то, кто никогда не видел черного, вообразить черное и кто, не сумев вовремя удержаться, вообразил какое-то сомнительное существо, за пределами цвета. Это ПОХОДИЛО на цвет, но также... на синяк или на какие-то выделения, на жировой выпот — да и на другие вещи, например на запах, это переплавлялось в запах влажной земли, теплого и влажного дерева, в черный запах, как лаком покрывавший это волокнистое дерево, в сладковатый вкус жеваного волокна. Я не мог сказать, что просто ВИЖУ это черное: зрение — абстрактная выдумка, очищенная, упрощенная идея, идея, созданная человеком. Эта чернота, эта аморфная вялая явь, переполняла собой зрение, обоняние и вкус. Но изобилие оборачивалось мешаниной и в итоге превращалось в ничто, потому что было лишним.

Удивительная минута. Неподвижный, застывший, я погрузился в зловещий экстаз. Но в самый разгар экстаза возникло нечто новое: я понял Тошноту, овладел ею. По правде сказать, я не пытался сформулировать свое открытие. Но думаю, что отныне мне будет нетрудно облечь его в слова. Суть его — случайность. Я хочу сказать, что — по определению — существование не является необходимостью. Существовать — это значит БЫТЬ ЗДЕСЬ, только и всего; существования вдруг оказываются перед тобой, на них можно НАТКНУТЬСЯ, но в них нет ЗАКОНОМЕРНОСТИ. Полагаю, некоторые люди это поняли. Но они попытались преодолеть эту случайность, изобретя существо необходимое и самодовлеющее. Но ни одно необходимое существо не может помочь объяснить существование: случайность — это не нечто кажущееся, не видимость, которую можно развеять; это нечто абсолютное, а стало быть, некая совершенная беспричинность. Беспричинно все — этот парк, этот город и я сам. Когда это до тебя доходит, тебя начинает мутить и все плывет, как было в тот вечер в «Приюте путейцев», — вот что такое Тошнота, вот что Подонки с Зеленого Холма и им подобные пытаются скрыть с помощью своей идеи права. Жалкая ложь — ни у кого никакого права нет; существование этих людей так же беспричинно, как и существование всех остальных, им не удается перестать чувствовать себя лишними. В глубине души, втайне, они ЛИШНИЕ, то есть бесформенные, расплывчатые, унылые.

Как долго длилось это наваждение? Я БЫЛ корнем каштана. Или, вернее, я весь целиком был сознанием его существования. Пока еще отдельным от него — поскольку я это сознавал — и, однако, опрокинутым в него, был им, и только им. Зыбкое сознание, которое, однако, всей своей ненадежной тяжестью налегало на этот кусок инертного дерева. Время остановилось маленькой черной лужицей у моих ног, ПОСЛЕ этого мгновения ничто уже не могло случиться. Я хотел избавиться от этой жестокой услады, но даже представить себе не мог, что это возможно; я был внутри: черный комель НЕ ПРОХОДИЛ, он оставался где был, он застрял в моих глазах, как поперек горла застревает слишком большой кусок. Я не мог ни принять его, ни отвергнуть. Ценой каких усилий удалось мне поднять глаза вверх? Да и поднял ли я их? Пожалуй, скорее на какое-то мгновение я самоуничтожился. И когда мгновение спустя возродился вновь, голова моя была уже откинута назад и глаза устремлены вверх. В самом деле, я не помню этого перехода. Но мне вдруг стало невозможно мыслить существованием корня. Существование пропало, тщетно я повторял себе: корень существует, он все еще здесь, под скамейкой, у моей правой ноги, — это были пустые слова. Существование — это не то, о чем можно размышлять со стороны: нужно, чтобы оно вдруг нахлынуло, навалилось на тебя, всей тяжестью легло тебе на сердце, как громадный недвижный зверь, — или же ничего этого просто-напросто нет.

Ничего этого больше не было, взгляд мой опустел, я был счастлив, что освободился. А потом внезапно перед глазами у меня вдруг что-то стало шевелиться и замелькали легкие, неопределенные движения — это ветер потряс верхушку дерева.

Я, пожалуй, даже обрадовался, когда что-то зашевелилось у меня перед глазами, можно было отдохнуть от множества неподвижных существований, которые уставились на меня застывшим взглядом. Наблюдая, как покачиваются ветки, я говорил себе: движение всегда существует не вполне, оно — переходная ступень, посредник между двумя существованиями, разреженное время. Я приготовился увидеть, как движение возникает из небытия, как мало-помалу зреет и расцветает — наконец-то мне удастся подсмотреть, как существование рождается на свет.

Но не понадобилось и трех секунд, чтобы все мои надежды рухнули. На колеблющихся ветках, слепо шаривших вокруг, я не мог уловить «переход» к существованию. Сама идея перехода тоже придумана людьми. Слишком определенная идея. Все эти крошечные подрагивания были отделены друг от друга, выступали сами по себе. Они со всех сторон кишели на ветках и сучьях. Они вихрились вокруг этих высохших рук, обволакивая их крохотными ураганами. Само собой, движение было чем-то иным, нежели дерево. И все равно это был абсолют.

Вещь. Все, на что натыкался мой взгляд, было заполнено. На концах веток роились существования, они непрерывно обновлялись, но они не рождались никогда. Существующий ветер гигантской мухой садился на дерево, и дерево трепетало. Но трепет не был нарождающимся свойством, переходом от возможности к действию; это была вещь, вещь-трепетание растекалась по дереву, завладевала им, сотрясала его и вдруг покидала, уносясь прочь, чтобы крутиться вокруг самой себя. Все было полным-полно, все было действием, разреженного времени не было, все, даже самое незаметное содроганье, состояло из существования. И все существующее, что мельтешило вокруг дерева, не являлось ниоткуда и не исчезло никуда. Вдруг оказывалось, что оно существует, и потом вдруг, что уже — нет. Существование лишено памяти: от ушедших оно не сохраняет ничего — даже воспоминания. Существование всюду до бесконечности излишне, излишне всегда и всюду. Существование всегда ограничено только существованием. Я привалился к скамье, оглушенный, раздавленный избытком не имеющих начала существ: все вокруг распускалось, расцветало, в ушах звенело от существований, сама моя плоть трепетала и приоткрывалась, отдаваясь вселенскому почкованию, это было омерзительно. «Но к чему, — подумал я, — к чему столько существований, если все похожи друг на друга?» Зачем столько одинаковых деревьев? Столько потерпевших неудачу существований, которые упорно возобновляются и снова терпят неудачи, напоминая неловкие усилия насекомого, опрокинувшегося на спину. (Я и сам одно из таких усилий.) Это изобилие вовсе не казалось щедростью — наоборот. Оно было хмурым, хилым, тяготившим самое себя. Деревья, громоздкие, неуклюжие тела... Я рассмеялся, вспомнив вдруг, как в книгах описывают великолепную весну, когда все лопается, взрывается и буйно расцветает. Нашлись дураки, которые толкуют о воле к власти, о борьбе за жизнь. Неужто они никогда не смотрели на животное или на дерево? Вот этот платан с пятнами проплешин, вот этот полусгнивший дуб — и меня хотят уверить, что это молодые, рвущиеся к небу силы? Или этот корень? Очевидно, мне должно представить его себе как алчный коготь, раздирающий землю, чтобы вырвать у нее пищу?

Нет, я не могу смотреть на вещи такими глазами. Дряблость, слабость — да. Деревья зыбились. И это значило, что они рвутся к небу? Скорее уж они никли; с минуты на минуту я ждал, что стволы их сморщатся, как усталый фаллос, что они съежатся и мягкой, черной, складчатой грудой рухнут на землю. ОНИ НЕ ХОТЕЛИ СУЩЕСТВОВАТЬ, но не могли не существовать — вот в чем загвоздка. И они потихоньку, без малейшего пыла, варили себе свои крохотные варева: сок медленно, нехотя поднимался по сосудам, а корни медленно уходили в землю. Но каждую минуту казалось, что сейчас они плюнут на все и сгинут. Усталые, старые, они продолжали свое нерадивое существование, потому что у них не хватало сил умереть, потому что смерть могла их настигнуть только извне: только музыкальные мелодии гордо несут в себе, как внутреннюю необходимость, свою собственную смерть: но они ведь не существуют. А все сущее рождается беспричинно, продолжается по недостатку сил и умирает случайно. Я откинулся назад и закрыл глаза. Но всполошившиеся образы тотчас ринулись вперед, заняв существованием все пространство под моими сомкнутыми веками: существованием заполнено все, и человеку от него никуда не деться.

Странные образы. Они представляли уйму разных вещей. Но не подлинных вещей, а их подобий. Деревянные предметы походили на стулья, на деревянные башмаки, а другие предметы были похожи на растения. И еще два лица: той пары, которая однажды в воскресенье обедала рядом со мной в пивной «Везелиз». Жирные, жаркие, чувственные, несуразные, с красными ушами. Я видел плечи и шею женщины. Существование в его наготе. Эти двое — пришедшая мысль вдруг внушила мне ужас, — эти двое продолжали существовать где-то в Бувиле; где-то — среди каких запахов? — эта мягкая грудь продолжала тереться о прохладную ткань, уютно располагаться в кружевах, и женщина продолжала чувствовать, что ее грудь существует в ее корсаже, и думать: «Мои сиси, мои наливные яблочки», и загадочно улыбаться, прислушиваясь к тому, как набухают ее груди, от которых ей было щекотно, и тут я вскрикнул и обнаружил, что глаза у меня открыты.

Неужели мне привиделась эта чудовищная явь? Она была здесь в парке, она растекалась по нему, оседала на деревьях, вязкая, липкая, густая, как варенье. Неужели же я вместе со всем парком тоже был внутри ее? Я испугался, но в особенности обозлился, это было так глупо, так нелепо, я ненавидел этот гнусный мармелад. Но он был, он был! Он поднимался до самого неба, он распространялся вширь, он заполнял все своей студенистой расслабленностью, я видел его бездонные глубины, они уходили далеко за пределы сада, за пределы домов Бувиля, я был уже не в Бувиле, да и нигде в другом месте, я парил. Я ничуть не удивился, я понимал, что это Мир, мир, который предстал передо мной во всей своей наготе, и я задыхался от ярости при виде этого громадного абсурдного существа. Нельзя было даже задаться вопросом, откуда все это берется и как все-таки получается, что существует какой-то мир, а не ничто. Вопрос не имел никакого смысла, мир был явлен всюду — впереди, позади. И до него ничего не было. Ничего. Не было такого мгновения, когда он не существовал. Вот это-то меня и раздражало: ведь ясное дело — не было НИКАКОГО смысла в том, что эта текучая личинка существует. Но не существовать ОНА НЕ МОГЛА. Это было непредставимо: чтобы вообразить небытие, надо уже оказаться здесь, в гуще этого мира, живым, с открытыми глазами; небытие — это была всего лишь мысль в моей голове, мысль, существующая и парящая в этой огромности: небытие не могло ПРЕДШЕСТВОВАТЬ существованию, оно было таким же существованием, как и все прочее, и появилось позднее многого другого.

«Какая гнусность! Какая гнусность!» — закричал я и встряхнулся, стараясь освободиться от этой липучей гнусности, но справиться с ней было нелегко, ее было слишком много, тонны и тонны существований, без конца и края, и я задыхался в глубине этой неохватной тоски. И вдруг парк опустел, словно все провалилось в какую-то бездонную дыру, мир исчез так же, как появился, а может, я проснулся — так или иначе, я его больше не видел; вокруг меня была только желтая земля, из которой во все стороны торчали мертвые, сухие ветви.

Я встал, я пошел к выходу. Дойдя до калитки, я бросил взгляд назад. И тут парк улыбнулся мне. Опершись на решетку ограды, я долго смотрел на него. Улыбка деревьев, зарослей лавра ДОЛЖНА ЖЕ БЫЛА ЧТО-ТО ОЗНАЧАТЬ; так вот она, истинная тайна существования. Я вспомнил, как однажды в воскресенье, недели три тому назад, я уже подметил, что вещи выглядят словно бы сообщники. Чьи сообщники — мои? Я с тоской чувствовал, что мне не по силам это понять. Не по силам. И все же это было тут, это ждало, это напоминало взгляд. Оно было там, на стволе этого каштана... это был САМ каштан. Вещи были похожи на мысли, которые замерли на полдороге, которые забыли сами себя, забыли, что они думали, да так и повисли между небом и землей, вместе со странным крохотным смыслом, который не могут в себя вместить. Этот крохотный смысл меня раздражал — я НЕ МОГ его понять и не понял бы, проторчи я хоть сто семь лет возле этой ограды; я узнал о существовании все, что мог узнать. Я ушел, я вернулся в отель и сделал вот эту запись.

Той же ночью

Решение принято: поскольку я больше не пишу книгу, мне незачем оставаться в Бувиле, переберусь в Париж. Выеду в пятницу пятичасовым поездом, в субботу увижу Анни, думаю, что мы проведем вместе несколько дней. Потом вернусь сюда, чтобы уладить кое-какие дела и сложить чемоданы. Не позднее первого марта надеюсь окончательно обосноваться в Париже.

Пятница

В «Приюте путейцев». Мой поезд отходит через двадцать минут. Патефон. Острое предчувствие приключения.

Суббота

Анни в длинном черном платье открывает мне дверь. Руки она, конечно, не протягивает, не говорит: «Здравствуй!» Моя правая рука в кармане плаща. Анни говорит ворчливым тоном, очень быстро, спеша покончить с формальностями:

— Входи и садись где хочешь, только не в кресло у окна.

Это она, безусловно она. Руки у нее праздно повисли, на лице угрюмое выражение, которое в былые времена придавало ей сходство с девочкой переходного возраста. Но теперь Анни на девочку не похожа. Она раздобрела, у нее пышная грудь.

Анни закрывает дверь и задумчиво говорит, обращаясь к самой себе:

— Не знаю, может, мне сесть на кровать...

В конце концов она опускается на какой-то сундук, покрытый ковриком. Походка ее изменилась — Анни двигается с грузным величием, не лишенным грации: видно, что ей мешает ее свежеиспеченная полнота. И все же, несмотря ни на что, это она, это Анни.

Она разражается смехом.

— Почему ты смеешься?

Верная своей привычке, она отвечает не сразу, выражение у нее задиристое.

— Скажи, почему?

— Да потому, что, не успев войти, ты расплылся в улыбке. Ты похож на отца, который только что выдал замуж дочь. Ну ладно, постоял и хватит. Снимай плащ и садись. Если хочешь, сюда.

Воцаряется молчание, Анни не делает попытки его нарушить. Какая голая комната! В прежние времена, куда бы Анни ни ехала, она всюду таскала за собой огромный чемодан, набитый шалями, тюрбанами, мантильями, японскими масками, лубочными картинками. Не успевала она устроиться в отеле — пусть даже на одну ночь, — она первым делом открывала чемодан и извлекала из него все свои богатства, которые развешивала на стенах, прицепляла к лампам, покрывала ими столы или пол в замысловатом и изменчивом порядке; не проходило и получаса, как самый заурядный гостиничный номер приобретал такую насыщенную, чувственную индивидуальность, что было почти невмоготу. Может, Анни потеряла свой чемодан или оставила в камере хранения... В этой холодной комнате с приоткрытой дверью в ванную есть что-то зловещее. Она напоминает мой номер в Бувиле, его более роскошный и грустный вариант.

Анни смеется снова. Я узнаю этот хохоток — очень высокий и немного в нос.

— Да, ты не изменился. Чего ты ищешь с таким ошалелым видом?

Она улыбается, но при этом вглядывается в меня с любопытством, почти враждебным.

— Просто я подумал: по этой комнате не скажешь, что в ней живешь ты.

— А-а, вон что, — неопределенно отзывается она.

И снова молчание. Теперь Анни села на кровать, черное платье ее очень бледнит. Волосы она не остригла. Она по-прежнему невозмутимо смотрит на меня, чуть вздернув брови. Значит, ей нечего мне сказать? Зачем же она меня вызвала? Молчание становится невыносимым.

— Я рад тебя видеть, — жалким тоном говорю вдруг я.

Последнее слово застревает у меня в горле. Если ничего умнее я придумать не мог, лучше было вообще не открывать рта. Сейчас она рассердится. Вообще-то я предполагал, что первые четверть часа будут мучительными. И прежде, когда я встречался с Анни после перерыва, пусть мы не виделись всего сутки, пусть это было наутро после сна, я никогда не умел найти слов, каких она ждала, какие подходили к ее платью, к погоде, к последним фразам, которыми мы обменялись накануне. Чего же она хочет сейчас? Я не могу угадать.

Поднимаю глаза. Анни смотрит на меня даже с какой-то нежностью.

— Выходит, ты совсем не изменился? Все такой же глупый?

На ее лице удовлетворение. Но до чего же усталый у нее вид!

— Ты дорожный столб, — говорит она, — столб, который стоит на обочине. Ты невозмутимо сообщаешь и всю свою жизнь будешь сообщать, что до Мелёна двадцать семь километров, а до Монтаржи сорок два. Вот почему ты мне так необходим.

— Я тебе необходим? Я был тебе необходим все четыре года, что мы не виделись? Хорошо же ты скрывала свои чувства.

Я говорю это с улыбкой, иначе она подумает, что я на нее в обиде. Но я чувствую, что улыбка получилась насквозь фальшивая. Мне не по себе.

— Как ты глуп! Видеть тебя — если речь об этом — необходимости у меня, конечно, нет. В тебе, понимаешь ли, нет ничего такого, что особенно радовало бы глаз. Но мне необходимо, чтобы ты жил на свете и чтобы ты не менялся. Ты как платиновый метр, который хранится где-то, не то в

Париже, не то поблизости. Не думаю, чтобы кому-нибудь когда-нибудь хотелось его видеть.

— Вот и ошибаешься.

— Не важно, мне, во всяком случае, не хочется. Но я рада, что он существует, что он равен в точности десятимиллионной доле четвертой части земного меридиана. И я думаю об этом каждый раз, когда при мне что-нибудь измеряют в квартире или когда я покупаю материю.

— Вот как? — холодно говорю я.

— Но ведь я могла бы думать о тебе просто как о некоем абстрактном свойстве, о своего рода мерке. Ты должен быть благодарен, что я каждый раз вспоминаю при этом твое лицо.

Итак, вот они опять, наши классические препирательства, которые в былые дни мне приходилось поддерживать, испытывая в душе простые, пошлые желания: сказать ей, что я ее люблю, стиснуть ее в объятьях. Сегодня у меня никаких желаний нет. Разве что помолчать, посмотреть на нее и в молчании ощутить все значение невероятного события — передо мной Анни. А для нее — неужели для нее этот день похож на все другие? Ее руки не дрожат. Наверно, в тот день, когда она мне написала, ей надо было мне что-то сказать, а может, это была минутная прихоть. Теперь всего этого след простыл.

И вдруг Анни улыбается мне с такой откровенной нежностью, что на глаза у меня навертываются слезы.

— Я думала о тебе гораздо чаще, чем о платиновом метре. Не проходило дня, чтобы я не думала о тебе. И вспоминала тебя в мельчайших подробностях.

Она встает, подходит ко мне и опирается руками мне на плечи.

— Посмей сказать, что ты вспоминал мое лицо, хотя сам ты на меня жалуешься.

— Это нечестно, — отвечаю я, — ты же знаешь, у меня скверная память.

— Значит, признаешься — ты меня совсем забыл. Ну скажи, ты узнал бы меня на улице?

— Еще бы. Но ведь не об этом речь.

— Помнишь ты хотя бы, какого цвета у меня волосы?

— Само собой! Белокурые.

Она смеется.

— Как гордо ты это сказал. Ты же сейчас на них глядишь, так что напрягать память тебе не приходится.

Она взъерошила мне волосы.

— А у тебя волосы рыжие, — говорит она, передразнивая меня. — В первый раз, когда я тебя увидела, на тебе была — никогда ее не забуду — мягкая шляпа сиреневого оттенка, которая ну никак не вязалась с твоими рыжими волосами. Глазам было больно. А где теперь твоя шляпа? Хочу выяснить, по-прежнему ли у тебя такой дурной вкус?

— Я больше не ношу шляп.

Она присвистывает, вытаращив глаза.

— Сам ты до этого додуматься не мог. Сам? Ну, поздравляю. Молодец! Правда, это следовало сообразить давно. Твои волосы не сочетаются ни с чем, они не смотрятся ни со шляпами, ни с подушками кресел, ни даже с обоями, если обои служат им фоном. Или тебе надо нахлобучивать шляпу по самые уши, как ту английскую, фетровую, которую ты купил в Лондоне. Ты засунул свои вихры под шляпу, и можно было подумать, что у тебя вообще череп голый. — И добавляет решительным тоном, каким обычно завершают привычные ссоры: — Тебе это совсем не шло.

Я не помню, о какой шляпе речь.

— А я разве говорил, что мне это идет?

— Еще бы, конечно, говорил! Только об этом и говорил. И украдкой гляделся в зеркало, когда думал, что я тебя не вижу.

Это знание прошлого меня сокрушает. По Анни даже не скажешь, что она оживляет в памяти воспоминания: в ее голосе ни малейшего оттенка задумчивой растроганности, приличествующей такого рода занятию. Она говорит так, точно речь идет о сегодняшнем дне, в крайнем случае о вчерашнем; все свои давние взгляды, пристрастия, обиды она сохранила в их первозданной свежести. Для меня же, наоборот, все подернулось поэтической дымкой, я готов на любые уступки.

И вдруг она говорит без всякого выражения:

— А я, как видишь, потолстела, состарилась, мне надо за собой следить.

Верно. И какой усталый у нее вид! Я открыл было рот, но она тотчас добавляет:

— Я играю в театре, в Лондоне.

— С Кандлером?

— Конечно, нет. Вовсе не с Кандлером. Это на тебя похоже. Ты вбил себе в голову, что я буду играть с Кандлером. Сколько раз тебе повторять, что Кандлер дирижер? Нет, это маленький театр, на Сохо-Сквер. Мы ставили «Emperor Jones»*, пьесы Шона О'Кейси, Синга и «Британника».

— «Британника»? — переспрашиваю я удивленно.

— Да, представь себе, «Британника». Из-за этого я и уволилась. Это мне пришла мысль поставить «Британника», а они вздумали дать мне роль Юнии.

— Вот как?

— Ну, а я, естественно, могу играть только Агриппину.

— Что же ты делаешь теперь?

Зря я задал этот вопрос. Лицо Анни сразу стало безжизненным. Однако она отвечает без запинки.

— Я больше не играю. Я путешествую. Есть тут один тип, который меня содержит. — Она улыбается. — Ох, пожалуйста, не гляди на меня так озабоченно, никакой трагедии нет. Я тебе всегда говорила, что преспокойно могла бы поступить на содержание. Впрочем, это старик, он мне не мешает.

---

* «Император Джонс» *(англ.)*.

— Англичанин?

— Какая тебе разница? — спрашивает она запальчиво. — Не будем о нем говорить. Ни мне, ни тебе до него дела нет. Чаю хочешь?

Она входит в ванную комнату. Я слышу, как она там бродит и гремит какими-то кастрюльками, разговаривая сама с собой, бормочет что-то невнятно и раздраженно. На ночном столике у ее кровати, как всегда, лежит том «Истории Франции» Мишле. Над кроватью — теперь я это рассмотрел — она повесила фотографию, одну-единственную, репродукцию портрета Эмилии Бронте, написанного братом писательницы.

Анни возвращается и говорит напрямик:

— А теперь рассказывай о себе.

И снова исчезает в ванной. Вот это я помню, несмотря на свою плохую память: она всегда задавала прямые вопросы, которые меня весьма смущали, потому что в них чувствовался, с одной стороны, искренний интерес, с другой — желание поскорее покончить с темой. Во всяком случае, после этого вопроса сомнений уже не остается — ей что-то от меня надо. Это все еще только подступы: отмести то, что может помешать, окончательно уладить второстепенные вопросы («Теперь рассказывай о себе»). После этого о себе заговорит она. И мне вдруг совершенно расхотелось что бы то ни было ей рассказывать. К чему? Тошнота, страх, существование... Пусть лучше все это останется при мне.

— Ну же, поторапливайся, — кричит она из-за перегородки. Она возвращается с чайником в руках. — Ты живешь в Париже?

— Я живу в Бувиле.

— В Бувиле? Почему вдруг? Ты, надеюсь, не женился?

— Женился? — Я так и подпрыгнул.

Мне очень льстит, что Анни могла прийти в голову такая мысль. Я от нее этого не скрываю.

— Что за чушь! Это из тех натуралистических фантазий, за которые ты меня когда-то укоряла. Помнишь, когда я воображал тебя вдовой с двумя сыновьями. И рассказывал тебе всякие истории о том, что с нами будет. Ты терпеть их не могла.

— А тебе это нравилось, — говорит она без всякого смущения. — Ты рассказывал их, чтобы самоутвердиться. Впрочем, на словах ты негодуешь, но с тебя станется втихомолку жениться. Ты целый год с негодованием твердил, что ни за что не пойдешь на «Императорские фиалки». А потом я однажды заболела, и ты один пошел смотреть фильм в кинотеатре по соседству.

— Я живу в Бувиле, — с достоинством говорю я, — потому что пишу книгу о маркизе де Рольбоне.

Анни смотрит на меня, усердно выказывая заинтересованность.

— Маркиз де Рольбон? Который жил в XVIII веке?

— Да.

— Правда, ты мне о нем рассказывал, — уклончиво говорит она. — Значит, это исторический труд?

— Да.

— А-а!

Если она задаст мне хотя бы один вопрос, я расскажу ей все. Но она ни о чем больше не спрашивает. Несомненно, считает, что того, что она узнала обо мне, вполне достаточно. Анни прекрасно умеет слушать, но только тогда, когда хочет. Я смотрю на нее — она опустила глаза, она думает о том, что мне сейчас скажет, о том, как приступить к разговору. Не надо ли и мне начать ее расспрашивать? Думаю, ей это ни к чему. Она заговорит, когда сочтет нужным. Сердце у меня громко стучит.

— А я изменилась, — внезапно говорит она.

Вот и начало. Но она умолкла. Она разливает чай в белые фарфоровые чашки. Она ждет ответа — значит, надо что-то сказать. Но не первые попавшиеся слова, а именно то, чего она ждет. Я полон терзаний. Верно ли, что она изменилась? Ну да, она потолстела, вид у нее усталый, но она, конечно, имеет в виду другое.

— Не знаю. Не нахожу. Ты смеешься, как прежде, как прежде, подходишь и кладешь руки мне на плечи, как прежде, любишь рассуждать вслух. Ты все так же читаешь «Историю» Мишле. Ну, и многое другое...

Например, то, что для нее очень важна моя непреходящая сущность и ей совершенно безразлично, что со мной может случиться в жизни, и еще этот забавный наигрыш, педантичный и в то же время очаровательный, и то, как, с первой минуты отбрасывая заученные формулы вежливости, изъявления дружелюбия, — все, что облегчает людям общение, она вынуждает своих собеседников непрестанно импровизировать.

Она пожимает плечами.

— Нет, я изменилась, — сухо говорит она, — изменилась полностью. Я стала совершенно другим человеком. И думала, ты заметишь это с первого взгляда. А ты мне толкуешь об «Истории» Мишле. — Она становится прямо передо мной. — Поглядим, так ли этот человек умен, как он воображает. Ну-ка, угадай, в чем я изменилась.

Я мнусь. Она притоптывает ногой, пока еще улыбаясь, но явно начиная раздражаться.

— Было у меня одно свойство, которое когда-то тебя мучило. Так по крайней мере ты утверждал. А теперь все, было да сплыло. Ты должен был это заметить. Разве ты не чувствуешь себя сейчас увереннней в моем присутствии?

Я не решаюсь сказать: нет, не чувствую; я совсем как прежде сижу на кончике стула и весь поглощен тем, чтобы не угодить в какую-нибудь западню и не вызвать необъяснимых для меня вспышек гнева.

Она снова села.

— Ну так вот, — говорит она, убежденно кивая головой, — раз ты не понимаешь, значит, ты очень многое забыл. Даже больше, чем я думала. Ну вот хотя бы помнишь свои прежние грехи? Ты приходил, говорил, уходил — и все невпопад. Представь, что все осталось как было: ты вошел бы, на стенах висели бы маски и шали, я сидела бы на постели и сказала бы тебе (она запрокидывает голову и, раздувая ноздри, театрально произносит, словно потешаясь над самой собой): «Ну, чего ты ждешь? Садись». И само собой, я бы ни в коем случае не предупредила тебя: «Только не в кресло у окна».

— Ты подстраивала мне ловушки.

— Это были не ловушки... И конечно, ты — ты бы непременно направился прямехонько к креслу.

— И что бы со мной случилось? — спрашиваю я, оборачиваясь и с любопытством разглядывая кресло.

Вид у него самый обыкновенный, слащаво-уютный и удобный.

— Неприятности, — кратко отвечает Анни.

Я не расспрашиваю — Анни всегда окружала себя разнообразными табу.

— По-моему, я кое о чем догадываюсь, — говорю я. — Хотя это было бы очень странно. Постой, дай сообразить. В самом деле, комната эта совсем пустая. Согласись — это я заметил сразу же. Ну так вот, я вошел бы и впрямь увидел бы на стенах маски, шали и все прочее. Гостиница всегда кончалась у твоих дверей. Твой номер — это был уже другой мир... Ты бы не пошла мне открывать. Ты сидела бы, забившись в угол, может, даже прямо на полу, на красном ковре, который ты всюду с собой возила, и глядела бы на меня беспощадным взглядом, ожидая... Не успел бы я сказать слово, сделать движение, отдышаться, как ты начала бы хмуриться и я сразу почувствовал бы, что провинился, сам не знаю в чем. Потом с каждой минутой мои оплошности множились бы и я был бы кругом виноват...

— Сколько раз так бывало?

— Сотни раз.

— Не меньше! Может, с тех пор ты поумнел, стал проницательней?

— Нет!

— Рада, что ты это признаешь. Ну и?..

— Ну и теперь всего этого нет...

— Ага! — восклицает она театральным тоном. — А он едва решается в это поверить! И продолжает мягко: — Ну так вот, можешь мне поверить — этого больше нет.

— И совершенных мгновений нет?

— Нет.

Я ошеломлен. Я настаиваю.

— И что же, ты не... Значит, кончились эти... трагедии, внезапные трагедии, в которых маски, шали, мебель и я сам — все играли какую-нибудь маленькую роль, а ты играла главную?

— Неблагодарный, — улыбается она. — Иногда я предназначала ему роль куда более важную, чем моя собственная. А он и не подозревал об этом. Так вот — да, все кончено. Ты удивлен?

— О, еще бы! Конечно, удивлен! Я считал, что все это частица тебя самой и тебя этого лишить — все равно что вырвать у тебя сердце.

— Я тоже так считала, — говорит она без всякого сожаления. И добавляет с ноткой иронии, оставляющей у меня тягостный осадок: — Как видишь, я могу жить без этого.

Скрестив пальцы, она придерживает ладонями колено. И смотрит в пространство с блуждающей улыбкой, от которой вдруг молодеет все ее лицо. Сейчас она похожа на толстушку девочку, полную таинственности и чем-то очень довольную.

— Да, я рада, что ты остался прежним. Если бы тебя переставили на другое место, перекрасили и вкопали в землю на обочине другой дороги, я потеряла бы ориентир. Ты мне необходим: я меняюсь, но ты, таков уговор, должен оставаться, каким был. Глядя на тебя, я могу измерить, насколько изменилась я сама.

Я все-таки слегка задет.

— Ну так вот, мерка у тебя неточная, — живо возражаю я. — За это время я как раз переменился, и по сути я...

— Пфф! — с уничтожающим презрением фыркает она. — Подумаешь, интеллектуальные перемены! Вот я изменилась до мозга костей...

До мозга костей... Что потрясло меня в ее голосе? Так или иначе, во мне вдруг совершается перелом — я перестаю искать исчезнувшую Анни. Меня трогает вот эта толстая, потрепанная жизнью женщина, это ее я люблю.

— У меня появилась странная уверенность... физическая, что ли. Я чувствую, что совершенных мгновений не бывает. Когда хожу, я чувствую это ногами. Чувствую все время, даже когда сплю. И не могу об этом забыть. И не то чтобы это меня однажды осенило — я не могу сказать: вот с такой-то минуты или с такого-то дня моя жизнь переменилась. Но отныне у меня всегда такое состояние, будто накануне до меня внезапно это дошло. Я ошеломлена, я не в своей тарелке, я не могу к этому привыкнуть.

Она произносит все это спокойным голосом, с оттенком гордости из-за того, что она так изменилась. Она покачивается на своем сундуке с удивительной грацией. Еще ни разу с тех пор, как я вошел, она не была так похожа на прежнюю Анни, на Анни, какой она была в Марселе. Она вновь покорила меня, вновь погрузила в свой странный мир, за пределами смешного, наигранного, за пределами мудрствований. Я даже вновь чувствую тот легкий озноб, который всегда охватывал меня в ее присутствии, тот же горький привкус во рту.

Анни разомкнула пальцы и выпустила из рук колено. Она молчит. Это рассчитанное молчание — так в Опере сцена остается пустой в течение семи оркестровых тактов, не больше и не меньше. Анни пьет чай. Потом отставляет чашку и, выпрямившись, опирается кулаками на края сундука.

И вдруг ее лицо становится великолепным лицом Медузы, которое я когда-то так любил: исполненное ненависти, перекошенное, ядовитое. Анни меняет не выражение, она меняет лицо, как античные актеры меняли маски — в мгновение ока. И каждая из этих масок призвана творить определенную атмосферу, задавать тон тому, что последует. Маска появляется и остается неизменной, покуда Анни говорит. Потом маска спадает, отделяется от Анни.

Анни устремила на меня невидящий взгляд. Сейчас она заговорит. Я жду трагического монолога на уровне ее маски, жду погребального песнопения.

Но она произносит короткую фразу:

— Я живой мертвец.

Тон не вполне соответствует лицу. Он не трагичен: он страшен — в нем сухое отчаяние, без слез, без жалости. Да, что-то в ней безнадежно иссохло.

Маска упала. Анни улыбается.

— Я вовсе не грущу. Иногда меня это даже удивляло, и зря: о чем мне грустить? Когда-то я была способна на пылкие страсти. Я страстно ненавидела свою мать. Или вот тебя, — с вызовом говорит она, — тебя я страстно любила.

Она ждет ответной реплики. Я молчу.

— Но с этим, разумеется, покончено раз и навсегда.

— Откуда ты знаешь?

— Знаю. Знаю, что больше никто и ничто не сможет внушить мне страсть. Понимаешь, начать кого-нибудь любить — это целое дело. Нужна энергия, любопытство, ослепленность... Вначале бывает даже такая минута, когда нужно перепрыгнуть пропасть: стоит задуматься, и этого уже не сделаешь. Я знаю, что больше никогда не прыгну.

— Почему?

Анни бросает на меня иронический взгляд и не отвечает.

— Теперь я живу в окружении моих усопших страстей. Пытаюсь воскресить ту прекрасную ярость, которая побудила меня двенадцатилетней девчонкой кинуться с четвертого этажа, когда мать меня высекла. — И без видимой связи, с отстраненным видом добавляет: — И еще мне нельзя слишком пристально глядеть на вещи. Я должна взглянуть, понять, что это, и сразу отвести глаза.

— Почему?

— Мне противно.

Ну разве это не?.. Во всяком случае, похоже. В Лондоне уже однажды было, что мы, каждый в отдельности, в одно и то же время подумали одно и то же об одних и тех же вещах. Я был бы так рад, если бы... Но мысль Анни делает обычно причудливые извивы, никогда нельзя быть уверенным, что ты ее понял до конца. Я должен это выяснить.

— Послушай, я хотел тебе сказать: ведь я никогда в точности не знал, что такое совершенные мгновения. Ты мне никогда не объясняла.

— Конечно, ты ведь и не делал ни малейших усилий, чтобы понять. Ты оставался рядом со мной чурбан чурбаном.

— Увы! Я знаю, во что мне это обошлось.

— Ты заслужил то, что с тобой случилось, ты был очень виноват. Ты раздражал меня своей основательностью. Всем своим видом ты будто говорил: «Вот я, я человек нормальный» — и старался показать, какой ты здоровяк, как ты пышешь моральным здоровьем.

— И все-таки я сотни раз просил тебя объяснить, что такое...

— Да, но каким тоном! — гневно возражает она. — Ты снисходительно осведомлялся: вот какой у тебя был тон. Ты спрашивал с ласковой рассеянностью, как старые дамы спрашивали меня, во что я играю, когда я была маленькая. Вообще-то говоря, — задумчиво продолжает она, — может, как раз тебя я и ненавидела больше всех на свете.

Она делает над собой усилие и, взяв себя в руки, улыбается — щеки ее все еще пылают. Она очень хороша.

— Я готова объяснить тебе, что это такое. Теперь я уже достаточно стара, чтобы, не злясь, посвятить добрых старушек вроде тебя в игры моего детства. Ну говори, что ты хочешь знать?

— Что это такое было.

— Я рассказывала тебе о выигрышных ситуациях?

— По-моему, нет.

— Рассказывала, — твердо заявляет она. — Это было в Эксе, на площади — не помню ее названия. Мы сидели в саду кафе, на самом солнцепеке, под оранжевыми зонтиками. Ты забыл — мы еще пили лимонад, и я обнаружила в сахарной пудре дохлых мух.

— А-а, возможно...

— В том самом кафе я и говорила тебе о выигрышных ситуациях. Говорила в связи с большим изданием «Истории» Мишле — с тем, которое было у меня в детстве. Оно было гораздо больше этого, и страницы в нем были тускло-белые, как сердцевина шампиньона, и пахли грибами. После смерти моего отца дядя Жозеф присвоил эти тома и уволок к себе. В тот самый день я и назвала его старой свиньей, а мать меня высекла, и я выбросилась из окна.

— Да, да... ты что-то рассказывала мне об этой «Истории Франции»... Ты, кажется, читала ее на чердаке? Видишь, я припоминаю. Ты несправедливо обвиняешь меня в том, что я все забыл.

— Помолчи. Так вот, как ты совершенно правильно вспомнил, я уносила эти тома на чердак. В них было очень мало картинок — три-четыре в каждом томе. Но каждая занимала целую страницу, а оборотная сторона была чистая. Это производило на меня тем большее впечатление, что на других страницах ради экономии места текст был набран в два столбца. Я любила эти гравюры особенной любовью: я все их знала наизусть и, перечитывая какой-нибудь том Мишле, еще за пятьдесят страниц до очередной картинки начинала ждать ее появления, и каждый раз мне казалось чудом, что она на месте. Тут была еще одна тонкость: сцена, изображенная на картине, никогда не совпадала с текстом на ближайших страницах — чтобы найти описание событий, надо было забежать на тридцать страниц вперед.

— Умоляю тебя, поговорим о совершенных мгновениях.

— А я тебе говорю о выигрышных ситуациях. Это они были изображены на гравюрах. И я прозвала их выигрышными. Должно же было в них быть что-то особенное, если именно их решили сделать предметом таких немногочисленных иллюстраций. Понимаешь — выбрали именно их, хотя было множество эпизодов, куда более благодарных для художника или более важных для истории. Например, на весь XVI век приходилось всего три картинки: гибель Генриха II, убийство герцога де Гиза и въезд Генриха IV в Париж. И вот я вообразила, что эти события чем-то отличаются от других. К тому же гравюры укрепляли меня в этой мысли — рисунок на них был аляповат, руки и ноги плохо прилажены к туловищу. Но они были полны величия. Вот, например, убит герцог де Гиз — и все очевидцы в ужасе и негодовании выставили вперед ладони, а сами отворачиваются: это очень красиво — ни дать ни взять хор. И не думай, что картинки пренебрегали забавными житейскими подробностями. Ты видел на них и пажей, которые падают с лошади, и маленьких собачек, разбегающихся в разные стороны, и шутов, сидящих на ступеньках трона. Но все эти детали были изображены так величественно и неуклюже, что великолепно гармонировали со всем остальным, пожалуй, я не встречала картин, где бы так строго было выдержано единство. Вот отсюда все и пошло.

— Выигрышные ситуации?

— Во всяком случае, то, как я себе их представляла. Это были ситуации, обладавшие редкими, драгоценными особенностями, если хочешь — стилем. Например, когда мне было восемь, я считала, что быть королем — выигрышная ситуация. Или еще умереть. Ты смеешься, но на картинках было столько людей, изображенных в минуту смерти, и столько людей произносили в этот миг возвышенные слова, что я искренне верила... в общем, я думала, что в минуту агонии человек способен стать выше самого себя. Впрочем, достаточно было просто находиться в комнате, где лежит покойник: смерть была выигрышной ситуацией, от нее исходило нечто такое, что передавалось всем находящимся рядом. Некое величие. Когда умер мой отец, мне приказали пойти наверх в его комнату, чтобы увидеть его в последний раз. Поднимаясь по лестнице, я чувствовала себя глубоко несчастной, но в то же время меня опьянял какой-то набожный восторг — наконец-то я попаду в выигрышную ситуацию. Я оперлась о стену, я пыталась вести себя соответственно такой минуте. Но на коленях у постели стояли мои тетка и мать и своими рыданиями все мне портили.

Последние слова Анни произносит сердито, как будто воспоминание все еще для нее мучительно. Она делает паузу: глядя в одну точку, вздернув брови, она, воспользовавшись случаем, переживает былую сцену заново.

— Позднее я расширила это понятие: во-первых, добавила к выигрышным ситуациям еще одну — любовь (я имею в виду любовный акт). Да вот, кстати, если ты раньше не понимал, почему я тебе отказывала в... в некоторых твоих просьбах, теперь можешь сообразить: я старалась кое-что уберечь. А потом я решила, что, наверно, выигрышных ситуаций гораздо больше, чем я могу насчитать, и в конце концов предположила, что они неисчислимы.

— Хорошо, но что же они все-таки такое?

— Да я же тебе объяснила, — удивленно говорит она. — Вот уже пятнадцать минут я тебе это втолковываю.

— Так что же, важнее, чтобы человек был охвачен какой-то сильной страстью, скажем, ненавистью или любовью, или чтобы во внешней стороне события было величие, то есть я хочу сказать, в той его стороне, которая нам видна?

— И то, и другое, — отвечает она неохотно.

— А совершенные мгновения? Они здесь при чем?

— Они настают потом. Сначала появляются предвестья. Потом в жизнь людей медленно, величаво вступает выигрышная ситуация. И вот тут возникает вопрос, хочешь ли ты превратить ее в совершенное мгновение.

— Понял, — говорю я. — В каждой выигрышной ситуации надо совершать определенные поступки, принимать определенные позы, говорить определенные слова — а другие позы и слова категорически возбраняются. Верно?

— Если угодно...

— В общем, выигрышная ситуация — это сырье, его надо обработать.

— Именно, — говорит она. — Сначала надо оказаться в каких-то исключительных обстоятельствах, а потом ощутить, что вносишь в них порядок. Если все эти условия соблюдены, мгновение становится совершенным.

— Словом, это своего рода произведение искусства.

— Ты мне это уже говорил, — раздраженно возражает она. — Нет: это был... долг. Выигрышную ситуацию ты обязан преобразить в совершенное мгновение. Это был вопрос нравственности. Можешь смеяться сколько угодно — именно нравственности.

Я вовсе не смеюсь.

— Слушай, — говорю я внезапно, — я тоже хочу покаяться. Я никогда тебя по-настоящему не понимал, не старался искренне тебе помочь. Если бы я знал...

— Спасибо, большое спасибо, — говорит она с иронией. — Надеюсь, ты не ждешь благодарности за твое запоздалое раскаяние. Впрочем, я на тебя не сержусь — я никогда ничего тебе толком не объясняла, я была зажата, я не могла говорить об этом ни с кем, даже с тобой — в особенности с тобой. В эти минуты всегда вторгалась какая-то фальшивая нота. И я теряла голову. А между тем у меня бывало такое чувство, что я сделала все что могла.

— Ну а что надо было делать? Как себя вести?

— До чего ты глуп! Разве можно привести пример? Смотря по обстоятельствам.

— Но расскажи, что ты пыталась делать.

— Не хочу. Впрочем, пожалуй, расскажу тебе историю, которая поразила меня, когда я еще в школе училась. Был один король, он проиграл сражение и попал в плен. И сидел где-то в уголке в лагере победителя. Перед ним провели в оковах его сына и дочь. Он не заплакал, не сказал ни слова. Потом перед ним провели, тоже в оковах, одного из его слуг. И тут он начал стонать и рвать на себе волосы. Другие примеры можешь придумать сам. Но ты понял: иногда плакать нельзя, или ты мразь. Но если тебе на ногу упало полено, можешь делать что угодно — хныч, рыдай, прыгай на другой ноге. Глупо все время оставаться стоиком — растратишь себя по пустякам. — Она улыбается. — А в некоторых случаях надо быть даже БОЛЬШЕ чем стоиком. Ты, конечно, не помнишь, как я в первый раз поцеловала тебя?

— Прекрасно помню, — победно заявляю я, — это было в Кью-Гарденз на берегу Темзы.

— Но ты никогда не подозревал, что я сидела на крапиве: платье у меня задралось, крапива обстрекала ляжки, и при малейшем движении их жгло все сильнее. Ну так вот, тут одного стоицизма было мало. Ты меня нисколько не волновал, особого желания целоваться с тобой у меня не было, поцелуй, который я собиралась тебе подарить, имел куда более важный смысл — то был залог, договор. Понимаешь сам, как некстати пришлась эта боль: в такую минуту я не имела права думать о своих ляжках. Мало было не показывать, что мне больно, надо было боли не чувствовать. — Она гордо смотрит на меня, все еще удивленная своим подвигом. — На целых двадцать минут — на все то время, что ты меня уламывал, хотя я и без того уже решила тебя поцеловать, на все то время, что я заставила себя упрашивать, — ведь поцелуй должен был быть дан по всем правилам, — я себя полностью обезболила. А, Бог свидетель, кожа у меня на редкость чувствительна. Но я НИЧЕГО не чувствовала, пока мы не встали.

Все так, все знакомо. И приключений нет, и совершенных мгновений нет... мы утратили одни и те же иллюзии, мы шли одними и теми же путями. Остальное я угадываю — могу даже сам вместо нее договорить то, что ей еще осталось сказать:

— И вот ты поняла, что всегда найдутся тетки, которые плачут, или рыжий тип, или кто-нибудь еще, кто испортит тебе всю картину?

— Конечно, — подтвердила она без восторга.

— Разве не в этом дело?

— Ох, знаешь, с оплошностями рыжего типа я в конце концов могла бы смириться. В общем-то с моей стороны было чистейшей любезностью интересоваться тем, как играют свою роль другие... нет, дело скорее в том...

— В том, что выигрышных ситуаций нет?

— Именно. Я думала, что ненависть, любовь или смерть низвергаются на нас, как языки пламени в Страстную пятницу. Я думала, что можно излучать ненависть или смерть. Как я ошибалась! Ну да, я ведь и впрямь верила, что существует «Ненависть», которая нисходит на людей и возвышает их над собой. А на самом деле это я сама — я ненавижу, я люблю. Но ведь каждое «я» — это всегда одно и то же, некое месиво, и оно тянется, тянется... и все так похожи, что просто диву даешься, зачем это люди придумали имена и какие-то различия.

Наши мысли совпадают. Мне кажется, мы никогда не расставались.

— Послушай, — говорю я. — Вот уже несколько минут я размышляю кое о чем, что нравится мне больше, чем роль дорожного столба, которую ты мне великодушно предназначила: дело в том, что мы изменились одновременно и одинаково. И знаешь, мне это больше по душе, чем видеть, как ты уходишь все дальше и дальше, а я обречен всегда оставаться твоей отправной точкой. Все, что ты мне сейчас рассказала, я сам хотел тебе рассказать — правда, другими словами. Мы прибыли в один и тот же пункт. Не могу тебе передать, как меня это радует.

— Да? — говорит она ласково, но упрямо. — А я все же предпочла бы, чтобы ты не менялся, — так удобнее. Я не похожа на тебя, мне вовсе не нравится, что кто-то думает так же, как я. Да и потом, ты ошибаешься.

Я рассказываю ей о том, что со мной произошло, говорю о существовании — наверно, слишком пространно. Она прилежно слушает, расширив глаза, вздернув брови.

Я кончил — на ее лице облегчение.

— Ну так вот, ты думаешь совсем не так, как я. Ты недоволен, потому что хотел бы, чтобы вещи располагались вокруг тебя словно букеты цветов, а тебе чтобы для этого не пришлось и пальцем шевельнуть. Я никогда так многого не требовала — я хотела действовать. Знаешь, когда мы с тобой изображали искателей приключений, — ты был тем, с кем приключения случаются, а я той, кто их вызывает. Я говорила: «Я человек действия». Помнишь? Ну так вот, а теперь я просто-напросто говорю: «Быть человеком действия нельзя».

Должно быть, по моему лицу она видит, что меня не убедила, потому что начинает горячиться и заявляет уже решительней:

— К тому же есть многое, чего я тебе не сказала, это слишком долго объяснять. Например, даже в ту минуту, когда я действовала, мне надо было говорить себе, что это может привести к... роковым последствиям. Не могу толком объяснить...

— И не надо, — нудно упорствую я, — об этом я думал тоже.

Она глядит на меня с недоверием.

— Послушать тебя, ты обо всем на свете думал то же, что и я, — очень странно.

Убедить я ее не могу, только вызову ее гнев. Я молчу. Мне хочется стиснуть ее в объятиях.

Вдруг она бросает на меня тревожный взгляд:

— Но если ты все это думал, как тогда быть?

Я опускаю голову.

— Стало быть, я... я живой мертвец? — тяжело повторяет она.

Что я могу ей ответить? Разве я знаю, зачем мы живем? Я не отчаиваюсь, как она, потому что никаких особых надежд я не питал. Скорее я... удивлен жизнью, которая дана мне ради — ради

НИЧЕГО. Я не поднимаю головы, мне не хочется видеть в эту минуту лицо Анни.

— Я путешествую, — хмуро говорит она. — Сейчас я из Швеции. На неделю остановилась в Берлине. Тут этот тип, который меня содержит...

Стиснуть ее в объятиях... К чему? Что я могу для нее сделать? Она одинока, как и я.

— Что ты там бормочешь? — спрашивает она уже более веселым тоном.

Я поднимаю взгляд. Она смотрит на меня с нежностью.

— Так, ничего. Просто кое о чем подумал.

— О, таинственная личность! Или говори внятно, или молчи, одно из двух.

Я рассказываю ей о «Приюте путейцев», о пластинке со старым «рэгтаймом», которую я всегда прошу поставить, о странном счастье, какое при этом испытываю.

— Я думал, нельзя ли тут найти или хотя бы поискать...

Она не отвечает, похоже, ее не слишком заинтересовали мои слова.

Но все же немного погодя она подхватывает — и я не пойму, отвечает она собственным мыслям, или это отклик на то, что я только что сказал.

— Картины, статуи — они не помогут: это красота *вне* меня. Музыка...

— Ну а в театре...

— Что в театре? Ты решил перечислить все виды искусств?

— Ты когда-то говорила, что хочешь играть в театре, потому что в нем можно воплощать совершенные мгновения!

— Да, я воплощала их, но для других. А сама была в пыли, на сквозняке, под слепящими софитами, среди картонных декораций. Обычно моим партнером был Торндайк. Ты, наверно, видел его в «Ковент-Гарден». Я всегда боялась, что расхохочусь ему в лицо.

— И тебя никогда не захватывала твоя роль?

— Минутами чуть-чуть, но никогда целиком. Главным для всех нас оставался черный провал прямо перед нами, и в его глубине люди, которых мы не видели, — для них мы в самом деле разыгрывали совершенное мгновение. Но понимаешь, они ведь не жили внутри этого мгновения — оно развертывалось у них на глазах. Думаешь, мы, актеры, находились внутри? В конечном счете его не было нигде, ни по ту, ни по эту сторону рампы, — оно не существовало; и, однако, все о нем думали. Вот почему, малыш, — говорит она, растягивая слова, тоном едва ли не вульгарным, — я все послала к чертям.

— А я пытался написать эту книгу...

— Я живу в прошлом, — перебила она меня. — Восстанавливаю в памяти все, что со мной было, и переделываю на свой лад. На расстоянии все кажется не таким уж скверным, и ты почти готов в это поверить. Вот и наша с тобой история совсем недурна. Я ее чуть-чуть подправляю, и она превращается в цепочку совершенных мгновений. Тогда я закрываю глаза и пытаюсь вообразить, что я все еще переживаю их. Есть у меня и другие персонажи. Надо только уметь сосредоточиться. Знаешь, что я прочитала? «Духовные упражнения» Лойолы. Они мне очень помогли. Есть такой способ — сначала расставить декорации, а потом вызывать к жизни персонажей. И тогда удается УВИДЕТЬ, — заканчивает она с видом заклинательницы.

— Мне этого было бы далеко не достаточно, — замечаю я.

— А думаешь, мне достаточно?

Мы помолчали. Смеркается — я едва различаю бледное пятно ее лица. Черная одежда Анни сливается с сумерками, затопившими комнату. Машинально я беру чашку, где на дне еще осталось немного чаю, и подношу к губам. Чай остыл. Мне хочется закурить, но я не решаюсь. Я мучительно ощущаю, что нам больше нечего сказать друг другу. Еще вчера мне хотелось забросать ее вопросами: где она побывала, что делала, с кем встречалась? Но меня это интересовало лишь постольку, поскольку Анни способна была отдаться этому всей душой. А теперь мне все равно: страны, города, которые Анни повидала, мужчины, которые за ней ухаживали и которых, может статься, она любила, — все это не захватывало ее, в глубине души она оставалась совершенно равнодушной: мимолетные солнечные блики на поверхности темного, холодного моря. Передо мной сидит Анни, мы не виделись четыре года, и нам больше нечего друг другу сказать.

— А теперь, — говорит вдруг Анни, — тебе пора. Я кое-кого жду.

— Ты ждешь?..

— Нет, я жду одного немца, художника.

Она смеется. Ее смех странно звучит в темной комнате.

— Вот, кстати, человек, который на нас с тобой не похож, — пока еще не похож. Он действует, он расходует себя.

Я неохотно встаю.

— Когда я тебя увижу?

— Не знаю, завтра я уезжаю в Лондон.

— Через Дьеп?

— Да, а потом, наверно, в Египет. Может, будущей зимой проездом опять загляну в Париж, я тебе напишу.

— Завтра я целый день свободен, — робко говорю я.

— Да, но у меня много дел, — сухо отвечает она. — Нет, я не могу с тобой увидеться. Я напишу тебе из Египта. Дай мне твой адрес.

— Хорошо.

На обрывке конверта я в потемках нацарапываю свой адрес. Надо будет попросить в отеле «Прентания», чтобы мне пересылали письма, когда я уеду из Бувиля. В глубине души я знаю, что Анни мне не напишет. Может, я увижу ее через десять лет. А может, мы видимся в последний раз. Я не просто подавлен, оттого что расстаюсь с ней, — мне жутко при мысли, что я снова окажусь в одиночестве.

Анни встает, в дверях она бегло целует меня в губы.

— Я хочу вспомнить вкус твоих губ, — говорит она с улыбкой. — Мне надо омолодить воспоминания для моих «духовных упражнений».

Я беру ее за руку и притягиваю к себе. Она не сопротивляется, но мотает головой.

— Нет. Меня это больше не волнует. Начать сначала нельзя... Впрочем, если уж извлекать что-то из людей, не все ли равно — ты или первый попавшийся смазливый мальчишка.

— Но что ты собираешься делать?

— Я же сказала тебе — поеду в Англию.

— Да нет, я имею в виду...

— Говорю тебе — ничего!

Не выпуская ее рук, я тихо говорю:

— Выходит, я тебя нашел, чтобы снова потерять.

Теперь я отчетливо вижу ее лицо. Оно вдруг посерело и вытянулось. Лицо старухи, жуткое лицо — я уверен, это лицо Анни не старалась вызвать к жизни, — оно явилось само, помимо ее воли и, может, даже против ее воли.

— Нет, — медленно говорит она, — нет. Ты меня не нашел.

Она высвобождается из моих рук. Открывает дверь. Коридор залит светом.

Анни смеется.

— Бедняга! Ему не повезло. Первый раз в жизни хорошо играет свою роль, а благодарности никакой. Ладно, уходи.

И за моей спиной захлопывается дверь.

Воскресенье

Утром я посмотрел расписание поездов: если Анни сказала правду, она едет через Дьеп поездом, который отходит в пять тридцать восемь. Но может, «тип» увезет ее на машине? Все утро я бродил по улицам Менильмонтана, а потом по набережным. Всего несколько шагов, несколько стен отделяли меня от нее. В пять тридцать восемь наша вчерашняя беседа станет воспоминанием, тучная женщина, губы которой мимолетно коснулись моих губ, соединится в прошлом с худенькой девушкой из Мекнеса и Лондона. Но пока еще ничто не ушло в прошлое, поскольку она здесь, поскольку еще можно ее увидеть, убедить, увести с собой навсегда. Я еще не чувствовал одиночества.

Я хотел перестать думать об Анни, потому что, вызывая в своем воображении ее тело и лицо, я совершенно терял власть над собой: руки у меня тряслись, по телу пробегала холодная дрожь. Я стал перелистывать книги на прилавках букинистов, и в первую очередь всякую похабщину — что там ни говори, это отвлекает.

Когда на часах вокзала Орсе пробило пять, я рассматривал гравюры в книжонке под названием «Доктор с хлыстом». Они были довольно однообразны: на большинстве бородатый детина заносил плеть над чудовищными голыми задами. Едва я понял, что уже пять, я бросил книгу на прилавок и, схватив такси, помчался к вокзалу Сен-Лазар. Минут двадцать я прохаживался по платформе, потом увидел их. На ней было широкое меховое манто, придававшее ей вид дамы. И вуалетка. На нем пальто из верблюжьей шерсти. Он был загорелый, еще молодой, очень высокий и очень красивый. Без сомнения, иностранец, но никак не англичанин — может быть, египтянин. Они поднялись в вагон, не заметив меня. Друг с другом они не разговаривали. Потом он вышел, чтобы купить газеты. Анни опустила стекло в своем купе; тут она меня увидела. Она долго глядела на меня без гнева, ничего не выражающим взглядом. Потом он вернулся в вагон, и поезд тронулся. В эту минуту я вдруг отчетливо увидел ресторан на Пиккадилли, где мы когда-то обедали, потом все кануло. Я отправился бродить по улицам. Устав, я вошел в какое-то кафе и заснул. Официант разбудил меня, и я пишу сейчас, еще не стряхнув с себя сон.

Завтра дневным поездом я вернусь в Бувиль. Я останусь в нем не больше двух дней — этого хватит, чтобы сложить чемоданы и закончить расчеты с банком. В отеле «Прентания», наверно, захотят, чтобы я уплатил за две недели вперед, поскольку я заранее не предупредил об отъезде. Еще надо вернуть книги в библиотеку. Так или иначе, до конца недели я возвращусь в Париж.

Что я выиграю от этой перемены? Не один город, так другой: один рассечен надвое рекой, другой окружен морем — если этого не считать, они похожи. Люди выбирают невозделанную, бесплодную землю и громоздят на нее громадные полые камни. В этих камнях заключены запахи, они тяжелее воздуха. Иногда их выбрасывают через окно на улицы, и они остаются там, пока их не разметет ветер. В ясную погоду в город с одной стороны вливаются шумы и, пройдя сквозь все стены, выходят с другой; бывает, они кружат среди камней, которые раскаляются на солнце, а на морозе покрываются трещинами.

Я боюсь городов. Но уезжать из них нельзя. Если ты рискнешь оторваться от них слишком далеко, тебя возьмет в свое кольцо Растительность. Растительность, протянувшаяся на километры и километры, ползет к городам. Она ждет. Когда город умрет, Растительность вторгнется в него, вскарабкается вверх по камням, оплетет их, проберется внутрь и разорвет своими длинными черными щупальцами; она лишит отверстия света и повсюду развесит свои зеленые лапы. Пока города живы, надо оставаться в них, нельзя одному проникать под густые космы у городских ворот — пусть себе колышутся и лопаются без свидетелей. В городах, если повести себя умело и выбрать часы, когда животные переваривают пищу или спят в своих убежищах за грудами продуктов распада органического мира, можно встретить только минералы — наименее страшное из всего, что существует.

Мне предстоит вернуться в Бувиль. Растительность осаждает его только с трех сторон. С четвертой стороны — огромная пропасть, заполненная черной шевелящейся водой. Между домами свистит ветер. Запахи здесь задерживаются не так долго, как в других местах: гонимые ветром к морю, они стелются над черной водой, словно блуждающие сгустки тумана. Идет дождь. На участке, обнесенном с четырех сторон оградой, люди оставили место для растений. Но это оскопленные, прирученные, безобидные растения — так они разжирели. У них огромные белесоватые листья, свисающие вниз, словно уши. А пощупаешь их — точь-в-точь хрящи. В Бувиле все жирное, все белое из-за всей этой воды, низвергающейся с небес. Мне придется вернуться в Бувиль. Какой ужас!

Внезапно я просыпаюсь. Полночь. Шесть часов назад Анни уехала из Парижа. Пароход уже вышел в открытое море. Она спит в каюте, а на мостике загорелый «тип» курит сигареты.

Вторник, в Бувиле

Значит, это и есть свобода? У моих ног понуро спускаются к городу сады, и в каждом саду — дом. Я вижу море, тяжелое, неподвижное, я вижу Бувиль. Погода стоит прекрасная.

Я свободен: в моей жизни нет больше никакого смысла — все то, ради чего я пробовал жить, рухнуло, а ничего другого я придумать не могу. Я еще молод, у меня достаточно сил, чтобы начать сначала. Но что начать? Только теперь я понял, как надеялся в разгар моих страхов, приступов тошноты, что меня спасет Анни. Мое прошлое умерло, маркиз де Рольбон умер, Анни вернулась только для того, чтобы отнять у меня всякую надежду. Я один на этой белой, окаймленной садами улице.

Один — и свободен. Но эта свобода слегка напоминает смерть.

Сегодня моя жизнь завершается. Завтра я уеду из города, который расстилается у моих ног и где я прожил так долго. В моей памяти от него останется только название, кургузое, буржуазное, чисто французское название, не такое роскошное, как Флоренция или Багдад. Настанет время, когда я спрошу себя: «Что я мог делать целыми днями, живя в Бувиле?» И от сегодняшнего солнца, от сегодняшних предвечерних часов не останется ничего — даже воспоминания.

Вся моя жизнь лежит позади меня. Я вижу ее всю целиком, ее очертания и вялые движения, которые привели меня сюда. Что тут скажешь — партия проиграна, вот и все. Три года назад я торжественно явился в Бувиль. Проиграл первый тур. Захотел сыграть второй — проиграл второй и проиграл партию. И при этом узнал, что проигрыш неизбежен всегда. Только подонки думают, что выиграли. Отныне, по примеру Анни, я буду жить как живой мертвец. Есть, спать. Спать, есть. Существовать вяло, покорно, как деревья, как лужа, как красное сиденье трамвая.

Тошнота дала мне короткую передышку. Но я знаю, что она вернется: она — мое обычное состояние. Просто сегодня я слишком устал физически, чтобы ее вынести. У больных ведь тоже бывают промежутки спасительной слабости, когда они на несколько часов забывают о своей болезни. Сейчас мне скучно — вот и все. По временам я зеваю так сильно, что по щекам у меня катятся слезы. Это скука из глубочайших глубин, это глубинная суть существования, сама материя, из которой я сделан. Я не опускаюсь — наоборот: сегодня утром я принял ванну, побрился. Но когда я припоминаю все эти мелкие усилия по уходу за собой, я не пойму, как я мог их прилагать — так они никчемны. Это, наверно, привычка совершила их за меня. Привычки-то не умерли, они продолжают суетиться, потихоньку, незаметно они делают свое дело — моют меня, вытирают, одевают, словно няньки. Не они ли привели меня на этот холм? Я не помню, как я сюда попал. Без сомнения, поднялся по лестнице Дотри. Неужели я в самом деле по одной одолел все ее сто десять ступенек? А еще труднее представить себе, что скоро я спущусь по ней вниз. И, однако, я знаю: в какой-то миг я окажусь у подножия Зеленого Холма и смогу, задрав голову кверху, увидеть, как вдали зажигаются окна домов, которые сейчас в двух шагах от меня. Вдали. Над моей головой. А это мгновение, из которого я не могу вырваться, которое держит меня в плену, замыкая со всех сторон, это мгновение, из которого я состою, останется лишь смутным сновидением.

Я гляжу вниз на серое посверкивание Бувиля. Можно подумать, что это искрятся на солнце чешуйки раковин, обломки костей, гравий. Затерянные среди этих осколков крошечные кусочки стекла или слюды мерцают вдруг короткими вспышками. Желобки, рвы и узкие бороздки, бегущие между раковинами, через час превратятся в улицы, и я пойду по этим улицам вдоль стен домов. И сам стану одной из тех крошечных черных фигурок, которые я могу разглядеть на улице Булибе.

Каким далеким от них я чувствую себя с вершины этого холма. Словно я принадлежу к другой породе. После рабочего дня они выходят из своих контор, самодовольно оглядывают дома и скверы, и думают: «Это НАШ город, красивый буржуазный город». Им не страшно, они у себя. Воду они видят только прирученную, текущую из крана, свет — только тот, который излучают лампочки, когда повернешь выключатель, деревья только гибридных, одомашненных видов, которые опираются на подпорки. Сто раз на дню они лицезрят доказательство того, что все работает как отлаженный механизм, все подчиняется незыблемым и непреложным законам. Тела, брошенные в пустоту, падают с одинаковой скоростью, городской парк каждый день закрывается зимой в шестнадцать часов, летом в восемнадцать; свинец плавится при температуре 335 градусов; последний трамвай отходит от Ратуши в двадцать три часа пять минут. Они уравновешенны, мрачноваты, они думают о завтрашнем дне, то есть, попросту говоря, — об очередном сегодня: у городов бывает один-единственный день — каждое утро он возвращается точно таким, каким был накануне. Разве что по воскресеньям его стараются слегка прифрантить. Болваны! Мне противно думать, что я снова увижу их тупые, самодовольные лица. Они составляют законы, сочиняют популистские романы, женятся, доходят в своей глупости до того, что плодят детей. А между тем великая, блуждающая природа прокралась в их город, проникла повсюду — в их дома, в их конторы, в них самих. Она не шевелится, она затаилась, они полны ею, они вдыхают ее, но не замечают, им кажется, что она где-то вовне, за двадцать лье от города. А я, я ВИЖУ ее, эту природу, ВИЖУ... Я знаю, что ее покорность — не покорность, а лень, знаю, что законы для нее не писаны: то, что они принимают за ее постоянство... это всего лишь привычки, и завтра она может их переменить.

Ну, а если что-то случится? Если вдруг она встрепенется? Тогда они заметят, что она тут, рядом, и сердце у них захолонет. Что проку им будет тогда от их плотин, насыпей, электростанций, от их домен и копров? Случиться это может когда угодно, хоть сию минуту — предзнаменований много. И тогда, например, отец семейства на прогулке увидит вдруг, как навстречу ему по дороге, словно подгоняемая ветром, несется красная тряпка. И когда тряпка окажется с ним рядом, он увидит, что это кусок запыленного гнилого мяса, которое тащится то ползком, то вприпрыжку, кусок истерзанной плоти в ручейках крови, которую она выбрасывает толчками. Или какая-нибудь мать взглянет на щеку своего ребенка и спросит: «Что это у тебя? Прыщик?» — и увидит, как щека вдруг припухла, треснула, приоткрылась, и из трещины выглядывает третий глаз, смеющийся глаз. Или они почувствуют, как что-то мягко трется обо все их тело — так камыши в реке ласково льнут к пловцам. И они узнают, что их одежда ожила. А один из них почувствует, как что-то скребется у него во рту. Он подойдет к зеркалу, откроет рот — а это его язык стал огромной сороконожкой и сучит лапками, царапая ему нёбо. Он захочет ее выплюнуть, но это часть его самого, придется вырвать язык руками. И появится множество вещей, которым придется дать новые имена: каменный глаз, громадная трехрогая рука, ступня-костыль, челюсть-паук. И тот, кто заснул в своей мягкой постели, в своей теплой, уютной комнате, проснется голым на синеватой земле в шумящих зарослях детородных членов — красные и белые, они будут устремлены в небо, словно трубы Жукстебувиля, и огромные их мошонки вылезут из земли на поверхность, мохнатые, похожие на луковицы. А над фаллосами будут кружиться птицы и клевать их своими клювами, и из них будет сочиться кровь. И еще из ран потечет сперма, медленно, вяло потечет смешанная с кровью сперма, студенистая, теплая, в мелких пузырьках. Или ничего этого не случится, никаких явных изменений не произойдет, но люди проснутся однажды утром и, открыв ставни, удивятся какому-то жуткому смыслу, который внедрился в вещи и чего-то ждет. Только и всего, но стоит этому хоть немного продлиться, и люди сотнями начнут кончать с собой. Ну что ж, и пусть! Пусть хоть что-то изменится, лучшего мне не надо, поглядим, что тогда будет. Многие погрязнут вдруг в одиночестве. Одинокие, совершенно одинокие, зловещие уроды побегут тогда по улицам, валом повалят мимо меня, глядя в одну точку, спасаясь от своих бед и унося их с собой, открыв рот и высунув язык-насекомое, хлопающее крыльями. И тогда я расхохочусь, даже если мое собственное тело покроет подозрительная грязная короста, которая расцветет цветами плоти, лютиками и фиалками. Я привалюсь к стене и крикну бегущим мимо: «Чего вы добились вашей наукой? Чего вы добились вашим гуманизмом? Где твое достоинство, мыслящий тростник?» Мне не будет страшно — во всяком случае, не страшнее, чем сейчас. Разве это не то же самое существование, вариации на тему существования? Третий глаз, который постепенно распространится по всему лицу, конечно, лишний, но не более чем два первых. Существование — вот чего я боюсь.

Стемнело, город зажигает первые огни. Господи! Как он захлестнут природой, несмотря на все его геометрические линии, как давит на него вечер. Отсюда это так... так бросается в глаза. Неужели же один я это вижу? Неужели нет нигде другой Кассандры, которая вот так же стоит на холме и видит у своих ног город, поглощенный утробой природы? А впрочем, какая мне разница? Что я могу ей сказать?

Мое тело тихонько повертывается к востоку и, качнувшись, пускается в путь.

Среда, мой последний день в Бувиле

Я обегал весь город в поисках Самоучки. Домой он наверняка не пошел. Должно быть, бродит, не разбирая дороги, подавленный стыдом и ужасом, бедняга-гуманист, отвергнутый людьми. По правде сказать, я ничуть не удивился, когда стряслась эта история, — я предугадывал давно, что его кроткая, пугливая голова неминуемо навлечет на себя скандал. Его вина была так ничтожна: в его робкой созерцательной любви к молодым людям почти нет чувственности — скорее это своеобразная форма гуманизма. Но ему было уготовано в один прекрасный день оказаться одиноким. Как мсье Ахилл, как я сам — он из той же породы, что я, он полон доброй воли. Отныне его удел одиночество — и уже навсегда. В мгновение ока рухнуло все: его мечты о культуре, мечты о согласии между людьми. Сначала придет страх, ужас, бессонные ночи, потом потянутся долгие дни изгнания. По вечерам он будет бродить по двору Ипотечного банка, издали смотреть на освещенные окна читального зала и с замиранием сердца вспоминать длинные ряды книг, их кожаные переплеты, запах их страниц. Мне жаль, что я не проводил его, но он сам не захотел — сам просил оставить его одного, он начал проходить выучку у одиночества. Я делаю эту запись в кафе «Мабли». Я вошел сюда, как бы совершая ритуал: я хотел рассмотреть заведующего, рассмотреть кассиршу, чтобы со всей силой почувствовать, что вижу их в последний раз. Но я не могу заставить себя забыть о Самоучке — перед глазами у меня все время стоит его искаженное, полное укоризны лицо и окровавленный воротничок.

Я попросил дать мне бумагу и сейчас опишу, что с ним случилось.

В библиотеку я пришел в два часа пополудни. Я говорил себе: «Вот библиотека. Я вхожу в нее в последний раз».

Зал был почти пуст. Я узнавал его с трудом — ведь я знал, что никогда сюда не вернусь. Зал был легким, как дымка, почти ирреальным и совершенно рыжим: в лучах заката порыжели стол, за которым работают ассистентки, дверь, корешки книг. На секунду мне почудилось, будто я в роще среди золотой листвы. Я поддался очарованию, я улыбнулся. А сам подумал: «Как давно я не улыбался». Корсиканец, заложив руки за спину, смотрел в окно. Что он там видел? Череп Эмпетраза? «А я больше не увижу ни черепа Эмпетраза, ни его цилиндра, ни его сюртука. Через шесть часов я уеду из Бувиля». Я положил на столик перед помощником главного библиотекаря две книги, взятые в прошлом месяце. Он разорвал зеленую абонементную карточку и обрывки протянул мне.

— Пожалуйста, мсье Рокантен.

— Спасибо.

«Теперь я ничего им больше не должен, — подумал я. — Я никому больше ничего здесь не должен. Скоро я попрощаюсь с хозяйкой «Приюта путейцев». Я свободен». Несколько мгновений я колебался: как мне провести эти последние минуты, не совершить ли долгую прогулку по Бувилю, снова поглядеть на бульвар Виктора Нуара, на проспект Гальвани, на улицу Турнебрид? Но эта роща была такой тихой, такой чистой, казалось, она почти не существует и Тошнота обошла ее стороной. Я пошел и сел возле печки. На столике валялась «Бувильская газета». Я протянул руку и взял ее.

«Спасен своей собакой.

Г-н Дюбоск, домовладелец из Ремиредона, возвращался вчера вечером на велосипеде с ярмарки в Ножи...»

Справа от меня уселась толстая дама. Свою шляпу она положила рядом с собой. Нос был всажен в ее лицо, как фруктовый ножик в яблоко. А под носом презрительно кривилось крохотное непристойное отверстие. Дама извлекла из сумочки книгу в переплете и облокотилась на стол, подперев голову жирными руками. Прямо передо мной дремал старичок. Я его узнал — он сидел в библиотеке в тот самый вечер, когда мне было так страшно. По-моему, ему тоже было страшно. «Как далеко все это ушло», — подумал я.

В половине пятого пришел Самоучка. Мне хотелось пожать ему руку и проститься с ним. Но, надо полагать, от нашей последней встречи у него остался неприятный осадок: он сдержанно поклонился мне и маленький белый сверток, в котором, наверно, как всегда, были кусок хлеба и плитка шоколада, положил довольно далеко от того места, где я сидел. Немного погодя он возвратился с иллюстрированной книгой, которую положил рядом со свертком. «Я вижу его в последний раз», — подумал я. Завтра вечером, послезавтра вечером и все последующие вечера он будет усаживаться за этот стол и, подкрепляясь хлебом с шоколадом, терпеливо, как крыса, грызть науку, он будет читать произведения Набо, Нодо, Ниса, Нодье, время от времени отрываясь от них, чтобы внести в свою записную книжицу какое-нибудь изречение. А я буду бродить по Парижу, по улицам Парижа, встречать новые лица. Что случится со мной, пока он будет сидеть здесь и лампа будет освещать его крупное вдумчивое лицо? Я вовремя спохватился — я опять едва не поддался иллюзорной надежде приключения. Пожав плечами, я вернулся к газете.

«Бувиль и его окрестности.

Монистье.

Итоги деятельности бригады полиции за 1932 год. Старшему сержанту Гаспару, командиру бригады в Монистье, и четырем его подчиненным, полицейским Лагуту, Низану, Пьерпону и Гилю, в 1932 году не пришлось сидеть сложа руки. В самом деле, наши полицейские за это время запротоколировали 7 убийств, 82 нарушения порядка, 159 случаев нарушения закона, 6 самоубийств и 15 автомобильных аварий, из которых 3 со смертельным исходом».

«*Жукстебувиль.*

Кружок Трубачей Жукстебувиля.

Сегодня генеральная репетиция и выдача приглашений на ежегодный концерт».

«Компостель.

Вручение мэру ордена Почетного легиона».

«Бувильский турист (основан в 1924 году «Бувильским Скаутом»).

Сегодня в 20 ч. 45 м. ежемесячное собрание в помещении правления по ул. Фердинанда Бирона, 10, зал А. Повестка дня: чтение последнего протокола; информация, ежегодный банкет, уплата членских взносов за 1932 год; программа мероприятий на март; разное; прием новых членов».

«Общество защиты животных (Бувильское отделение).

В будущий четверг с 15 до 17 часов в зале С на ул. Фердинанда Бирона, 10, в Бувиле общественное дежурство. Письма адресовать председателю общества — в правление или на проспект Гальвани, 154».

«Бувильский клуб сторожевых собак... Бувильская ассоциация инвалидов войны... Профсоюзное собрание владельцев такси... Бувильский комитет Друзей педагогических институтов»...

Вошли двое подростков с портфелями. Лицеисты. Корсиканец очень любит лицеистов, поскольку может осуществлять за ними отеческий надзор. Желая потешить душу, он часто предоставляет им ерзать на стульях и болтать, чтобы потом вдруг, неслышно подкравшись, оказаться у них за спиной и начать их распекать: «Куда ж это годится — взрослые молодые люди и так себя ведут? Если вы не исправитесь, главный библиотекарь пожалуется вашему директору». А если они вступают с ним в спор, он пронзает их грозным взглядом: «Ваши фамилии». Руководит он также их чтением; некоторые книги в библиотеке помечены красным крестиком — это Преисподняя: произведения Жида, Дидро, Бодлера, медицинские труды. Когда лицеист просит одну из этих книг, корсиканец знаком подзывает его к себе, отводит в уголок и учиняет допрос. Через несколько мгновений он, уже не сдерживаясь, гремит на весь зал: «А ведь есть книги, куда более подходящие для вашего возраста. Поучительные книги. Кстати, уроки вы приготовить успели? В каком вы классе? Во втором? И после четырех часов вам уже нечего делать? Ваш учитель часто здесь бывает, вот я поговорю с ним насчет вас».

Оба подростка остановились у печки. У младшего были красивые черные волосы, кожа, пожалуй, даже слишком нежная, и малюсенький рот — злой и высокомерный. Его приятель, кряжистый толстяк с пушком над губой, подтолкнул его под локоть и что-то сказал. Малыш не ответил, но чуть заметно улыбнулся, спесиво и самодовольно. Потом оба небрежно сняли с полки какой-то словарь и направились к Самоучке, который устремил на них усталый взгляд. Они делали вид, будто не обращают на него внимания, но уселись как раз с ним рядом — черноволосый малыш слева от Самоучки, а кряжистый толстяк слева от малыша. Оба сразу принялись листать словарь. Самоучка обвел рассеянным взглядом зал, потом снова углубился в чтение. Никогда ни один читальный зал не являл собой зрелища более мирного, я не слышал ни звука, кроме одышливого дыхания толстой дамы, я видел только головы, склоненные над большим словарем in-octavo. И однако, с этой минуты я почувствовал, что вот-вот случится какая-то беда. Все эти люди, с прилежным видом опускавшие глаза, словно бы разыгрывали комедию: за несколько мгновений до этого на нас как бы дохнуло жестокостью.

Читать я кончил, но уйти не решался: я ждал, делая вид, что продолжаю читать газету. Мое любопытство и тревогу в особенности подогревало то, что другие ждали тоже. Мне показалось, что моя соседка стала быстрее перелистывать страницы своей книги. Прошло несколько минут, потом я услышал шепот. Я осторожно поднял голову. Подростки закрыли свой словарь. Черноволосый малыш молчал — он повернулся направо, и лицо его выражало почтительный интерес. До половины скрытый его плечом, белобрысый навострил уши и тихонько посмеивался. «Но кто же это говорит?» — подумал я.

Говорил Самоучка. Склонившись к своему юному соседу, глаза в глаза, он ему улыбался. Я видел, как шевелятся его губы, его длинные ресницы трепетали. Я не узнавал его помолодевшее лицо, в нем появилось едва ли не обаяние. Но временами он умолкал и пугливо озирался. Подросток, казалось, впитывает каждое его слово. В этой маленькой сцене не было ничего необычного, и я уже хотел было вернуться к чтению, когда увидел, как рука мальчишки, которую он завел за спину, медленно заскользила по краю стола. Скрытая от глаз Самоучки, она некоторое время ощупью продвигалась вперед, потом наткнулась на локоть белобрысого толстяка и сильно его ущипнула. Тот, молчаливо наслаждавшийся словами Самоучки, был настолько ими поглощен, что не заметил, как к нему подобралась рука приятеля. Подскочив на стуле, он широко разинул рот от неожиданности и восторга. Но лицо черноволосого малыша хранило все то же выражение почтительного интереса. Трудно было поверить, что шаловливая рука принадлежит ему. «Что они хотят ему подстроить?» — подумал я. Я понимал, что должна совершиться какая-то подлость, я видел также, что еще есть время ей помешать. Но чему следует помешать, я угадать не мог. На мгновение у меня мелькнула мысль встать, подойти к Самоучке, хлопнуть его по плечу и завязать с ним разговор. Но тут наши взгляды встретились. Он мгновенно умолк и сердито поджал губы. Смутившись, я быстро отвел глаза и для вида снова взялся за газету. Толстая дама, однако, отодвинула книгу и подняла голову. Она была как зачарованная. Я явственно чувствовал: сейчас она взорвется — они все ХОТЕЛИ, чтобы произошел взрыв. Что делать? Я покосился на корсиканца — он уже не глядел в окно, он стоял вполоборота к нам.

Прошло четверть часа. Самоучка зашептал снова. Я не смел поднять на него глаза, но ясно представлял себе его ласковое, помолодевшее лицо и устремленные на него тяжелые взгляды, которых он не замечает. В какую-то минуту вдруг раздался его смех — звонкий мальчишеский смех. У меня сжалось сердце — мне казалось, что дрянные юнцы хотят утопить котенка. И вдруг шепот умолк. Тишина показалась мне трагической — это же конец, смертный приговор. Я низко склонился над газетой, делая вид, будто читаю, но я не читал: вздернув брови, я старался как можно выше поднять глаза, чтобы разглядеть то, что разыгрывается в двух шагах от меня в этой тишине. Я слегка повернул голову и тогда кое-что увидел краем глаза: это была рука, маленькая белая рука, только что скользившая по краю стола. Теперь она лежала ладонью кверху, расслабленная, нежная и чувственная, в ней была непринужденная нагота купальщицы, греющейся на солнце. К ней нерешительно приближалось что-то темное и волосатое. Это был толстый, пожелтевший от табака палец — рядом с этой рукой он был точь-в-точь мужской член во всей его неуклюжести. На миг он замер, торчком нацелившись в нежную ладонь, потом вдруг стал робко ее поглаживать. Я не удивился, я разозлился на Самоучку: не мог сдержаться, глупец! Неужели он не чувствует опасности? У него еще оставался шанс, крохотный шанс: если он сейчас же положит руки на стол по обе стороны своей книги, если будет сидеть смирно, быть может, на этот раз ему удастся избежать уготованной ему участи. Но я ЗНАЛ, что он упустит свой шанс; палец нежно, робко касался неподвижной плоти, поглаживал ее, едва касаясь, не смея надавить на нее — можно было подумать, что он сознает свое уродство. Я резко поднял голову, я больше не мог выдержать этого упрямого движения взад-вперед — я пытался поймать взгляд Самоучки и громко кашлянул, чтобы его предупредить. Но он закрыл глаза, он улыбался. Другая его рука исчезла под столом. Мальчишки больше не смеялись, они побледнели. Черноволосый малыш сжал губы, он испугался, казалось, он не ожидал такого стремительного развития событий. Однако руки он не отнимал, она по-прежнему неподвижно лежала на столе, разве что слегка сжалась. Его приятель разинул рот с дурацким, перепуганным видом.

И вот тут взревел корсиканец. Он успел неслышно подойти и встать за стулом Самоучки. Его побагровевшее лицо казалось искаженным гримасой смеха, но глаза метали молнии. Я подскочил на стуле, но мне даже как-то полегчало — таким мучительным было ожидание. Мне хотелось, чтобы все поскорее кончилось, пусть, если желают, выставят Самоучку за дверь, лишь бы все наконец кончилось. Оба подростка, белые как мел, схватили свои ранцы и были таковы.

— Я видел все, — опьянев от ярости, орал корсиканец, — на этот раз видел, посмейте сказать, что это неправда. Посмейте только сказать, что ничего не было. Думаете, я не замечал ваших штучек?

У меня есть глаза, приятель. Терпение, — говорил я себе, — терпение, я его застукаю, и это ему дорого обойдется. Да, да, дорого. Я знаю вашу фамилию и адрес, будьте покойны, я навел справки. И вашего начальника, мсье Шюйе, я знаю тоже. То-то он удивится завтра утром, когда получит письмо от главного библиотекаря. Что? Помалкиваете? — продолжал он, вращая глазами. — Только не воображайте, что дело этим кончится. Для таких, как вы, во Франции есть суды. Мсье занимался самообразованием! Мсье расширял свой кругозор! Мсье покоя мне не давал — то наведи ему справку, то принеси книгу. Но меня не проведешь.

Казалось, Самоучка не удивлен. Наверно, уже долгие годы он ждал такой развязки. Сотни раз он, наверно, представлял себе, что будет, когда корсиканец однажды неслышно подкрадется к нему из-за спины и в его ушах загремит вдруг разъяренный голос. И, несмотря на это, каждый вечер он возвращался сюда, продолжая лихорадочно поглощать книги, и по временам, как воришка, поглаживал белую руку, а может, и ногу какого-нибудь мальчугана. На лице Самоучки скорее можно было прочитать покорность судьбе.

— Не понимаю, что вы хотите сказать, — пролепетал он. — Я хожу сюда много лет...

Он притворялся удивленным, возмущенным, но очень неубедительно. Он знал, что неминуемое случилось, остановить ход событий уже нельзя и придется испить чашу капля за каплей.

— Не слушайте его, я все видела, — заговорила моя соседка. Она грузно поднялась с места... — Да, да, и вижу не в первый раз. В прошлый понедельник, примерно в это же время, я его уже приметила, но ничего не сказала, я глазам своим не поверила: чтобы в библиотеке, в солидном месте, куда люди приходят набраться знаний, случались вещи, от которых в краску вгоняет. Сама я женщина бездетная, но мне жаль матерей, которые разрешают своим сыновьям работать в этом зале и думают, что здесь их никто не тронет, никто не обидит, а между тем есть выродки, для которых нет ничего святого и которые мешают детям делать уроки.

Корсиканец подошел к Самоучке ближе.

— Слышите, что говорит эта дама? — завопил он прямо ему в лицо. — Нечего комедию ломать. Вас поймали на месте преступления, грязный негодяй.

— Мсье, извольте соблюдать вежливость, — с достоинством сказал Самоучка.

Так полагалось по роли. Быть может, Самоучка хотел бы признаться во всем, убежать, но он должен был доиграть свою роль до конца. Он не глядел на корсиканца, глаза его были полузакрыты. Руки повисли как плети, он был страшно бледен. И вдруг волна крови прихлынула к его лицу.

Корсиканец задыхался от ярости.

— Вежливым? Скотина! Думаешь, я ничего не замечал? Говорю тебе: я за тобой следил. Я уже много месяцев за тобой слежу.

Самоучка пожал плечами и сделал вид, что снова углубился в чтение. Пунцовый, со слезами на глазах, он всем своим видом изображал человека, с глубоким интересом и вниманием рассматривающего репродукцию византийской мозаики.

— И он еще продолжает читать! Каков наглец, — сказала дама, поглядев на корсиканца.

Корсиканец был в нерешительности. В этот самый миг помощник главного библиотекаря, скромный и благонравный молодой человек, которого корсиканец держит в страхе, медленно привстал из-за своего стола и крикнул: «В чем дело, Паоли?» Настало секундное замешательство, и я понадеялся было, что на том дело и кончится. Но корсиканец, должно быть, взглянул на себя со стороны и почувствовал, что смешон. Распаленный злобой, не зная, что еще сказать своей бессловесной жертве, он выпрямился во весь свой крохотный рост и с размаху рассек кулаком пространство. Испуганный Самоучка обернулся. Открыв рот, он глядел на корсиканца; в глазах его был жуткий страх.

— Если вы ударите меня, я буду жаловаться, — выговорил он с натугой. — Я ухожу по собственной воле.

Я тоже вскочил, но поздно: корсиканец издал короткий, сладострастный вопль и вдруг двинул Самоучку кулаком в нос. На мгновение я увидел только глаза Самоучки, его прекрасные, расширившиеся от боли и стыда глаза, а под ними рукав и смуглый кулак. Когда корсиканец свой кулак убрал, из носа Самоучки потекла кровь. Он хотел закрыть лицо руками, но корсиканец ударил его еще раз, в самый угол рта. Самоучка обмяк на стуле, глядя перед собой робким и кротким взглядом. Из носа на одежду капала кровь. Правой рукой он пытался нащупать свой сверток, а левой упорно вытирал кровоточащие ноздри.

— Я ухожу, — сказал он, как бы обращаясь к самому себе.

Моя соседка побледнела, глаза у нее сверкали.

— Так ему и надо, — сказала она. — Подлсц.

Я весь трясся от гнева. Обогнув стол, я схватил коротышку-корсиканца за шиворот и поднял на воздух. Он задрыгал ногами. Меня подмывало хватить его об стол. Он весь посинел и отбивался, пытаясь вцепиться ногтями мне в лицо, но не мог дотянуться до него своими короткими ручками. Я не произносил ни слова, но у меня руки чесались расквасить ему морду. Он это понял и заслонился локтем. Я был доволен, я видел, что он перетрусил.

— Отстань, гад, — захрипел он вдруг. — Ты что, тоже из голубых?

Я по сю пору не понимаю, почему я его выпустил. Испугался неприятностей? Или стал размазней за годы праздности в Бувиле? В былые времена я выбил бы ему все зубы. Я обернулся к Самоучке, который наконец-то встал. Но он избсгал моего взгляда и, понурив голову, побрел к вешалке за своим пальто. Левой рукой он по-прежнему проводил у себя под носом, словно пытаясь остановить кровотечение. Но кровь продолжала течь, и я побоялся, как бы ему не стало плохо. Не глядя ни на кого, он пробормотал:

— Я хожу сюда много лет...

Но едва я опустил коротышку на пол, тот снова почувствовал себя хозяином положения...

— Убирайся вон, — заявил он Самоучке, — и чтобы ноги твоей тут не было, не то тебя выпроводит полиция.

Я нагнал Самоучку на нижних ступеньках лестницы. Мне было неловко, я мучился его стыдом, я не знал, что ему сказать. Он делал вид, что не замечает меня. Наконец, вынув носовой платок, он что-то в него сплюнул. Нос кровоточил уже не так сильно.

— Давайте зайдем в аптеку, — неловко предложил я.

Он не ответил. Из читального зала доносился громкий шум. Должно быть, там все заговорили разом. Женщина пронзительно рассмеялась.

— Я больше никогда не смогу сюда прийти, — сказал Самоучка.

Он обернулся и растерянно оглядел лестницу и вход в читальный зал. От этого движения струйка крови потекла по его шее за воротник. Рот и щеки у него были перепачканы кровью.

— Пойдемте, — сказал я, беря его под локоть.

Он вздрогнул и резко высвободился из моих рук.

— Оставьте меня!

— Но я не могу бросить вас одного. Вам надо помочь смыть кровь, проводить вас к врачу.

— Оставьте меня, мсье, — повторял он. — Пожалуйста, оставьте.

Он был на грани истерики — я не стал его удерживать. На мгновение лучи заходящего солнца осветили его удаляющуюся сутулую спину, потом он исчез. На пороге осталось пятно крови в форме звезды.

Час спустя

Пасмурно, солнце садится, поезд отходит через два часа. Я в последний раз заглянул в городской парк и теперь прохаживаюсь по улице Булибе. Я ЗНАЮ, что это улица Булибе, но я ее больше не узнаю. Прежде, когда я шел по ней, мне всегда казалось, что я вступаю в толщу здравого смысла. Призсмистая, квадратная, со своей неуклюжей основательностью, с неровной, залитой гудроном мостовой, улица Булибе была похожа на шоссейные дороги в той их части, что проходит по небольшим богатым городкам и на несколько километров тянется вдоль трехэтажных домов; я называл ее крестьянской улицей, и она нравилась мне — очень уж неожиданно она выглядела в торговом порту. Все дома и сегодня на месте, но они утратили свой сельский облик — здания как здания, ничего больше. Такое же чувство было у меня и только что в парке: растения, лужайки, фонтан Оливье Маскере, казалось, упрямо отказываются что-либо выражать. Я понимаю — город покинул меня сам. Я еще не уехал из Бувиля, а меня в Бувиле уже нет. Мне странно, что надо еще два часа пробыть в городе, который, не обращая на меня внимания, уже расставляет по местам мебель, накрывая ее чехлами, чтобы сегодня вечером или завтра она во всей своей нетронутой красе предстала глазам вновь прибывших. А я, как никогда прежде, чувствую себя забытым.

Сделав несколько шагов, я останавливаюсь. Я смакую всеобъемлющее забвение, в которое я ввергнут. Я нахожусь между двумя городами; один со мной не знаком, другой — раззнакомился. Кто вспоминает обо мне? Быть может, грузная молодая женщина в Лондоне... Да и обо МНЕ ли она думает? К тому же есть еще этот тип, этот египтянин. Быть может, сейчас он вошел к ней в номер, быть может, обнимает ее. Я не ревную, я знаю, что она живой мертвец. Даже если бы она любила его всем сердцем, все равно это была бы любовь умершей. А я — я был ее последней живой любовью. Но все же он может ей дать другое — наслаждение. И если сейчас она изнемогает в бездонной сумятице ощущений, значит, в ней не осталось ничего, что связывает ее со мной. Она наслаждается, а я значу для нее не больше, чем если бы она никогда со мной не встречалась: в мгновение ока она исторгла меня из себя, и все сознание мира тоже меня исторгло. Странное чувство. И однако же, я знаю, что существую, что Я здесь.

Я говорю «я» — но понятие это утратило для меня смысл. Я настолько предан забвению, что мне трудно почувствовать самого себя. Реального во мне осталось только существование, и оно чувствует, что существует. Я долго, беззвучно зеваю. Никого. Антуан Рокантен не существует Ни-для-кого. Забавно. А что такое вообще Антуан Рокантен? Нечто абстрактное. Тусклое воспоминание обо мне мерцает в моем сознании. Антуан Рокантен... И вдруг «я» начинает тускнеть, все больше и больше — кончено: оно угасло совсем.

Среди стен домов остается сознание, трезвое, неподвижное, опустошенное, оно само себя воспроизводит. Оно стало необитаемым. Еще недавно кто-то говорил: «я», кто-то говорил: «мое сознание». Кто же это? Раньше вовне находились говорящие улицы со знакомыми запахами и красками. Теперь остались безымянные стены, безымянное сознание. Итак, в наличии: стены домов и между ними малюсенькая, живая и безликая прозрачность. Сознание существует как дерево, как былинка. Оно дремлет, ему скучно. Маленькие мимолетные существования поселяются в нем, как птицы на ветках.

Поселятся, а потом исчезнут. Забытое, заброшенное — среди стен домов под серым, пасмурным небом сознание. А смысл его существования вот в чем: оно сознает, что оно лишнее. Оно разжижается, распыляется, тщится затеряться на темной стене, возле фонаря или там, дальше, в вечерней дымке. Но забыться ему не удается НИКОГДА; оно сознает, что оно сознание, которое пытается забыться. Такова его участь. Есть сдавленный голос, который произносит: «Поезд отходит через два часа», и есть сознание этого голоса. Есть также сознание некоего лица. Окровавленное, перепачканное, медленно проплывает оно, и в больших глазах стоят слезы. Его нет среди этих стен, его нет нигде. Оно исчезает, его вытесняет сутулая фигура с окровавленной головой, она удаляется медленными шагами, и на каждом шагу кажется — сейчас она остановится, и она не останавливается никогда. Есть сознание этой фигуры, медленно бредущей по темной улице. Она идет, но не удаляется. Темная улица не имеет конца, она теряется в небытии. Ее нет среди этих стен, ее нет нигде. Есть сознание сдавленного голоса, который произносит: «Самоучка бродит по городу».

Нет, не по этому городу, не среди этих безжизненных стен! Самоучка бродит по свирепому городу, который его не забыл. Есть люди, которые о нем думают, например корсиканец или толстая дама. А может, и все остальные жители города. Он еще не затерян, он еще не может потерять свое «я», истерзанное, окровавленное «я», которое они не пожелали добить. У него болят губы, болит нос: «Мне больно», — думает он. Он бродит, ему надо бродить. Если он остановится хоть на минуту, вокруг него внезапно вырастут стены библиотеки, и он окажется взаперти, и рядом очутится корсиканец, и сцена повторится снова во всех подробностях, и дама крикнет с издевкой: «Таким негодяям место на каторге». Он бродит, он не хочет возвращаться домой: дома его поджидают корсиканец, и толстуха, и двое юнцов. «Отрицать бесполезно, я видел». И сцена повторится снова. «Господи, — думает он, — и зачем я это сделал, хоть бы я этого не сделал, хоть бы все было неправдой!»

Взволнованное лицо вновь и вновь проходит перед сознанием: «А вдруг он покончит с собой». Но нет, эта кроткая, затравленная душа не может думать о смерти.

Есть сознание, сознающее самое себя. Оно видит себя насквозь, спокойное и опустелое среди этих стен, оно освобождено от человека, обитавшего в нем, оно чудовищно, потому что оно никто. Голос говорит: «Багаж сдан. Поезд отходит через два часа». Стены домов тянутся справа и слева. Есть сознание дорожного покрытия, скобяной лавки, амбразур казармы, и голос говорит: «В последний раз».

Осознается Анни, толстая Анни, старая Анни в номере отеля, осознается страдание, страдание осознает себя среди бесконечных стен, которые уходят и никогда не вернутся. «Будет этому конец?» — голос среди домов поет джазовую мелодию «Some of these days», будет этому когда-нибудь конец? И мелодия тихонько возвращается и, подкравшись сзади, незаметно вновь обретает голос, и голос поет и не может умолкнуть, и тело бредет, и есть сознание всего этого, и сознание — увы! — сознает, что сознает. Но того, кто страдал бы, кто заламывал бы руки и пожалел бы самого себя, нет.

Никого нет. Это страдание перекрестков в его чистом виде, сознание, которое забыто, которое не может забыться. И голос говорит: «А вот и “Приют путейцев”» — и в сознании возникает «я», это я, Антуан Рокантен, через два часа я уезжаю в Париж, я пришел попрощаться с хозяйкой.

— Я пришел попрощаться.

— Вы уезжаете, мсье Антуан?

— Хочу для разнообразия пожить в Париже.

— Счастливчик!

Как я мог прижиматься губами к этому широкому лицу? Ее тело мне больше не принадлежит. Еще вчера я угадывал его формы под черным шерстяным платьем. Сегодня платье непроницаемо. Может, мне приснилось это тело с просвечивающими сквозь кожу голубыми жилками?

— Мы будем скучать о вас, — говорит хозяйка. — Хотите чего-нибудь выпить? Я угощаю.

Садимся за столик, чокаемся. Она слегка понижает голос.

— Я так к вам привыкла, — говорит она с вежливым сожалением, — мы с вами ладили.

— Я как-нибудь приеду вас навестить.

— Непременно, мсье Антуан. Будете проездом в Бувиле, загляните к нам. Скажите себе: «Загляну-ка я к мадам Жанне, она будет рада!» Ведь и вправду хочется знать, как человеку живется. Да и вообще к нам люди всегда возвращаются. Клиенты у нас, сами знаете, — матросы, служащие Трансатлантической, бывает, их по два года не увидишь, они то в Бразилии, то в Нью-Йорке, а то в Бордо на транспортных судах служат. И вдруг в один прекрасный день глядишь — они тут как тут. «Здрасьте, мадам Жанна». Ну и разопьем вместе по стаканчику. Хотите верьте, хотите нет, я помню, что́ они привыкли пить, и это после двух-то лет отлучки! Бывало, скажу Мадлене: «Сухого вермута мсье Пьеру, а мсье Леону чинзано “Нуалли”». Они мне: «Как вы это все помните, хозяйка?» А я им: «Такое у меня ремесло».

В глубине зала сидит толстяк, который с недавних пор с ней спит.

— Хозяюшка, — подзывает он ее.

Она встает:

— Извините, мсье Антуан.

Ко мне подходит официантка.

— Что ж это, уезжаете от нас?

— Перебираюсь в Париж.

— Я жила в Париже, — с гордостью говорит она. — Целых два года. У Симеона работала. Но скучала по нашим местам.

Она медлит в нерешительности, потом видит, что больше ей сказать мне нечего:

— Ладно, мсье Антуан, до свиданья.

Вытерев руку о передник, она протягивает ее мне.

— До свиданья, Мадлена.

Она уходит. Я придвигаю к себе «Бувильскую газету», потом отбрасываю — только что в библиотеке я прочел ее от корки до корки.

Хозяйка не возвращается, она отдала свои пухлые руки в распоряжение своего друга, и он страстно тискает их.

Поезд отходит через сорок пять минут.

Чтобы заполнить время, делаю подсчеты. Тысяча двести франков в месяц — это не слишком жирно. И все же, если поприжаться, этого должно хватить. За комнату триста франков, пятнадцать франков в день на еду; на стирку, мелкие расходы и кино остается четыреста пятьдесят. Новое белье и одежду понадобится покупать не скоро. Оба мои костюма пока опрятны, хотя и залоснились на локтях; если я буду аккуратен, они послужат мне еще годика три-четыре.

Боже мой! Стало быть, я собираюсь прозябать этаким грибом? Что я буду делать целыми днями? Гулять. Посиживать на железном кресле в саду Тюильри или нет, пожалуй, на скамейке — это дешевле. Ходить в библиотеку читать книги? А еще? Раз в неделю кино. А еще? Может, по воскресеньям позволю себе выкурить сигару? Может, буду играть в крокет с пенсионерами в Люксембургском саду? В тридцать лет! Мне жалко самого себя. Минутами мне приходит мысль: а не лучше ли спустить за год все триста тысяч франков, что у меня остались, а потом... Но что мне это даст? Новую одежду? Женщин? Путешествия? Все уже было, а теперь конец — больше не хочется: какой от всего этого прок? Через год я окажусь таким же опустошенным, как сегодня, мне даже вспомнить будет нечего, а наложить на себя руки не хватит духу.

Тридцать лет! И 14 400 франков ренты. Каждый месяц стриги себе купоны. Но ведь я еще не старик. Дали бы мне что-нибудь делать, все равно что... Нет, лучше думать о чем-нибудь другом, потому что сейчас я ломаю комедию перед самим собой. Я ведь прекрасно знаю, что ничего делать не хочу: что-нибудь делать — значит создавать существование, а его и без того слишком много.

По правде сказать, мне просто не хочется выпускать из рук перо, похоже, надвигается приступ Тошноты, а когда я пишу, мне кажется, я его оттягиваю. Вот я и пишу что в голову придет.

Мадлена, которая хочет доставить мне удовольствие, кричит издалека, показывая на пластинку:

— Ваша пластинка, мсье Антуан, та, что вы любите, хотите послушать последний разок?

— Пожалуйста, если вам нетрудно.

Я говорю это из вежливости, в данную минуту у меня нет охоты слушать джаз. Впрочем, послушаю — ведь, как справедливо говорит Мадлена, это в последний разок: пластинка очень старая, слишком старая даже для провинциального города, в Париже я ее не найду. Сейчас Мадлена поставит ее на патефон, она завертится, стальная игла запрыгает, заскребет по бороздкам, а потом, когда они по спирали приведут ее к центру пластинки, все кончится, хрипловатый голос, поющий «Some of these days», умолкнет навсегда.

Начaлось.

Подумать только, есть глупцы, которые ищут утешения в искусстве. Вроде моей тетки Бижуа:

«Прелюдии Шопена так поддержали меня, когда умер твой дядя». И концертные залы ломятся от униженных и оскорбленных, которые, закрыв глаза, тщатся превратить свои бледные лица в звукоулавливающие антенны. Они воображают, будто пойманные звуки струятся в них, сладкие и питательные, и страдания преобразуются в музыку, вроде страданий молодого Вертера; они думают, что красота им соболезнует. Кретины.

А ну-ка, пусть скажут мне, сострадательна ли, по их мнению, вот эта музыка. Еще совсем недавно я был весьма далек от блаженства. На поверхности я механически делал подсчеты. А под ними в стоячей воде загнивали неприятные мысли, которые облеклись в форму несформулированных вопросов, немого удивления и ни днем ни ночью не оставляют меня. Мысли об Анни, о моей неудавшейся жизни. А в самых глубинах Тошнота — робкая, как занимающийся рассвет. Но в то мгновение музыки не было, я был угрюм и спокоен. Все окружавшие меня предметы были сделаны из той же материи, что и я сам, — из своего рода гаденького страдания. Мир вне меня был так уродлив, так уродливы грязные кружки на столиках, коричневые пятна на зеркале и на переднике Мадлены и любезная физиономия толстяка, любовника хозяйки, так уродливо само существование мира, что я чувствовал себя в своей тарелке, в своей семье.

Но вот зазвучал голос саксофона. И мне стыдно. Родилось маленькое победоносное страдание, страдание-образец. Четыре ноты саксофона. Они повторяются снова и снова и будто говорят: «Делайте как мы, страдайте СОРАЗМЕРНО». Ну да! Само собой, я хотел бы страдать именно так, страдать соразмерно, без снисхождения, без жалости к себе, с такой выжженной чистотой. Но чем я виноват, что пиво на дне моей кружки теплое, что на зеркале коричневые пятна, что я лишний, что даже самое искреннее мое страдание, самое сухое, тяжелеет, и волочится, и плоть у него избыточна, хотя кожа обвисла, как у морского слона, а глаза у него влажные, трогательные, но при этом отвратительные? Нет, ее никак не назовешь сострадательной, эту крупицу алмазной нежности, которая кружит над пластинкой и слепит меня. Ни даже иронической — она бодро кружит, занятая только собой: как коса, вонзилась она в пошлое панибратство мира и кружит теперь, а всех нас: Мадлену, толстяка, пятнистое зеркало, пивные кружки, всех нас, отдавшихся существованию, — ведь мы же были среди своих, только среди своих, — она застигла во всей нашей будничной, разболтанной неприглядности, и мне стыдно за себя и за все то, что ПЕРЕД ней существует.

ОНА не существует. Даже зло берет: вздумай я сейчас вскочить, сорвать пластинку с патефона, разбить ее, до НЕЕ мне не добраться. Она всегда за пределами — за пределами чего-то: голоса ли, скрипичной ли ноты. Сквозь толщи и толщи существования выявляется она, тонкая и твердая, но когда хочешь ее ухватить, наталкиваешься на сплошные существования, спотыкаешься о существования, лишенные смысла. Она где-то по ту сторону. Я даже не слышу ее — я слышу звуки, вибрацию воздуха, которая дает ей выявиться. Она не существует — в ней нет ничего лишнего, лишнее — все остальное по отношению к ней. Она ЕСТЬ.

Я тоже хотел БЫТЬ. Собственно, ничего другого я не хотел — вот она, разгадка моей жизни; в недрах всех моих начинаний, которые кажутся хаотичными, я обнаруживаю одну неизменную цель: изгнать из себя существование, избавить каждую секунду от жировых наслоений, выжать ее, высушить, самому очиститься, отвердеть, чтобы издать наконец четкий и точный звук ноты саксофона. Можно даже облечь это в притчу: жил на свете бедняга, который по ошибке попал не в тот мир, в какой стремился. Он существовал, как другие люди, в мире городских парков, бистро, торговых городов, а себя хотел уверить, будто живет где-то по ту сторону живописных полотен с дожами Тинторетто и с отважными флорентийцами Гоццоли, по ту сторону книжных страниц с Фабрицио дель Донго и Жюльеном Сорелем, по ту сторону патефонных пластинок с протяжной и сухой жалобой джаза. Долго он жил так, дурак дураком, и вдруг у него открылись глаза, и он увидел, какая вышла ошибка, — и случилось это, когда он как раз сидел в бистро перед кружкой теплого пива. Он поник на своем стуле, он подумал: какой же я дурак. И в этот самый миг по ту сторону существования, в том, другом мире, который видишь издалека, но к которому не дано приблизиться, заплясала, запела короткая мелодия: «Будьте такими, как я, страдайте соразмерно».

Some of these days,
You'll miss me honey, —

поет голос.

В этом месте на пластинке, наверно, царапина, потому что раздается странный шум. И сердце сжимается — ведь это легкое покашливание иглы на пластинке никак не затронуло мелодии. Она так далеко — так далеко за пределами. И это мне тоже понятно: пластинка в царапинах, запись стирается, певица, быть может, умерла, я сейчас уйду, сяду в свой поезд. Но за пределами того, что существует, что переходит от одного сегодня в другое, не имея прошлого, не имея будущего, за пределами звуков, которые со дня на день искажаются, вылущиваются и тянутся к смерти, мелодия остается прежней, молодой и крепкой, словно беспощадный свидетель.

Голос умолк. Пластинка еще немного пошуршала, потом остановилась. Сбросив докучливое наваждение, кафе жует, пережевывает довольство существованием. Хозяйка раскраснелась, она бьет своего нового дружка по его пухлым белым щекам, но румянца на них вызвать все равно не удается. Щеки мертвеца. А я оцепенел, я почти дремлю. Через четверть часа я буду уже в поезде, но об этом я не думаю. Я думаю о бритом американце с густыми черными бровями, который задыхается в пекле на двадцать первом этаже американского небоскреба. Небо над Нью-Йорком полыхает, синее небо в огне, громадные желтые языки пламени лижут нью-йоркские крыши; бруклинские мальчишки в плавках лезут под струи поливальных шлангов. Сумрачная комната на двадцать первом этаже раскалена. Чернобровый американец вздыхает, отдувается, по его щекам стекает пот. Он сидит за своим пианино в одной рубашке без пиджака; во рту у него вкус дыма, а в голове смутный призрак мелодии «Some of these days». Через час придет Том с плоской флягой на боку. Тогда они оба, плюхнувшись в кожаные кресла, будут хлестать водку, небесное пламя обожжет им глотки, и на них всей тяжестью навалится бесконечный знойный сон. Но сначала надо записать эту мелодию. «Some of these days». Потная рука хватает лежащий на пианино карандаш. «Some of these days, you'll miss me honey».

Вот так это случилось. Вот так, а может, по-другому — не все ли равно. Так она родилась на свет. Чтобы родиться, она выбрала потрепанное тело еврея с угольными бровями. Он вяло держал карандаш, и капли пота стекали на бумагу с его пальцев, на которых блестели кольца. Почему же это был не я? Почему, чтобы свершиться чуду, понадобился этот толстый лентяй, налитый грязным пивом и водкой?

— Мадлена, поставьте, пожалуйста, снова эту пластинку. Один разок, как раз до моего ухода.

Мадлена смеется. Она крутит ручку, и все начинается сначала. Но теперь о себе я больше не думаю. Я думаю о том парне, который июльским днем, в жарких потемках своей комнаты, сочинил эту мелодию. СКВОЗЬ мелодию, сквозь белые, кисловатые звуки саксофона я пытаюсь думать о нем. Он ее создал. У него были неприятности, все шло вкривь и вкось: неоплаченные счета, и, наверно, где-то была женщина, которая относилась к нему не так, как ему хотелось, и потом нахлынула эта жуткая жарища, превращающая людей в лужи расплавленного жира. Ничего особенно красивого и благородного. Но когда я слушаю эту песенку и думаю, что ее сочинил этот парень, его страдания, его пот... трогают меня. Ему повезло. Впрочем, он вряд ли это сознавал. Наверно, думал: «Если повезет, уж долларов-то пятьдесят отвалят за эту штуковину!» Ну так вот, впервые за много лет кто-то меня растрогал. Я хотел бы узнать что-нибудь об этом парне. Интересно, что за неприятности его одолевали и была ли у него жена или он жил один. Я хочу это выяснить не из гуманных соображений. Совсем наоборот. А оттого, что он сочинил эту мелодию. Знакомиться с ним я не хочу — к тому же, может быть, он умер. Хорошо бы просто навести о нем кое-какие справки, чтобы время от времени, слушая пластинку, о нем думать. Наверно, самому этому парню не было бы ни тепло, ни холодно, узнай он, что в седьмом по величине городе Франции, неподалеку от вокзала, кто-то думает о нем. Но будь я на его месте, я был бы счастлив, я завидую ему. Я встал, но какое-то мгновение нерешительно мнусь на месте. Мне хочется услышать голос Негритянки. В последний раз.

Она поет. И вот уже двое спасены — еврей и негритянка. Спасены. Быть может, сами они считали себя безнадежно погибшими, погрязшими в существовании. И однако, никто не способен думать обо мне так, как я думаю о них, — с такой нежностью. Никто, даже Анни. Они немного напоминают мне умерших, немного — персонажей романа, они отмыты от греха существования. Не совсем, конечно, но настолько, насколько это дано человеку. Эта мысль вдруг переворачивает меня, ведь я на нее больше уже не надеялся. Я чувствую, как что-то робко касается меня, и боюсь шевельнуться, чтобы это не спугнуть. Что-то, что мне незнакомо уже давно, — что-то, похожее на радость.

Негритянка поет. Стало быть, можно оправдать свое существование? Оправдать хотя бы чуть-чуть? Я страшно оробел. Не потому, что я так уж сильно надеюсь. Но я похож на человека, который после долгих странствий в снегах превратился в сосульку и вдруг оказался в теплой комнате. Он, наверно, замер бы у двери, все еще окоченевший, и долгие приступы озноба сотрясали бы его тело.

Не могу ли я попробовать?.. Само собой, речь не о мелодии... но разве я не могу в другой области?.. Это была бы книга — ничего другого я не умею. Но не исторический труд: история трактует о том, что существовало, а ни один существующий никогда не может оправдать существование другого. В том-то и была моя ошибка, что я пытался воскресить маркиза де Рольбона. Нет, книга должна быть в другом роде. В каком, я еще точно не знаю — но надо, чтобы за ее напечатанными словами, за ее страницами угадывалось то, что было бы не подвластно существованию, было бы над ним. Скажем, история, какая не может случиться, например сказка. Она должна быть прекрасной и твердой как сталь, такой, чтобы люди устыдились своего существования.

Я ухожу, все во мне зыбко. Я не осмеливаюсь принять решение. Если бы я был уверен в своем таланте... Но я никогда — никогда не писал ничего в таком роде. Статьи на исторические темы, да, а впрочем... Книгу. Роман. И найдутся люди, которые прочтут роман и скажут: «Его написал Антуан Рокантен, рыжий парень, который слонялся из одного кафе в другое», и будут думать о моей жизни, как я думаю о жизни Негритянки — как о чем-то драгоценном, почти легендарном. Книгу. Конечно, вначале работа будет скучная, изнурительная, она не избавит меня ни от существования, ни от сознания того, что я существую. Но наступит минута, когда книга будет написана, она окажется позади, и тогда, я надеюсь, мое прошлое чуть-чуть просветлеет. И быть может, сквозь этот просвет я смогу вспоминать свою жизнь без отвращения. Быть может, однажды, вспомнив именно этот час, хмурый час, когда я, сгорбившись, жду, чтобы подали поезд, я скажу себе: «В этот день, в этот час все и началось», — и сердце мое забьется быстрее. И в прошлом — только в прошлом — я смогу примириться с собой.

Темнеет. На втором этаже отеля «Прентания» осветились два окна. На стройплощадке Нового Вокзала резко пахнет сырым деревом: завтра в Бувиле будет дождь.

1938

Литературно-художественное издание

16+

Сартр Жан Поль

Тошнота

Роман

Компьютерная верстка: Р.В. Рыдалин
Технический редактор О.В. Панкрашина

Общероссийский классификатор продукции
ОК-034-2014 (КПЕС 2008); 58.11.1 — книги, брошюры печатные

Подписано в печать 04.03.2022. Формат 76x100 $^{1}/_{32}$.
Усл. печ. л. 14. Доп. тираж 25 000 экз. Заказ Э-14074.
Отпечатано в типографии ООО «Экопейпер».
420044, Россия, г. Казань, пр. Ямашева, д. 36Б.

Произведено в Российской Федерации
Изготовлено в 2022 году
Изготовитель: ООО «Издательство АСТ»
129085, Российская Федерация, г. Москва, Звездный бульвар, д. 21, стр. 1, ком. 705, пом. 1, 7 эт.
Наш электронный адрес: www.ast.ru
E-mail: ask@ast.ru ВКонтакте: vk.com / ast_neoclassic

«Баспа Аста» деген ООО
129085, Мәскеу қ., Звёздный бульвары, 21-үй, 1-құрылыс, 705-бөлме, I жай, 7-қабат.
Біздің электрондық мекенжайымыз: www.ast.ru
Интернет-магазин: www.book24.kz
Интернет-дүкен: www.book24.kz
Импортер в Республику Казахстан ТОО «РДЦ-Алматы».
Қазақстан Республикасындағы импорттаушы «РДЦ-Алматы» ЖШС.
Дистрибьютор и представитель по приему претензий на продукцию в республике Казахстан:
ТОО «РДЦ-Алматы»
Қазақстан Республикасында дистрибьютор және өнім бойынша арыз-талаптарды қабылдаушының өкілі «РДЦ-Алматы» ЖШС, Алматы қ., Домбровский көш., 3«а», литер Б, офис 1.
Тел.: 8 (727) 2 51 59 89,90,91,92
Факс: 8 (727) 251 58 12, вн. 107; E-mail: RDC-Almaty@eksmo.kz
Өнімнің жарамдылық мерзімі шектелмеген.
Өндірген мемлекет: Ресей. Сертификация қарастырылмаған